Stanislav Grof

El camino del psiconauta
La enciclopedia del viaje interior

Volumen 2

Prólogo de Rick Doblin

Traducción del inglés de David González Raga

Este libro ha sido posible gracias al generoso apoyo de Jonas Di Gregorio y Kristina Soriano, asesores de la *Psychedelic Literacy Fund*

Título original: The Way of the Psychonaut: *Encyclopedia for Inner Journeys, Volume Two*
© 2019 by Stanislav Grof, M.D., Ph.D.
© de la edición en castellano:
   2022 by Editorial Kairós, S.A.
   www.editorialkairos.com
© de la traducción del inglés al castellano: David González Raga

Revisión: Amelia Padilla
Fotocomposición: Grafime Digital S.L. 08027 Barcelona
Diseño cubierta: Sarah Jordan y Editorial Kairós
Imagen cubierta: Brigitte Grof

Imagen cubierta: «Shiva Nataraja apareció en mis sesiones psiquedélicas más importantes y lo considero mi arquetipo personal. También tuve muchas experiencias extraordinarias en torno a Shiva cuando estuve con Swami Muktananda, que he descrito en el libro *When the Impossible Happens*. Esta imagen concreta de Shiva fue tomada por Brigitte en algún momento de los catorce años que pasé en Esalen, una época muy importante de mi vida».
Stanislav Grof

Primera edición: Noviembre 2022
ISBN: 978-84-1121-060-7
Depósito legal: B 19.664-2022

Impresión y encuadernación: Romanyà-Valls. 08786 Capellades

Todos los derechos reservados.
Cualquier forma de reproducción, distribución, comunicación pública o transformación de esta obra solo puede ser realizada con la autorización de sus titulares, salvo excepción prevista por la ley. Diríjase a CEDRO (Centro Español de Derechos Reprográficos, www.cedro.org) si necesita algún fragmento de esta obra.

Este libro ha sido impreso con papel que proviene de fuentes respetuosas con la sociedad y el medio ambiente y cuenta con los requisitos necesarios para ser considerado un «libro amigo de los bosques».

A Brigitte,
amor de mi vida y mi otra mitad, que has aportado luz,
shakti, inspiración, entusiasmo y amor incondicional a mi mundo, esposa
extraordinaria y compañera ideal en los viajes interiores y exteriores, con
profunda gratitud y admiración por lo que eres y lo que representas

«La expresión… *psiconauta* está bien elegida, porque el espacio interior es tan inmenso y misterioso como el exterior, y, como sucede con los astronautas –que no pueden permanecer mucho tiempo en el espacio exterior–, también deben regresar a la realidad cotidiana quienes se adentran en el mundo interior. Para que sean realmente beneficiosos y puedan hacerse con el mínimo peligro, ambos viajes requieren además una adecuada preparación».

ALBERT HOFMANN, *Memories of a Psychonaut* (2003)

En la celebración del 75.º aniversario del descubrimiento de Albert Hoffman del LSD-25.

La revolución científica que comenzó hace 500 años ha desembocado en la moderna tecnología y la civilización actual ha experimentado un avance extraordinario durante el último siglo. Hoy damos por sentadas la exploración del espacio exterior, las tecnologías digitales, la realidad virtual, la inteligencia artificial y la comunicación a la velocidad de la luz, pero, pese a todo este progreso, aún sigue escapándosenos la naturaleza de la realidad fundamental. Una búsqueda en internet de las preguntas sin respuesta en el campo de la ciencia pone claramente de relieve que seguimos sin saber gran cosa de las dos cuestiones más importantes sobre la naturaleza de la realidad: ¿de qué está hecho el universo y cuál es el fundamento biológico de la conciencia? Y es evidente que se trata de dos preguntas relacionadas porque, si queremos conocer la existencia, debemos ser conscientes de ella.

Stan Grof ha sido un auténtico pionero en la comprensión de la realidad interior y su relación con la experiencia de la llamada realidad exterior durante los últimos sesenta años. Estos dos volúmenes exploran sistemáticamente su viaje de los dominios personales de la existencia a los transpersonales y trascendentes. Cometerá, por tanto, una imprudencia quien, estando interesado en profundizar en los misterios de la existencia y la experiencia, ignore esta obra monumental.

¿Cuál es el significado de la vida y de la muerte? ¿Cómo influye el trauma del nacimiento en nuestra experiencia vital? ¿Existen otros ámbitos de experiencia más allá del «sueño» despierto? ¿Por qué debemos conocerlos para aliviar nuestro sufrimiento personal y colectivo? ¿De qué manera puede la humanidad curar los traumas que se autoinflige? ¿Cómo superar el miedo a la muerte? ¿Cuál es, más allá de la experiencia del cuerpo, la mente y el universo, nuestra verdadera naturaleza?

Stan Grof es un gigante sobre cuyos hombros tenemos la suerte de ir encaramados. Llamarle el Einstein de la conciencia sería quedarnos cortos. Estoy profundamente en deuda con él por ser un faro en este camino. No me cabe la menor duda de que las generaciones futuras reconocerán su contribución para ayudarnos a despertar de esta hipnosis colectiva a la que llamamos realidad cotidiana.

He permanecido despierto toda la noche leyendo esta obra maestra de Stan Grof.

Deepak Chopra

Sumario

Prólogo 13

VII. Autoexploración y terapia con psiquedélicos:
la importancia del set *y del* setting 19
VIII. Sincronicidad: *el «principio de conexión acausal»
de C.G. Jung* 45
IX. Los estados holotrópicos de conciencia y la comprensión
del arte 75
X. El impulso prometeico: *la creatividad superior* 97
XI. Los arquetipos: *principios guía de la psique y el cosmos* . . . 133
XII. Las raíces de la violencia y la codicia: *la investigación
de la conciencia y la supervivencia humana* 163
XIII. Psique y tánatos: *las dimensiones psicoespirituales
de la muerte y el proceso del morir* 191
XIV. El juego cósmico: *la exploración de los límites más alejados
de la conciencia humana* 229

Epílogo: psique y cosmos 263
Colofón 297
Índice 299
Sobre el autor 321
Anexo 325

Prólogo

El primer libro escrito por el doctor Stanislav Grof vio la luz en 1975 con el título *Realms of the Human Unconscious: Observations from LSD Research*. Tres años antes, un orientador del New College de Sarasota (Florida) (actualmente el New College of Florida, una institución encargada de garantizar la excelencia en el entorno docente) me había entregado una copia manuscrita de ese mismo libro. Acudí a él a los dieciocho años mediado mi primer curso de universidad en busca de ayuda para integrar experiencias con LSD y mescalina que me resultaban difíciles de digerir. Aún había entonces personas que, pese a la criminalización de los psiquedélicos en los Estados Unidos de la década de los 1970 y de la retirada del permiso para la investigación psiquedélica, consideraban legítimo su empleo como herramientas para compensar el conocimiento intelectual con el desarrollo emocional y espiritual y alentar así el desarrollo personal. Fue en el New College donde tuve la oportunidad de hablar sinceramente con mi orientador, quien me entregó la copia de un libro que acabaría transformando mi vida.

Realms of the Human Unconscious fue mi introducción a la investigación psiquedélica. Antes de descubrirlo, no era consciente del gran número de investigaciones psiquedélicas que, durante varias décadas, se habían llevado a cabo en todo el mundo antes de que por razones estrictamente políticas acabasen proscribiendo esa rama de la ciencia. Lo que más inspirador me resultó del libro de Stan fue su afirmación de que «los psiquedélicos acabarían convirtiéndose, para el estudio de la mente, en lo que el telescopio había significado para la astronomía y el microscopio para la biología». La cartografía del inconsciente esbozada por Stan constituye una obra de erudición magistral que le coloca al mismo nivel que Freud, Jung y otros pioneros revolucionarios en diferentes ramas del saber.

Stan utilizó la lente de la ciencia para investigar racionalmente dimensiones de la experiencia humana profunda que suelen adscribirse al ámbito de la religión. Sus conocimientos sobre ciencia, medicina, cultura, religión, mitología, arte y simbolismo le permitieron utilizar su experiencia como acompañante de muchos miles de abordajes terapéuticos con LSD para esbozar un nuevo mapa del inconsciente humano. Despojado de todo tipo de dogmas y con estricta fidelidad al método científico, Stan ha iluminado aspectos fundamentales de la experiencia humana como la experiencia de unidad mística, es decir, la sensación de estar en conexión profunda con algo superior que nos trasciende.

Siendo un joven de dieciocho años interesado en la política que se oponía a la guerra de Vietnam e indirectamente traumatizado tanto por el Holocausto como por la amenaza de una guerra nuclear devastadora del alcance global, la lectura de ese libro no solo me proporcionó una nueva visión sobre la realidad y validez de la experiencia mística unitiva, sino que también me insufló nuevas esperanzas. Entonces empecé a contemplar la posibilidad de que, si esa experiencia de unidad –cuya esencia consiste en el reconocimiento de nuestra unidad con la vida, la naturaleza y la materia y, en consecuencia, de nuestra humanidad compartida– estuviera al alcance de millones o miles de millones de personas, nuestra empatía y compasión por los demás diluiría las diferencias (de religión, de raza, de nacionalidad, de cultura, de género, de clase, etcétera), que podrían dejar entonces de ser causa de guerra y convertirse en motivo de celebración.

Lo que más me motivó del primer libro de Stan –y lo que más, dicho sea de paso, sigue motivándome de toda su obra– fue la importancia dada a la psicoterapia y la atención prestada a la curación. Pero la verdadera prueba de fuego de sus teorías y de los mapas que esbozó es que pueden ayudarnos a vivir, en este mundo, una vida más plena y amorosa. Pues, con demasiada frecuencia, las ideas espirituales y religiosas se centran más en otro mundo que en este, pero la formación psiquiátrica de Stan le ha llevado a emplear su conocimiento y su experiencia para aliviar el sufrimiento y aumentar la alegría y el amor.

La lectura de la obra de Grof me convenció de las desastrosas consecuencias de la prohibición política de la investigación psiquedélica. También me ayudó a pasar de la incertidumbre a la certeza y de la desesperación a la esperanza hasta el punto de decidirme a profundizar en mi propia psicoterapia psiquedélica y dedicarme a la investigación y la terapia psiquedélica.

Mi vida es una de las muchas que se han visto profundamente afectadas por la obra de Stanislav Grof. La Asociación Multidisciplinaria de Estudios Psiquedélicos [conocida con las siglas MAPS, acrónimo de Multidisciplinary Association for Psychedelic Studies] –la organización sin ánimo de lucro que fundé en 1986– se enorgullece hoy de publicar *The Way of the Psychonaut: An Encyclopedia for Inner Journeys* que quizás sea su último libro (aunque esperemos que no). En esta nueva entrega, Grof resume, cuarenta y cuatro años después de la publicación de su primer libro, el trabajo de toda su vida y sigue inspirando a las nuevas generaciones a continuar el viaje de exploración y curación que hace cuatro décadas contribuyó a poner en marcha.

Este libro es un regalo de sabiduría y guía para un momento de crisis global, es decir, un momento como el actual que concita simultáneamente peligro y oportunidad. La humanidad se halla inmersa en una carrera entre la catástrofe y la conciencia. *The Way of the Psychonaut* es una herramienta que puede contribuir muy positivamente a que esa carrera la gane la conciencia.

RICK DOBLIN
Mayo de 2019

El camino del psiconauta
La enciclopedia del viaje interior

Volumen 2

VII. Autoexploración y terapia con psiquedélicos: *la importancia del* set *y del* setting

La historia de los intentos de emplear el LSD y otros psiquedélicos como agentes terapéuticos está llena de ensayos y errores. Aunque los psiquedélicos se han utilizado de formas muy diferentes, esos intentos empezaron siendo muy poco exitosos. Un punto de inflexión decisivo en esta historia fue el descubrimiento de que el éxito o el fracaso del experimento terapéutico depende fundamentalmente de un par de factores extrafarmacológicos denominados *set* y *setting* entre los que destacan la persona que administra la substancia, la personalidad del sujeto con el que se trabaja, la intención y el propósito del experimento, el entorno físico e interpersonal, y hasta los tránsitos astrológicos individuales y colectivos que están atravesando las personas implicadas.

Gran parte de esta confusión estaba causada por las ideas sustentadas por el viejo paradigma sobre una substancia que entendida y empleada de manera adecuada proporciona alternativas novedosas y revolucionarias a los métodos y estrategias habitualmente empleados por la terapia convencional.

La primera referencia al potencial terapéutico del LSD apareció en un comentario fugaz sin mayor especificación adicional incluido en el histórico artículo de Werner Stoll titulado «LSD-25: A Fantasticum from the Ergot Group» (Stoll, 1947). Un par de años más tarde tuvo lugar el primer experimento terapéutico llevado a cabo por el psiquiatra y psicoterapeuta suizo Gion Condrau que, en su estudio sobre la hipótesis de su uso como antidepresivo, investigó sus efectos ateniéndose al protocolo habitualmente empleado para el tratamiento de la depresión con tintura de opio, es decir, administrando dosis crecientes y luego decrecientes de esa substancia (Condrau, 1949). Por desgracia, los resultados de este experimento resultaron muy decepcionantes, porque Condrau no advirtió alivio alguno en los síntomas sino, muy al contrario, una intensificación temporal, un resultado ciertamente comprensible si tenemos en cuenta que los efectos curativos del empleo homeopático del LSD solo aparecen después de una intensificación provisional de los síntomas.

Igualmente decepcionantes fueron los intentos de determinar los efectos antidepresivos del LSD realizados por otros investigadores siguiendo este mismo enfoque o utilizando dosis medias aisladas. Dos de estos experimentos terapéuticos se originaron en la observación clínica de que los episodios psicóticos agudos responden mejor a la terapia que los de desarrollo lento y que cursan con pocos síntomas. La idea consistía en utilizar el LSD como activador de los síntomas y continuar luego el tratamiento apelando a una «terapia real». En este sentido, Jost y Vicari trataron de utilizar el LSD como activador de los síntomas de los pacientes y recurrir luego al electrochoque (Jost, 1957 y Jost y Vicari, 1958), un intento fallido de uso terapéutico del LSD que, considerado retrospectivamente, nos parece –a quienes hemos tenido experiencias personales con esta substancia– tan espantoso como criminal. Y una estrategia semejante emplearon también Sandison, Spencer y Whitelaw, pero apelando, en este caso, en lugar de al electrochoque, a la administración de torazina (Sandison, Spencer y Whitelaw, 1954).

Otro ejemplo extremo que seguía ateniéndose al espíritu del viejo paradigma fue su empleo como terapia de choque –en el mismo sentido que la terapia electroconvulsiva o el coma insulínico– administrado en «dosis masiva» sin preparación ni acompañamiento psicoterapéutico alguno. El peor de todos estos experimentos fue, no obstante, el llevado a cabo en 1968 por el psiquiatra canadiense Elliot Barker, director clínico y supervisor adjunto de un hospital de máxima seguridad para «enfermos mentales peligrosos» de Ontario. Este experimento consistió en encerrar a delincuentes reincidentes desnudos en una habitación durante once días y administrarles una dosis muy elevada de LSD (hasta 2.000 μg) combinada con antiepilépticos. Y no solo estaban obligados a alimentarse sorbiendo la comida a través de pajitas dispuestas en la pared, sino que también se les animaba a expresar a gritos sus más violentas fantasías (Barker, 1968). No es de extrañar que, después de esa «terapia», la tasa de reincidencia experimentase un considerable aumento. Barker se vio finalmente destituido de su cargo, pero no a causa de ese experimento, sino en respuesta a una rebelión en su contra de los internos. Y también hay que decir que nada tuvo que ver, en su cese, el aumento de la reincidencia de quienes participaron en el experimento, porque ese fue un dato obtenido en un seguimiento realizado en fecha posterior.

Uno de los programas que había comenzado como terapia de choque acabó convirtiéndose en una modalidad de terapia llamada «psiquedélica» utilizada por muchos terapeutas estadounidenses y canadienses. Esta terapia consistía en unas pocas sesiones con dosis elevadas de psiquedélicos que tenían la intención de provocar una experiencia trascendental. Los terapeutas europeos, por su parte, se inclinaron por un enfoque distinto, llamado «psicolítico» (un término compuesto por el sufijo griego *lysis*, que significa «disolución» y que se refería a las tensiones y conflictos de la psique), que y consistía en una larga serie de sesiones psiquedélicas con dosis bajas o medias y se hallaba muy influido por el psicoanálisis freudiano.

Los acontecimientos que acabaron desembocando en la auténtica terapia psiquedélica reflejan una historia fascinante. En 1959, Ditman y Whittlesey publicaron un artículo en la revista *Archives of General Psychiatry* en el que subrayaban varias similitudes superficiales que existían entre la experiencia del LSD y el *delirium tremens* (Ditman y Whittlesey, 1959). En un viaje nocturno en avión que hicieron juntos, los psiquiatras Abram Hoffer y Humphrey Osmond hablaron de ese artículo y, en un estado hipnagógico, se les ocurrió la idea –basada en la observación clínica de que la experiencia del *delirium tremens* es tan terrible que suele suponer un punto de inflexión en la vida del alcohólico, que suele disuadirle de seguir bebiendo– de tratar el alcoholismo empleando el LSD.

Inspirados por esa conversación, Hoffer y Osmond pusieron en marcha en su hospital de Saskatoon (Saskatchewan) un programa que utilizaba el LSD con la intención de provocar en pacientes alcohólicos un «mal viaje» que imitara el *delirium tremens*. Pero la cosa se puso más interesante con la aparición en escena del legendario Al Hubbard, el personaje más misterioso de la historia de la psiquedelia cuya biografía bien podría servir de guion para una película de acción de Hollywood.

En 1919, cuando aún no había cumplido los veinte años, Hubbard inventó –supuestamente guiado por fuerzas de otro mundo– el «transformador de energía Hubbard», una batería cuyo funcionamiento quedaba lejos de las explicaciones de la ciencia de la época y que, según decía, extraía directamente la energía necesaria para su funcionamiento de un mineral radiactivo. Según el *Seattle Post-Intelligencer*, el invento de Hubbard, encerrado en una pequeña caja de unos 30 x 36 cm, habría servido para mover durante tres días seguidos una embarcación del tamaño de un transbordador por el Portico Bay de Seattle, un invento que patentó y del que acabó desprendiéndose vendiendo por 75.000 dólares a la Radium Corporation de Pittsburg la mitad de sus derechos. La lista de intereses y actividades de Hubbard es extraordinaria y va desde los Servicios Especiales de Canadá hasta el Departamento de Justicia de los Estados Unidos; la Oficina de Alcohol, Tabaco, Armas de Fuego y

Explosivos de los Estados Unidos; la Oficina de Servicios Estratégicos y, presumiblemente, también la CIA. Durante la época de la prohibición, Hubbard trabajó en Seattle como conductor de un taxi desde el que, equipado con un sofisticado sistema de comunicación entre el barco y la costa que llevaba escondido en el maletero, ayudaba a los traficantes de ron a esquivar los guardacostas y atravesar sin problemas la frontera entre Canadá y Estados Unidos. Por ello fue proclamado «rey del contrabando del noroeste», aunque el FBI acabó atrapándole y encarcelándole durante dieciocho meses. También trabajó un breve período como conserje en el Instituto de Investigación de Stanford (California) y, a comienzos de los cuarenta, hizo realidad su mayor ambición, ser millonario, de modo que, en 1950, era director científico de la Uranium Corporation de Vancouver, poseía su propia flota de aviones, un yate de 30 metros y la isla Dayman en la bahía de Vancouver.

Debido a su título de capitán de navío y al tiempo que pasó trabajando en el Instituto de la Marina Mercante de los Estados Unidos se le conocía con el apodo de «capitán Hubbard». También se le llamó «el Johnny Appleseed del LSD» porque se calcula que administró LSD a unas 6.000 personas, entre los cuales había científicos, políticos, diplomáticos, figuras destacadas de la Iglesia y funcionarios del servicio de inteligencia. Según se dice, era capaz de sujetar cables desnudos conectados a 120 voltios; y cuando sus amigos, animados por él a imitarle, recibían una descarga, les recomendaba: «No tienes que luchar contra la electricidad, debes fluir con ella». También aparecía y desaparecía en diferentes lugares llevando siempre consigo un pequeño maletín negro, lo que alimentaba la fama de que era capaz de bilocarse.

En 1953 invitó a Humphrey Osmond a comer en el Royal Vancouver Yacht Club, una comida durante la cual criticó duramente la estrategia seguida por Osmond y Hoffer de usar el LSD para el tratamiento de alcohólicos e insistió en la necesidad de hacer exactamente lo contrario. Lo que, en su opinión, se necesitaba para experimentar una verdadera transformación no era tanto provocar un «mal viaje», sino proporcionar una auténtica experiencia trascendental. Y, para ello, recomendaba celebrar las sesiones en un entorno hermoso, adornado con flores, símbolos universales y música espiritual. Los resultados obtenidos por Hoffer y Osmond siguiendo sus consejos mejoraron considerablemente (Hoffer, 1970). Esta fue la estrategia que acabó convirtiéndose en norma para el tratamiento de alcohólicos y adictos con LSD en Canadá y Estados Unidos con el nombre algo tautológico de «terapia psiquedélica».

Abram Hoffer, psiquiatra canadiense pionero en el tratamiento psiquedélico, conocido por su hipótesis de la influencia del adrenocromo en la esquizofrenia (arriba).

Humphry Osmond (1917-2004), psiquiatra británico-estadounidense que acuñó el término «psiquedélico» (abajo izquierda).

Al Hubbard (1901-1982), figura misteriosa y legendaria en la historia de los psiquedélicos, conocido como el «Johnny Appleseed del LSD», que introdujo a cerca de 6.000 personas en el uso del LSD (abajo derecha).

A mediados de los años 60, la empresa farmacéutica checoslovaca Spofa, única productora, además de la suiza Sandoz, de LSD químicamente puro, me envió a entrevistar a Al Hubbard, que había ido a Praga a comprar 2 g de LSD para el Hollywood Hospital de Vancouver, con la intención de determinar si era conocido en los círculos científicos. El hecho de que hubiese colaborado en un artículo titulado «The Psychedelic Experience» junto a Myron Stolaroff y Willis Harman resultó, para las autoridades checas, evidencia suficiente de su seriedad (Stolaroff, Harman y Hubbard, 1964). También hay que señalar que su compra de 2 g de LSD checo fue una auténtica ganga porque, en aquella época, la ampolla de 100 μg costaba 10 céntimos de dólar.

Durante nuestra conversación, Al abrió su maletín negro y me mostró documentos firmados por los gobiernos de los Estados Unidos y Canadá autorizándole a transportar cualquier substancia a través de la fronteras entre ambos países. También tuve entonces la oportunidad de formularle una pregunta a la que, desde el momento en que me enteré de los consejos que había dado a Osmond y Hoffer sobre el modo de empleo más adecuado del LSD, no dejaba de dar vueltas. ¿Cómo había obtenido esa información? La respuesta de Hubbard resultó fascinante porque me dijo que, diez años antes de que Albert Hofmann descubriese los efectos psiquedélicos del LSD, había recibido la visita de un ser angélico arquetípico que le informó de que en Suiza se descubriría una substancia única y le explicó también la forma de empleo más adecuada.

Durante una visita a Palo Alto (California) que hice en el verano de 1967, el pionero psiquedélico Myron Stolaroff me invitó a acompañarle en un viaje en su avión Cessna de cuatro plazas para visitar a su amigo íntimo Al Hubbard.

Myron Stolaroff (1920-2013), pionero de los psiquedélicos que investigó los efectos del LSD y la mescalina sobre la creatividad.

Sobrevolamos la cordillera de Sierra Nevada y le visitamos en su refugio rocoso de Onion Valley. Una tarde, los tres hicimos una excursión por las montañas durante la cual Myron no dejó de contarme historias fantásticas sobre la vida y hazañas de Al, llegando a decir, en un determinado momento, para mi sorpresa, que le consideraba un ser espiritual que estaba a la altura de Jesucristo.

La conclusión general de los primeros experimentos terapéuticos realizados con LSD fue que esa substancia no es, en sí misma, un agente quimioterapéutico porque, para ser eficaz, debe administrarse en un entorno especialmente estructurado y combinado con la psicoterapia. Pero, aun en este caso, la historia de ensayos y errores continuó, porque su administración en pequeñas dosis como complemento de la psicoterapia durante una serie de sesiones no pareció mejorar significativamente la eficacia del proceso terapéutico. Muy al contrario, prolongaba las sesiones y llegaba incluso, en ocasiones, a intensificar los síntomas. Lo más adecuado, en suma, pareció ser invertir el énfasis aumentando la dosis y empleando la psicoterapia para facilitar el procesamiento e integración de la experiencia.

Otro intento fallido fue la terapia hipnodélica, un procedimiento desarrollado por Levine y Ludwig destinado al tratamiento de alcohólicos y drogadictos mediante la administración combinada de LSD e hipnosis (Levine y Ludwig, 1967). Los pacientes eran entrenados para servir como sujetos hipnóticos y se aprovechaba el período de latencia del efecto psiquedélico para la inducción de la hipnosis. La idea era que, en el momento en que comenzara el efecto de la substancia, los pacientes se hallasen sumidos en un trance hipnótico. A continuación, podía utilizarse la sugestión para animarlos a entregarse a la experiencia, dejarse llevar, superar el miedo y dirigir su atención hacia determinados aspectos de su biografía. Pero se trataba de un procedimiento complejo que requería mucho tiempo y exigía un entrenamiento en hipnosis tanto de los sujetos como de los experimentadores y que tampoco obtuvo los efectos favorables deseados.

Un intento ambicioso, aunque pobremente concebido, de poner a prueba los resultados de la terapia hipnodélica arrojó resultados muy poco alentadores. Los autores asignaron a 176 pacientes a uno de los cuatro grupos siguientes:

1. Terapia psiquedélica con LSD
2. Terapia hipnodélica

3. Administración de dosis medias de LSD
4. Ninguna terapia concreta (comunidad terapéutica)

Además, a la mitad de los integrantes de cada grupo se les administró también, finalizada la terapia, Antabuse [un fármaco de nombre genérico disulfiram empleado para el tratamiento del alcoholismo crónico]. Los resultados de este experimento no evidenciaron diferencia significativa alguna entre los grupos y la tasa de remisión global fue extraordinariamente baja. Durante un seguimiento que tuvo lugar a los 6 meses, entre el 70% y el 80% de los pacientes habían vuelto a beber, una tasa que, en otro seguimiento realizado al cabo de un año, había ascendido y se hallaba entre el 80% y el 90% (Ludwig, Levine y Stark, 1970). También hay que decir que la mayoría de los terapeutas que participaron en este estudio eran residentes desmotivados e inadecuadamente adiestrados en las distintas modalidades de tratamiento empleadas. Los lectores interesados en una crítica incisiva de este estudio realizada por Charles Savage pueden encontrarla en mi libro *LSD Psychotherapy* (Grof, 2001).

Asimismo hubo algún que otro intento inspirado en los primeros trabajos de Sigmund Freud y Joseph Breuer de explorar el papel del LSD como agente abreactivo (Freud y Breuer, 1936) que finalmente no encontró aceptación como forma especializada de terapia con LSD (Robinson, 1963). Aunque la abreacción había sido muy popular durante la Segunda Guerra Mundial para el tratamiento de las neurosis de guerra traumáticas, mostró ser ineficaz en el tratamiento de las psiconeurosis (Fenichel, 1945). El LSD puso de nuevo a la abreacción en el campo de la terapia como importante mecanismo terapéutico, pero no como objetivo principal ni como modalidad concreta de tratamiento.

Las psicoanalistas londinenses Joyce Martin y Pauline McCririck diseñaron un procedimiento muy interesante, denominado «terapia de fusión», destinado al tratamiento de pacientes que, durante su infancia, habían sufrido abandono y privación emocional. El procedimiento consistía en administrar dosis medias de LSD a sus clientes y acostarlos luego en un sofá cubiertos con una manta en una habitación semioscura. A continuación, se acostaban junto a sus clientes y los abrazaban como una buena madre haría con su hijo.

La conferencia y el vídeo con los que Pauline y Joyce presentaron su trabajo en el congreso sobre psicoterapia y LSD celebrado en 1965 en Amityville polarizó a la audiencia. Hubo quienes consideraron la terapia de fusión como un abordaje muy razonable para el tratamiento de un problema clínico grave que quedaba fuera del alcance de la terapia verbal, mientras que otros subrayaban la peligrosa incidencia que un contacto tan estrecho podría provocar en la relación transferencial/contratransferencial entre terapeuta y cliente. Sea como fuere, la terapia de fusión no acabó de convertirse en tendencia y siguió siendo un experimento cuya eficacia dependía mucho de las extraordinarias personalidades de sus creadoras, y el grueso de los terapeutas, sobre todo los varones, no se sentían cómodos aventurándose a emplear esta nueva y arriesgada estrategia detrás de la puerta cerrada de sus consultas.

Yo tuve la oportunidad de pasar una semana en Londres con Pauline y Joyce en su clínica de Welbeck Street y de participar en dos sesiones de terapia de fusión con Pauline, una en Londres y la otra en Ámsterdam. Mi propia experiencia y las entrevistas con sus pacientes me convencieron de que se trataba de una forma muy eficaz de sanar el trauma provocado por la privación anaclítica, a la que yo llamo «trauma por omisión». También introduje la terapia de fusión en nuestro trabajo con psiquedélicos y en los talleres y en la formación en trabajo respiratorio y la encontré muy interesante y útil. En el capítulo titulado «The Dying Queen» de mi libro *When the Impossible Happens* (Grof, 2006) describo mis experiencias y aventuras con Pauline al respecto.

Tampoco tuvieron éxito los primeros intentos de emplear el LSD en la terapia de grupo. Las pequeñas dosis administradas a los pacientes tratados con el análisis transaccional de Eric Berne no parecieron mejorar mucho la dinámica grupal y, al aumentar las dosis, los pacientes tendían a perder el interés en el trabajo centrado en el grupo y a centrarse en su propia experiencia. Finalmente, la terapia de grupo con psiquedélicos se bifurcó en dos direcciones diferentes:

1. *La terapia psiquedélica agregada*, en la que se administra una substancia psiquedélica a un gran número de personas, pero sin hacer el menor esfuerzo para trabajar, durante la sesión, con el grupo en su conjunto. Si tenemos en cuenta la gran diferencia de ratio entre el número de terapeutas o facilitadores y el número de participantes que requieren los enfoques individual y grupal, resulta evidente que la principal ventaja de este abordaje es la económica. Este enfoque resulta especialmente útil en grupos compuestos por personas experimentadas que no necesitan mucha ayuda, son capaces de tolerar el ruido que hacen los demás y no tienen problemas para integrar su experiencia. En estas circunstancias, los equipos de dos facilitadores cualificados llegan a trabajar sin problema con grupos de hasta catorce o dieciséis personas, sobre todo si esos grupos se han reunido varias veces y los participantes han

establecido la adecuada confianza. La eficacia de este abordaje aumenta si se complementa, después de la sesión, con un trabajo grupal que permita compartir y procesar en grupo la experiencia.

Un ejemplo extremo de terapia psiquedélica agregada fue la *psicosíntesis* (que no debe confundirse con el sistema psicoespiritual del mismo nombre creado por el psicoterapeuta italiano Roberto Assagioli), un maratoniano proceso de psicoterapia de grupo desarrollado por el psiquiatra mexicano Salvador Roquet. Bajo la dirección de Salvador, grandes grupos de personas (hasta treinta) se reunían en sesiones nocturnas (llamadas *convivencias*). Los participantes eran cuidadosamente elegidos con la intención explícita de formar grupos lo más heterogéneos posible (en cuanto a género, edad, cuadro clínico, duración del tratamiento previo y substancia psiquedélica administrada) (Roquet, 1971).

Algunos de los clientes recibían plantas medicinales, como una variedad de hongos que contienen psilocibina, peyote y *Datura ceratocaulum*, mientras que a otros se les administraron substancias psiquedélicas como el LSD y la ketamina. El propósito del proceso de selección era el de contar con un amplio abanico, tanto de experiencias como de personas, para favorecer la proyección y el desempeño de roles imaginarios (figuras paternas, sustitutos de hermanos y objetos sexuales). Durante las sesiones, Salvador sometía a los participantes a una sobrecarga sensorial combinando imágenes inquietantes y emocionalmente evocadoras con otras de la Alemania nazi y aun otras de naturaleza sexual, agresiva y sadomasoquista.

El objetivo de Salvador –una personalidad excéntrica y muy controvertida entre sus colegas– era el de facilitar las experiencias de muerte y renacimiento del ego. En este sentido invitó a un grupo de psiquiatras y psicólogos mexicanos a una fiesta en la que, sin advertirlo, sirvió bocadillos condimentados con hongos psiquedélicos. Su estrategia terapéutica estaba estrechamente ligada a su personalidad y ha quedado como una curiosidad en la historia de la psiquedelia.

Pero el hecho de alentar la proyección y de emplear estímulos externos con la intención de provocar un determinado tipo de experiencia no solo aleja la atención de los sujetos de la introspección, sino que también obstaculiza el desempeño de la inteligencia autocurativa espontánea de la psique. Porque hay que señalar que el inconsciente posee la capacidad de seguir la trayectoria natural del proceso curativo y dirigir al sujeto hasta los rincones más oscuros de su inconsciente, incluyendo la experiencia de aniquilación, muerte y renacimiento. Sin embargo, el intento de inducir un «mal viaje» y de provocar una desintegración tiene un efecto netamente negativo que puede disuadir a los pacientes de seguir con la terapia. Esta estrategia también puede interferir con el desarrollo de una sesión que, de otro modo, conduciría a la persona hasta una experiencia mística profundamente extática y sanadora (es decir, una experiencia transpersonal más «neptuniana» que «plutoniana»).

En 1974, Roquet fue acusado de tráfico de drogas y de delitos contra la salud de sus pacientes, cargos que se retiraron el 10 de abril de 1975, después de que un juicio ante el Tribunal Supremo le declarase inocente. También pasó nueve meses en el tristemente célebre Palacio de Lecumberri, la penitenciaría de Ciudad de México de la que casi nadie ha logrado escapar.

2. Rituales psiquedélicos. El segundo tipo de tratamiento grupal con substancias psiquedélicas es mediante un ritual, el modo habitualmente utilizado por muchas culturas nativas, como sucede, por ejemplo, con el peyote en el caso de la Iglesia Nativa Americana y los indios huicholes; de los hongos psilocibe en el caso de los mazatecos; de la ayahuasca en el de los ayahuasqueros, los miembros de la religión del Santo Daime y la União do Vegetal

El pionero psiquedélico mexicano Salvador Roquet (1920-1995) y Stanislav Grof en el tercer congreso transpersonal internacional celebrado en Inari (Finlandia).

de Brasil y de la iboga en el de los nativos de África Central. Estos casos rituales suelen estar estructurados, requerir una vestimenta especial, mantener una determinada postura, atenerse a formas prescritas de conducta, bailes, cánticos grupales, etcétera.

El antropólogo británico Victor Turner, que dedicó su vida al estudio de los rituales nativos, llegó a la conclusión de que las personas que participan en rituales que implican estados holotrópicos de conciencia suelen desarrollar un fuerte vínculo o una sensación de *communitas* (Turner, 1969). Si tenemos en cuenta que uno de los rasgos más destacados de la civilización industrial es la alienación, esta modalidad de tratamiento podría resultar muy interesante para nuestra sociedad. Como estamos alienados de nuestro cuerpo, de los demás, de la naturaleza, del universo y de lo divino, los rituales que utilizan psiquedélicos u otras formas de estados holotrópicos podrían contribuir muy positivamente a superar esta alienación. El estado holotrópico de conciencia experimentado por quienes participan en un ritual también libera del entorno cotidiano, diluye la estructura jerárquica de la sociedad –al menos durante el tiempo que dura el ritual– y genera una sensación de igualdad. Asimismo es importante señalar que los rituales de los grupos nativos son antropológicamente muy interesantes y movilizan dinámicas sociales muy profundas. Por desgracia, su orientación fundamentalmente extravertida no suele facilitar la autoexploración profunda.

Durante el curso de la compleja historia que acabamos de describir, el uso del LSD para la autoexploración y la psicoterapia individual siguió dos caminos diferentes, la terapia psicolítica y la terapia psiquedélica:

1. La terapia psicolítica (nombre acuñado por el psiquiatra y psicoterapeuta británico Ronald Sandison), centrada en la liberación de las tensiones y la resolución de los conflictos psicológicos, ha sido utilizada fundamentalmente por terapeutas europeos (Hanscarl Leuner, Wilhelm Arendsen Hein, John Buckman y Thomas M. Ling, Milan Hausner, Juraj y Sonia Styk, Peter Bauman y Peter Gasser, entre otros). Se basa en la teoría psicoanalítica, pero sin atenerse a los principios y restricciones de la praxis freudiana estándar (como la ubicación del terapeuta, la prohibición del *acting out*, el hecho de no responder a preguntas, el uso estratégico del silencio, evitar el contacto físico, etcétera).

El tratamiento psicolítico consiste en una serie de entre 15 a 100 sesiones con dosis medias de LSD-25 separadas por intervalos de una a dos semanas. El tipo y grado de apoyo proporcionado a los pacientes durante las sesiones variaba. Yo permanecía con mis pacientes durante cinco o seis horas y luego los dejaba al cuidado de supervisores que habían participado en sesiones de entrenamiento con LSD o de otros pacientes que participaban en la investigación y habían tenido experiencias personales con el LSD.

En el otro extremo del espectro se hallaba el método utilizado por Hanscarl Leuner, que solía dejar a sus pacientes solos con un timbre con el que, en el caso de que necesitaran ayuda, podían llamarle. Los demás terapeutas a los que conocí personalmente se hallaban en un punto intermedio entre ambos extremos, ya que pasaban parte de la sesión con los clientes y dejaban luego a los participantes al cuidado de enfermeras o acompañantes.

Muchos de los terapeutas psicolíticos mantenían contacto verbal con los pacientes, esperaban de ellos un resumen de su experiencia, hacían comentarios ocasionales y hasta trataban de ofrecer alguna interpretación. A los pacientes se les permitía permanecer con los ojos abiertos, establecer contacto ocular con el terapeuta y mirar a su alrededor. También se les alentaba a describir lo que veían y las transformaciones que experimentaba su percepción del mundo. También eran muchos los terapeutas que pedían a los pacientes que llevasen a las sesiones fotografías de sus cónyuges, parejas y miembros de su familia de origen para contemplarlas en los últimos estadios de su experiencia.

La estrategia psicolítica tenía sus ventajas y sus inconvenientes. Por una parte, era ideal para la exploración de la dinámica del psiquismo. Esto me permitió explorar secuencialmente, durante la fase inicial de mi investigación, diferentes niveles del inconsciente, algo denominado «quimioarqueología» por uno de mis pacientes, y que otro describió como «pelar la cebolla del inconsciente». También pude estudiar y reconocer la lógica de las ilusiones ópticas que experimentaban mis pacientes y entender por qué me veían a mí y al entorno transformados de un determinado modo en diferentes momentos de la sesión y fases de la terapia.

Yo recopilé literalmente centenares de ejemplos de este proceso que evidenciaban la sobredeterminación de las visiones e ilusiones ópticas que acompañan a la ingesta de LSD e ilustran a la perfección los mecanismos descritos por Freud en su análisis del modo en que operan los sueños, muchos de las cuales recogí y expliqué en mi libro *Realms of the*

Hanscarl Leuner
(1919-1996), psiquiatra
alemán pionero de los
psiquedélicos, creador de
un método psicoterapéutico
llamado imaginación
afectiva guiada (GAI).

Human Unconscious (Grof, 1975). El resultado más interesante y valioso de esta estrategia de investigación probablemente fuese el descubrimiento de que la psique tiene una inteligencia autocurativa que dirige el proceso terapéutico hacia los recuerdos inconscientes más importantes que subyacen a los síntomas. El despliegue gradual de la psique en sesiones sucesivas también me ayudó a esbozar un nuevo mapa de la psique y poner de relieve los principios dinámicos que lo gobiernan (los sistemas COEX, las matrices perinatales básicas [MPB] y las pautas arquetípicas del inconsciente colectivo).

Lamentablemente, el empleo de dosis bajas, el hecho de que los pacientes pasaran gran parte de la sesión con los ojos abiertos y el mantenimiento de un frecuente contacto verbal no era el medio más adecuado para lograr resultados terapéuticos rápidos y positivos. Entonces advertí que el precio que debía pagar por mi curiosidad y las fascinantes observaciones era la ralentización del progreso terapéutico, porque esa estrategia desviaba la atención del proceso de exploración vertical (el método más eficaz para poner de relieve las causas que subyacen a los problemas emocionales) y la orientaba hacia la exploración horizontal. Y, por más intelectualmente interesante que esto resultara para mí y mis pacientes, también fortalecía sus resistencias e impedía que se enfrentaran a cuestiones más profundas y dolorosas.

Cuando me di cuenta de esto, cambié la estrategia aumentando las dosis, empleando antifaz, reduciendo al mínimo el intercambio verbal (lo que facilitaba la interiorización de las sesiones) y empleando música para profundizar la experiencia, una modificación que acercó el enfoque a la «terapia psiquedélica» desarrollada en Canadá de la que anteriormente hemos hablado.

2. *La terapia psiquedélica* es la otra forma más habitual de llevar a cabo un tratamiento con substancias psiquedélicas. Consiste en un pequeño número de sesiones con grandes dosis de LSD, entre 400 y 600 μg (un enfoque conocido como «una sola dosis abrumadora»). Como acabamos de decir, el uso de antifaces y auriculares facilita la interiorización de la experiencia. Las salas de tratamiento están decoradas con hermosas pinturas y adornadas con flores y, durante las sesiones, se reproduce música espiritual de alta fidelidad (lo que intensifica la experiencia). La supervisión suele estar a cargo de dos facilitadores, preferiblemente un equipo formado por un hombre y una mujer.

La preparación de las sesiones consiste en varias horas de entrevistas sin drogas que tienen como objetivo el establecimiento de un buen vínculo terapéutico, conocer la historia del paciente y sus síntomas y explicar los efectos de la substancia psiquedélica que van a recibir. Después de las sesiones, el terapeuta programa entrevistas sin drogas para hablar de la experiencia y ayudar al paciente a integrarla. Este método ha sido practicado sobre todo por terapeutas canadienses y estadounidenses, entre los cuales cabe destacar a Abram Hoffer, Humphry Osmond, Ross MacLean, Duncan Blewett, Ralph Metzner, Richard Alpert, Timothy Leary, Myron Stolaroff, James Fadiman, Robert Mogar y Willis Harman. También utilizamos esta estrategia en nuestros proyectos en el Centro de Investigación Psiquiátrica de Maryland (MPRC) para el tratamiento de neuróticos, alcohólicos, drogadictos y pacientes con cáncer, así como en las sesiones de formación de terapia con LSD a profesionales de la salud mental (Pahnke *et al.*, 1970 y Grof, 2001).

Los resultados terapéuticos de este enfoque son extraordinarios y, aunque los mecanismos responsables del cambio sigan siendo oscuros, la vida de muchos pacientes puede experimentar cambios espectaculares con muy pocas sesiones (habitualmente entre una y tres). Esta situación se asemeja a los cambios advertidos por David Rosen en los supervivientes de intentos de suicidio desde el Golden Gate y desde el puente de la bahía de San Francisco-Oakland (Rosen, 1975). Y, si tenemos cuenta los resultados de las secuencias del enfoque psicolítico, cabe suponer que el empleo de dosis masivas de terapia psiquedélica puede acelerar e intensificar los mecanismos subyacentes que generan esos cambios y aumentar, en consecuencia, la eficacia de este abordaje.

Los representantes de ambos enfoques expresaron sus críticas al campo contrario. Así pues, mientras que los terapeutas psicolíticos afirmaban que los psiquedélicos eludían cuestiones biográficas importantes e incurrían en una especie de *bypass espiritual*, estos acusaban a aquellos de ser «excesivamente minuciosos», demorarse innecesariamente en cuestiones biográficas de importancia secundaria y desaprovechar así la extraordinaria posibilidad de acceder a una experiencia psiquedélica cumbre que pudiera ser realmente transformadora.

Veamos ahora, después de este breve repaso histórico a los experimentos terapéuticos realizados con LSD, varios principios básicos que aumentan los beneficios al tiempo que reducen los riesgos potenciales del uso del LSD, muchos de los cuales resultan aplicables también a otros psiquedélicos.

Microdosificación con LSD

Empezaremos con la microdosificación, una estrategia investigada y recomendada por James Fadiman, que está llevando a cabo un estudio sobre la administración de microdosis de LSD destinado a mejorar el funcionamiento normal (Fadiman, 2017). La microdosificación (conocida también como dosis subperceptual) consiste en tomar una dosis subumbral que, en el caso del LSD, es de entre 10 y 20 μg y cuyo objetivo no pretende provocar un estado de conciencia alterado, sino que se limita a mejorar el funcionamiento cognitivo y ejecutivo normal del sujeto (*efecto nootrópico*).

Los voluntarios que participan en este estudio (entre los cuales hay una gran variedad de científicos, artistas y estudiantes) se autoadministran el fármaco aproximadamente cada tres días y elaboran luego un resumen de los efectos percibidos en su actividad y en su vida cotidiana. Los informes recogidos al respecto hasta este momento parecen sugerir que, hablando en términos generales, el sujeto experimenta un funcionamiento normal pero

James Fadiman, pionero psiquedélico especializado en los efectos sobre la creatividad y la administración de una microdosis de LSD.

con mayor concentración, creatividad y claridad emocional, así como una leve mejora del rendimiento físico. Albert Hofmann estaba al tanto de la microdosificación, a la que calificó como «el área menos investigada de los psiquedélicos».

El uso recreativo del LSD y otros psiquedélicos

Siempre que se conozca la calidad y dosis de la substancia que se toma y su reacción a ella, es posible tomar una dosis pequeña (de entre 25 y 75 μg) destinada a mejorar la percepción en entornos naturales que, en la mayoría de los casos, no interfiere con el funcionamiento ordinario (exceptuando, claro está, el caso de la conducción de vehículos). Este es un enfoque que puede intensificar considerablemente la experiencia de ir de excursión, nadar en un río, en un lago o en el océano, y aporta una nueva dimensión a las relaciones sexuales. Compartir esta experiencia con personas afines –escuchando música, disfrutando de una buena comida y hablando de cuestiones filosóficas y espirituales– puede contribuir a la creación de acontecimientos sociales muy especiales.

El modelo de este tipo de fiestas se atiene al establecido por el *Club des hashischins* (*Club de los comedores de hachís*), un grupo parisino dedicado a la exploración de experiencias inducidas por drogas, entre cuyos miembros se hallaban personajes de la élite intelectual francesa como Victor Hugo, Alejandro Dumas, Charles Baudelaire, Gérard de Nerval, Eugène Delacroix, Teófilo Gautier y Honorato de Balzac. Pero conviene insistir en que, antes de embarcarnos en el uso recreativo de los psiquedélicos, hay que determinar en privado la respuesta a la substancia psiquedélica elegida. No olvidemos que la respuesta a los psiquedélicos es muy variable y que, en el caso de algunas personas, hasta las dosis moderadas antes mencionadas pueden provocar reacciones inesperadamente intensas.

Psicoterapia y autoexploración con psiquedélicos

En el caso de emplear dosis más elevadas –que pueden movilizar niveles más profundos del inconsciente–, las sesiones más productivas y seguras parecen ser las que se interiorizan, lo que implica el menor contacto posible con el mundo exterior, a excepción de la música. Es importante llevar a cabo la experiencia en un lugar aislado en el que la persona no pueda verse molestada por ruidos externos y tenga la posibilidad de expresar todo lo que necesite. También es muy importante, para que la sesión sea segura y curativa, contar con un acompañante, es decir, con una persona que haya tenido experiencia personal con los psiquedélicos y se sienta cómoda con el proceso.

Aunque soy consciente de que muchos lectores toman psiquedélicos en condiciones ajenas a la autoexploración y la búsqueda espiritual, veremos ahora el modo en que llevamos a cabo sesiones con personas que tienen importantes problemas emocionales y solicitan nuestro apoyo terapéutico. Algunas de estas recomendaciones también son útiles para sesiones llevadas a cabo fuera del entorno terapéutico.

Un requisito indispensable para cualquier trabajo con psiquedélicos u otros métodos que impliquen estados holotrópicos de conciencia es un buen chequeo médico. Lo más importante es saber si la persona tiene algún problema cardiovascular, porque es difícil predecir la intensidad de las emociones que provocará la substancia psiquedélica. Una presión arterial muy elevada, arritmias cardíacas, antecedentes de accidentes cerebrovasculares, infartos de miocardio o la presencia de un aneurisma podrían suponer un grave riesgo.

Aunque el LSD sea una substancia biológicamente muy segura, el uso de enteógenos de base anfetamínica (como la MDA, la MMDA, la MDMA, etcétera) aumenta de manera considerable el riesgo de provocar un episodio cardiovascular. La dosis debe mantenerse dentro un rango razonable y las personas con antecedentes de problemas cardiovasculares jamás deberían tomar este tipo de substancias. Hay informes de casos mortales por no haber respetado estas precauciones.

Otra consideración que hay que tener en cuenta es el estado físico general de la persona que toma la substancia. Las sesiones pueden resultar emocional y físicamente muy exigentes, sobre todo en el caso de emplear dosis elevadas. Hay que evaluar individualmente las enfermedades debilitadoras, el agotamiento que sigue a una enfermedad, las convalecencias postoperatorias o las lesiones, que pueden estar contraindicadas. En nuestro programa de Maryland de terapia con LSD para pacientes de cáncer terminal solo descartamos a quienes tengan problemas cardiovasculares graves y ninguno de los más de 200 pacientes a los que tratamos murió en la sesión ni experimentó emergencia física alguna. Es cierto, sin embargo, que uno de esos pacientes murió cuatro días después de la sesión, pero se trataba de una persona aquejada de cáncer de piel con metástasis generalizada y un espantoso miedo a la muerte que le llevaba a aferrarse desesperadamente a la vida. Durante esa sesión, tuvo una poderosa experiencia de muerte y renacimiento psicoespiritual que le liberó de este miedo y le ayudó a morir en paz cuatro días más tarde. Después de algunos intentos iniciales, decidimos descartar también a los pacientes con tumores cerebrales, porque sus experiencias parecían inconexas y confusas y tenían dificultades para la integración conceptual de su contenido.

El embarazo, sobre todo avanzado, es otra contraindicación relativa, porque las mujeres que reviven su propio nacimiento suelen experimentar también que dan a luz, lo que implica fuertes contracciones del útero que podrían desencadenar un parto prematuro. También se ha dado el caso de mujeres que, durante una sesión que combinaba parto y nacimiento, empezaron a menstruar en mitad del ciclo. He trabajado con respiración holotrópica con muchas mujeres embarazadas con la condición previa de que, apenas el proceso asumiera la forma de nacimiento/parto, interrumpirían la experiencia, pero, como esta condición es imposible de cumplir con la terapia psiquedélica, parece más prudente no trabajar con mujeres embarazadas. Sin embargo, el período posparto es un momento excelente para las sesiones psiquedélicas, porque el embarazo y el parto estimulan y facilitan el acceso a los recuerdos perinatales.

Hay casos en los que la adecuada conclusión de la sesión requiere de un trabajo corporal, pero, en otras ocasiones, es prudente limitar o modificar la intervención física (como sucede, por ejemplo, después de una fractura, una operación, o en los casos de prolapso de disco vertebral, latigazo cervical, osteoporosis, hernia diafragmática o umbilical, colostomía, etcétera). Tampoco es posible liberar, por razones obvias, mediante un trabajo corporal directo los bloqueos o dolores próximos a la región genital, aunque es posible llegar a ellos trabajando indirectamente con las piernas del modo descrito en el capítulo dedicado a la respiración holotrópica (pág. 363 y ss., volumen 1).

Otra consideración que hay que tener en cuenta es el estado emocional de la persona que acude a una sesión psiquedélica o de respiración holotrópica. Si la persona tiene un historial –en especial, un historial largo– de hospitalización psiquiátrica, es necesario averiguar la naturaleza de este trastorno, qué forma adoptó y qué circunstancias lo provocaron; una evaluación que debe ser realizada por una persona tan familiarizada con la psiquiatría tradicional como con la psicología transpersonal. No olvidemos que ha habido casos en los que los problemas diagnosticados como un episodio psicótico resultaron ser emergencias espirituales mal diagnosticadas. En este último caso, no hay razón alguna para impedir a esa persona el acceso a un taller de respiración holotrópica o de terapia psiquedélica y, hablando en términos generales, no hemos tropezado, en este sentido, con ningún problema especial.

Lo ideal es que terapeutas y acompañantes estén al tanto de la historia de la persona a la que van a acompañar, es decir, que conozcan la naturaleza de su vida prenatal y de su nacimiento (en el caso de que se disponga de tal información), la calidad de los cuidados que recibió durante su infancia y su niñez, los principales acontecimientos de su vida, los traumas que recuerda y los conflictos de los que es consciente. También resulta muy útil averiguar si existen pautas repetitivas en su vida en lo que respecta a las relaciones con determinadas categorías de personas, como autoridades, compañeros, hombres o mujeres (sistemas COEX interpersonales), porque esas pautas tienden a activarse y reproducirse durante las sesiones y pueden generar problemas.

Un aspecto muy importante de la entrevista previa a la sesión es el establecimiento de una buena relación que aliente la confianza. Si el candidato desconoce los efectos de la substancia que va a tomar y la naturaleza de la experiencia, debemos informarle brevemente al respecto. Y con ello queremos decir que la persona debe conocer la duración de la sesión, la necesidad de mantener la sesión interiorizada, acordar el modo de comunicarnos y los principales tipos de experiencia con los que podría encontrarse. Aunque la información intelectual de las experiencias perinatales y transpersonales no llega a transmitir adecuadamente su poder y su impacto es muy importante y útil conocer su existencia y la forma que adoptan.

También debemos corregir la visión errónea sostenida por la civilización occidental y la psiquiatría dominante sobre lo que es normal y lo que es una «locura». La gente debe saber que, durante un estado holotrópico, es posible revivir el nacimiento o episodios de la vida prenatal, tener recuerdos ancestrales, filogenéticos o de vidas pasadas, visitar reinos arquetípicos o encontrarse con seres arquetípicos. Este tipo de experiencias puede ampliar nuestra visión del mundo y convertirse en un elemento importante en el proceso de transformación interior y de apertura espiritual.

Un elemento de capital importancia en los viajes psiconáuticos con psiquedélicos es la naturaleza, calidad y dosificación de la substancia que estemos utilizando. En las circunstancias actuales, a menos que dispongamos de una fuente fiable de substancias químicas puras, la mejor opción sería el empleo de plantas naturales. Hay lugares en los que el cultivo de marihuana, setas psilocibe, peyote o ayahuasca está permitido para consumo propio. Las secreciones de la parótida y de la piel del sapo *Bufo alvarius* pueden obtenerse de curanderos experimentados y honestos, pero las substancias compradas en la calle o en el mercado negro pueden resultar peligrosas, porque nunca podremos estar seguros de la naturaleza, calidad y dosis de la substancia.

Los resultados de un análisis de muestras callejeras de LSD llevado a cabo por Stanley Krippner durante la década de 1970 puso de relieve la presencia de dieciocho substancias contaminantes diferentes (entre las cuales había anfetaminas, polvo de ángel, pequeñas cantidades de estricnina y hasta orina). Por desgracia, mientras no se despenalicen los psiquedélicos y sea posible acceder a ellos en forma químicamente pura, los psiconautas seguirán, en este sentido, sumidos en la incertidumbre. Pues, pese al actual renacimiento del interés por los psiquedélicos, solo podrán acceder a una sesión psiquedélica legal quienes encajen en alguna de las categorías de investigación permitidas (como pacientes con cáncer, TEPT, migrañas, estados de ansiedad, etcétera).

A menos que nuestra intención sea la de probar o comparar el efecto de diferentes dosis, o así lo exija nuestro diseño de investigación, es preferible utilizar dosis más elevadas de LSD (entre 250 y 500 μg), aunque ello pueda implicar una gestión algo más exigente de las sesiones porque los resultados son más rápidos y mejores y la administración es también más segura. Las dosis más bajas tienden a activar los síntomas, pero, al no impedir la aparición de los mecanismos de defensa, no siempre llegan a una buena conclusión, mientras que las dosis más elevadas, por su parte, suelen tener una resolución más limpia.

Cuando la experiencia se mueve dentro del rango de dosis elevada es importante mantener la sesión interiorizada porque, de ese modo, es más fácil ver y entender lo que emerge del inconsciente y saber a qué estamos enfrentándonos. Mantener los ojos abiertos e interactuar con el entorno durante las sesiones de dosis elevadas de LSD no solo es peligroso, sino también improductivo porque, al mezclar lo interno y lo externo, confunde y obstaculiza la autoexploración.

He conocido a personas que han tomado LSD centenares de veces sin darse cuenta de que la experiencia tenía que ver con su propio inconsciente. Para ellos, era como asistir a una película llena de imágenes y colores extraños, en donde todo se movía, el entorno y las caras de la gente se hallaban extrañamente distorsionados y se veían desbordados por unas intensas e incomprensibles oleadas de emoción. Esta forma de usar el LSD no solo es peligrosa porque obstaculiza la resolución de la experiencia, sino que también puede provocar reacciones y *flashbacks* prolongados y cosas aún peores. Una psiconáutica segura nos obliga a prestar mucha atención al material inconsciente en la medida en que emerge, experimentar por completo las emociones que afloran y procesar adecuadamente su contenido.

La situación ideal para llevar a cabo las sesiones terapéuticas es un entorno protegido que permita al cliente hacer ruidos en el caso de que sea necesario y que cuente con la presencia de una pareja de facilitadores o acompañantes (preferiblemente hombre y mujer). Mantenemos la experiencia interiorizada mediante el uso de antifaces y, a menos que el cliente la inicie o necesite, procuramos reducir al mínimo la interacción verbal y las intervenciones. Y, si la persona interrumpe la experiencia y abre los ojos, procuramos persuadirla amablemente para que regrese a la introspección.

El empleo de música durante la sesión puede ayudar al cliente a permanecer en el flujo de la experiencia y superar los bloqueos que puedan presentarse y activar y facilitar también la emergencia de emociones profundas. La selección de la música y su empleo deben atenerse a los principios mencionados en el capítulo que hemos destinado a la respiración holotrópica. El principio general no consiste tanto en programar la experiencia de tal o cual modo, sino en dejarnos guiar por lo que vaya aflorando durante el desarrollo de la sesión. Para ello conviene prestar mucha atención a los indicios proporcionados por la expresión facial, los ocasionales comentarios verbales, el lenguaje corporal (como el movimiento sensual de la pelvis, los puños y las mandíbulas cerradas, una posición relajada y una sonrisa beatífica), pronunciar el nombre del país en el que se desarrolla la experiencia, etcétera.

La música también se atiene al curso o trayectoria general de la sesión de LSD aumentando gradualmente su intensidad, alcanzando el clímax en torno a las tres horas, tornándose luego más emocional, reconfortante y femenina y asumiendo, al acercarse el final, un tono más atemporal, fluido, meditativo y tranquilo. Conviene evitar las piezas musicales muy conocidas que inclinen la experiencia en un determinado sentido, así como las interpretaciones vocales en idiomas conocidos por el cliente y, si empleamos grabaciones de voces humanas, deben percibirse como meros sonidos que no lleguen a transmitir ningún mensaje verbal concreto.

A eso de las cinco horas de haber comenzado la sesión es útil hacer una pausa y solicitar al cliente un breve informe verbal acerca de su experiencia. También puede ser un buen momento para salir al exterior. Lo ideal sería celebrar las sesiones psiquedélicas en un entorno hermoso en las montañas, cerca de un parque, una pradera, un bosque, un río, un lago o el océano. Durante la fase de conclusión de una sesión psiquedélica, tomar una ducha o un baño de agua caliente o nadar puede ser una experiencia extática y sanadora.

Esta fase puede facilitar la regresión a un estado prenatal o llegar a experimentar el inicio de la vida en el océano primigenio. También es posible, dependiendo del lugar y la hora, llevar al cliente a un lugar desde el que pueda contemplar la puesta de sol, la luna o el firmamento nocturno; si no tenemos la ocasión de contar con ninguno de esos entornos, tratamos de buscar un lugar lo más natural posible. Las experiencias psiquedélicas tienden a conectarnos con la naturaleza y a revelarnos la profunda conexión que nos une y en la que todos estamos inmersos, así como lo mucho que la civilización industrial nos ha alienado de este tipo de experiencias.

Si la sesión no concluye adecuadamente es necesario apelar al trabajo corporal para liberar cualquier resto de tensión, bloqueo físico o emoción residual, algo que pocos terapeutas psiquedélicos aprovechan bien. Los principios que hay que aplicar en este caso son los mismos que hemos descrito en el capítulo sobre la respiración holotrópica (pág. 363 y ss., volumen 1) sin atenernos, para ello, a ninguna técnica preconcebida, sino dejándonos llevar por la inteligencia curativa de la psique del cliente, buscando el mejor modo de acentuar los síntomas existentes y alentando a la persona a expresar plenamente lo que vaya presentándose.

En nuestros programas terapéuticos y de formación en el Centro de Investigación Psiquiátrica de Maryland organizábamos reuniones familiares durante las últimas horas de las sesiones psiquedélicas a las que los pacientes invitaban a parejas, cónyuges, familiares o amigos de su elección. También pedíamos comida a un restaurante chino o japonés cercano, lo que nos permitía degustar sabores, texturas y colores interesantes y compartir una cena escuchando música tranquila. En ese momento, los clientes todavía se hallan en un estado holotrópico de conciencia que puede mejorar considerablemente la calidad de la percepción sensorial. Al dirigir esta «apertura de las puertas de la percepción» –por utilizar la expresión de Aldous Huxley– hacia los objetos y actividades de la vida cotidiana, aprendían nuevas formas de experimentar la naturaleza, contemplar una puesta de sol, degustar la comida, escuchar música y relacionarse con los demás.

Pese a su complicada historia, la psicoterapia asistida por psiquedélicos ha demostrado ser muy útil para el tratamiento de fobias, depresiones, trastornos psicosomáticos y dolor físico. El uso del LSD como catalizador ha permitido ampliar el rango de aplicabilidad de la psicoterapia a grupos de pacientes anteriormente inaccesibles (como alcohólicos, drogadictos, desviados sexuales y delincuentes reincidentes). Es de esperar que el extraordinario renacimiento actual del interés por los psiquedélicos nos permita acceder a experiencias clínicas que han permanecido dormidas durante cuarenta años, evite los errores del pasado y posibilite un nuevo comienzo. No me cabe duda de que las nuevas investigaciones realizadas al respecto confirmarán que los psiquedélicos son agentes terapéuticos únicos de un tipo totalmente nuevo cuyo alcance carece de parangón en la historia de la psiquiatría.

Bibliografía

Condrau, G. 1949. «Klinische Erfahrungen an Geisteskranken mit LSD 25» (Clinical Experiences in Psychiatric Patients with LSD-25). *Act. Psychiat. Neurol. Scand.* 24:9.
Ditman, K.S. y Whittlesey, J.R.B. 1959. «Comparison of the LSD Experience and Delirium Tremens». *Arch. Gen. Psychiat.* 1:47.

Fadiman, F. 2017. «A Researcher Wants to Test the Effects on Microdosing on Cognitive Ability and Productivity». *Futurism*, 10 de agosto.
Fenichel, O. 1945. *A Psychoanalytic Theory of Neurosis*. New York: W.W. Norton.
Freud, S. y Breuer, J. 1936. *Studies in Hysteria*. New York: Nervous and Mental Diseases Publication Company.
Grof, S. 1975. *Realms of the Human Unconscious: Observations from LSD Research*. New York: Viking Press. Reeditado en 2009 como *LSD: Gateway to the Numinous*. Rochester, VT: Inner Traditions.
Grof, S. 2001. *LSD Psychotherapy*. Santa Cruz, CA: MAPS Publications.
Grof, S. 2006. *When the Impossible Happens: Adventures in Non-Ordinary Realities*. Louisville, CO: Sounds True.
Jost, F. 1957. «Zur therapeutischen Verwendung des LSD-25 in der klinischen Praxis der Psychiatrie». *Wien. klin. Wschr.* 69:647.
Jost, F. y Vicari, R. 1958. «Zu den Provokationsverfahren in der Meedizin: LSD als Provokationsmittel». *Medizinsche* Nr. 8:319.
Krippner, S. 1970. Letter. Drug deceptions. *Science* 168, 654-655.
Levine, J. y Ludwig, A.M. 1967. «The Hypnodelic Treatment Technique». En: H.A. Abramson (editor): *The Use of LSD in Psychotherapy and Alcoholism*. New York: The Bobbs-Merill Co. Inc.
Ludwig, A.M., Levine, J., y Stark, L.H. 1970. *LSD and Alcoholism: Clinical Study of Efficacy*. Springfield, IL: Charles C. Thomas.
Martin, A.J. 1957. «LSD Treatment of Chronic Psychoneurotic Patients Under Day-Hospital Conditions». *Internat. J. soc. Psychiat*. 3188.
McCririck, P. 1965. «The Importance of Fusion in Therapy and Maturation». Manuscrito inédito.
Hoffer, A. 1970. «Treatment of Alcoholism with Psychedelic Therapy». En: Aaronson, B.S. y Osmond, H.: *Psychedelics: The Uses and Implications of Psychedelic Drugs*. New York: Anchor Books.
Pahnke, W.A. 1970. «The Experimental Use of Psychedelic (LSD) Therapy». *J. Amer. Med. Assoc.* (JAMA) 212:856.
Robinson, J.T. *et al.* 1963. «A Controlled Trial of Abreaction with LSD25». *British J. Psychiat.* 109:46.
Roquet, S. 1971. *Operación Mazateca: Estudio de hongos y otras plantas alucinógenas mexicanas, tratamiento psicoterapéutico psicosíntesis*. Mexico City: Association Albert Schweizer.
Rosen, D. 1975. «Suicide Survivors; A Follow-Up Study of Persons Who

Survived Jumping from the Golden Gate and San Francisco-Oakland Bay Bridges». *West. J. Med.* 122: 289.

Sandison, R A., Spencer, A.M. y Whitelaw, J. D. A. 1954. «The Therapeutic Value of LSD in Mental Illness». *J. Ment. Science* 1900:491.

Stoll, W.A. 1947. «LSD-25: Ein Fantastikum aus der Mutterkorngruppe». *Schweiz. Arch. Neurol. Psychiat.* 60:279.

Turner, V. 1969: *The Ritual Process: Structure and Antistructure.* New York: PAJ Publications.

VIII. Sincronicidad: *el «principio de conexión acausal»* de C.G. Jung

Son muchas las personas que han pasado por situaciones en las que el predecible tejido de la realidad cotidiana aparentemente dependiente de complejas cadenas de causas y efectos parece desgarrarse y experimentan coincidencias sorprendentes y altamente improbables. Durante episodios de estados holotrópicos de conciencia es posible experimentar coincidencias extraordinariamente significativas cuya acumulación puede aportar un toque de magia y numinosidad a la realidad cotidiana y desempeñar un papel muy importante en el proceso de apertura espiritual.

Pero estas situaciones también pueden generar muchos problemas y convertirse en una trampa muy peligrosa. Hay veces en que las coincidencias son tan positivas y prometedoras que el individuo acaba convencido de ser alguien muy especial (un santo, un profeta, un salvador, un líder o un maestro espiritual), una persona elegida para llevar a cabo una misión importante en el mundo. Pero esta situación puede provocar una peligrosa inflación del ego y alentar una conducta irracional que desemboque en una hospitalización psiquiátrica. En otras ocasiones, sin embargo, el contenido de estas coincidencias es ominoso y parece augurar un peligro o un desastre, en cuyo caso, el individuo tiene la sensación de hallarse sometido a un cúmulo de circunstancias cada vez más amenazadoras y acaba aterrorizado y paranoico.

La psiquiatría dominante no reconoce el concepto de coincidencias personalmente significativas y considera que quienes hablan de ellas son víctimas de un *delirio de referencia*. Y como, según la ciencia materialista, el universo carece de sentido, cualquier semblanza de acontecimientos que posea un significado personal más profundo es considerado, en un mundo desencantado y azaroso como se supone que es el nuestro, una ilusión provocada por la proyección. Sin embargo, cualquier persona que tenga la mente abierta y esté dispuesta a escuchar y aprender se verá obligada a admitir que la probabilidad de que se trate de meras casualidades es astronómicamente baja.

Hay veces en que estas violaciones de la causalidad lineal se presentan con tanta frecuencia que nos vemos obligados a poner seriamente en cuestión la naturaleza de la realidad y la visión del mundo que se nos ha enseñado. Y esto puede resultar tan inquietante para quienes creen a pies juntillas que viven en un mundo predecible que cualquier experiencia que cuestione esa creencia llega a desencadenar el miedo a estar volviéndose loco. La comprensión del fenómeno de las coincidencias significativas es fundamental para navegar con cierta seguridad por las procelosas aguas de las realidades no ordinarias y es también *conditio sine qua non* para los psiconautas que experimentan con substancias psiquedélicas o atraviesan una emergencia espiritual. Compartir indiscriminadamente este tipo de experiencias con la persona equivocada o actuar bajo su influencia puede convertirse en causa de diagnóstico y hospitalización psiquiátricos.

El psiquiatra suizo C.G. Jung fue el científico que llamó la atención de los círculos académicos sobre estas coincidencias significativas que nos obligan a poner en cuestión toda explicación racional. Consciente de que la creencia firme e inamovible en el determinismo rígido constituye la piedra angular de la visión científica occidental del mundo, estuvo recopilando evidencias sobre estas coincidencias durante más de veinte años antes de concluir que había reunido las suficientes para hacer públicos sus descubrimientos. Pues, consciente de que esta cuestión tropezaría con la incredulidad y crítica de sus colegas, quería estar seguro de poder respaldar sus heréticas conclusiones con centenares de ejemplos.

Finalmente, Jung expuso sus revolucionarias observaciones en un famoso ensayo, titulado *Sincronicidad: un principio de conexión acausal*, que presentó en el encuentro de Eranos de 1951. Recordemos que las reuniones del círculo de Eranos congregaban a pensadores europeos y estadounidenses estelares en torno a la figura de Jung, que fue quien puso en marcha ese grupo y su principal participante. Esos encuentros reunieron a la élite intelectual del mundo y a ellos acudieron personajes como Joseph Campbell, Heinrich Zimmer, Karl Kerenyi, Erich Neumann, Olga Froebe-Kapteyn, Erwin Schrödinger, Wolfgang Pauli, Daisetz Teitaro Suzuki, Paul Tillich, Marie-Louise von Franz, Rudolf Otto, Richard Wilhelm, Mircea Eliade y Gershom Scholem.

Jung comienza ilustrando su ensayo con ejemplos de coincidencias extraordinarias que tienen lugar en la vida cotidiana (Jung, 1960). Reconoció al biólogo lamarckiano austríaco Paul Kammerer, cuya trágica vida popularizó Arthur Koestler en su libro *El caso del sapo partero* (Koestler, 1971), como una de las primeras personas en interesarse por este fenómeno y sus implicaciones científicas. Kammerer estudió y describió un tipo de coincidencia sorprendente que denominó *serialidad*. Uno de los ejemplos más notables de los que informó Kammerer fue una secuencia de tres acontecimientos ligados al mismo número que se produjeron el mismo día: el billete de tranvía que tomó esa mañana tenía la misma secuencia numérica que la entrada de teatro que compró inmediatamente después y que el número de teléfono que le dieron esa misma noche.

Kammerer estaba fascinado por este fenómeno; pasaba horas enteras en parques y otros lugares públicos observando cuántas personas pasaban, cuántas llevaban paraguas, sombreros, perros, etcétera. Su libro *Law of the Series* recoge un centenar de anécdotas de este tipo de coincidencias (Kammerer, 1919). Su biógrafo Arthur Koestler afirma que, mientras estaba escribiendo la biografía de Kammerer, titulada *El caso del sapo partero*, experimentó una «lluvia de meteoritos de coincidencias», como si el fantasma de Kammerer le sonriera y dijese: «¡A esto precisamente me refería!». (Koestler, 1971).

Jung también se interesó por la serialidad y describió sus propias experiencias al respecto. Una mañana vio una inscripción con una figura que era mitad hombre y mitad pez. Ese mismo día le sirvieron pescado para comer;

Carl Gustav Jung (1875-1961), psiquiatra suizo y pionero de la psicología profunda.

luego alguien hizo una inocentada [algo que, en Suiza, se conoce como «un pez de abril»]. Esa tarde, una antigua paciente le mostró varios dibujos llamativos de peces; esa misma noche le enseñaron un bordado con monstruos ictiformes y, a la mañana siguiente, otra paciente le contó haber soñado con un gran pez. Meses más tarde, mientras estaba escribiendo sobre esta extraordinaria secuencia de acontecimientos, fue a dar un paseo y descubrió, tirado junto a un muro al lado del lago, un pez de unos treinta centímetros. En sus escritos señala que, ese mismo día, había pasado en varias ocasiones por ese mismo lugar y no había visto ningún pez y tampoco había nadie alrededor. Consciente de la posible explicación estadística de ese fenómeno, Jung se aprestó a señalar que «el gran número de repeticiones lo hacían sumamente improbable».

Paul Kammerer (1880-1926), biólogo austríaco que estudió y defendió el lamarckismo, la teoría según la cual los organismos pueden transmitir a su descendencia los caracteres adquiridos en su propia vida.

En el mismo ensayo sobre la sincronicidad, Jung relató también la divertida historia contada por el famoso astrónomo Camille Flammarion sobre el escritor francés Émile Deschamps y un tipo especial de pastel de ciruelas. Siendo niño, un tal Monsieur de Fortgibu dio a Deschamps un plato de ese raro pastel. Durante los diez años siguientes, no tuvo ocasión de volver a degustar ese manjar hasta el momento en que lo vio en el menú de un restaurante parisino. Y, cuando pidió esa comanda al camarero, este le respondió que acababan de servir la última porción a un cliente que se hallaba en el otro extremo del comedor y, cuando se lo señaló, ahí descubrió a Monsieur de Fortgibu disfrutando de los últimos bocados de su postre. Muchos años después, Monsieur Deschamps fue invitado a una fiesta en la que sirvieron ese mismo pastel y, cuando Deschamps comentó que lo único que faltaba para completar la escena era Monsieur de Fortgibu, sonó el timbre y, al abrir la puerta, ahí estaba Monsieur de Fortgibu que se había equivocado de dirección y había irrumpido en la fiesta por error.

Resulta difícil conciliar coincidencias tan extraordinarias como estas con la visión del mundo sustentada por la ciencia materialista que se limita a describir el mundo en términos de cadenas de causas y efectos. Pero resulta que la probabilidad de que algo así ocurra por mera casualidad es tan infinitesimalmente reducida que mal podría considerarse una auténtica explicación. Resulta mucho más sencillo concluir que esos sucesos poseen un significado más profundo y que pueden ser manifestaciones lúdicas de algún tipo de inteligencia cósmica, una explicación especialmente plausible cuando incluye, como suele ser el caso, un elemento humorístico. Pero, por más extraordinariamente interesantes que sean este tipo de coincidencias, la obra de C.G. Jung añadió otra dimensión fascinante a estos fenómenos tan anómalos como desafiantes.

Las situaciones descritas por Kammerer y Flammarion implican coincidencias realmente inverosímiles y tampoco cabe la menor duda de que la historia del pastel de ciruelas tiene un toque netamente humorístico. Sin embargo, ambos casos se limitan a describir sucesos que se dan en el mundo material. Las observaciones recopiladas por Jung iban más allá de todo eso y añadían otro elemento asombroso a este fenómeno ya, de por sí, bastante desconcertante. Jung describió numerosos ejemplos de un fenómeno al que llamó «sincronicidad», es decir, coincidencias significativas entre acontecimientos que suceden en la realidad externa y otros que tienen que ver con experiencias intrapsíquicas (como, por ejemplo, sueños o visiones). Recordemos que, para

Arthur Kessler (1905-1983), periodista húngaro-británico autor de *El caso del sapo partero*.

Jung, la sincronicidad es «la ocurrencia simultánea de un estado psíquico subjetivo con uno o más acontecimientos externos con los que guarda un paralelismo significativo».

Estas situaciones nos llevan a pensar en la posibilidad de que nuestra psique mantenga algún tipo de interacción lúdica con lo que parece ser el mundo de la materia y en donde parece diluirse la frontera que habitualmente separa las realidades subjetivas de las objetivas. En su intento de explicar este enigma, Jung se interesó mucho por los avances de la física cuántico-relativista y la visión radicalmente nueva del mundo que nos ofrecía. En este sentido, mantuvo un provechoso intercambio intelectual con Wolfgang Pauli, uno de los fundadores de la física cuántica que empezó siendo su cliente y acabó convirtiéndose en su amigo personal.

Pauli había recabado la ayuda de Jung para ayudarle a entender sueños muy extraños en los que aparecían combinaciones de números, figuras y arquetípicos que se remontaban a la Edad Media (como el Hombre Salvaje, la Mujer Velada, el uroboros, el reloj del mundo, la cuadratura del círculo y el *perpetuum mobile*). Cuando posteriormente se hicieron amigos investigaron varios problemas relacionados con la interfaz que existe entre las matemáticas, la física y la psicología. Arthur Miller escribió un libro muy interesante sobre la relación extraordinaria entre Jung y Pauli y muy en especial sobre la fascinación de este por el número 137 (Miller, 2009). Pauli, por su parte, introdujo a Jung en los revolucionarios conceptos de la física moderna y el modo en que esta ponía en cuestión el determinismo y la causalidad lineal.

Varios descubrimientos de la física cuántico-relativista parecen indicar que el universo podría ser «radicalmente no local» y señalan la importancia teórica de la sincronicidad, algo que merece una corta digresión sobre la historia de esta disciplina. A lo largo de su vida, Albert Einstein, cuyo trabajo había iniciado el desarrollo de la física cuántica, se mostró reacio a aceptar la noción del papel desempeñado por el azar en la naturaleza, algo que expresó en su famosa afirmación «Dios no juega a los dados con el universo». Para demostrar que la interpretación de Niels Bohr de la teoría cuántica era errónea, Einstein ideó un experimento mental que acabó conociéndose como experimento Einstein-Podolsky-Rosen (EPR). Resulta paradójico que, pocas décadas más tarde, este experimento sirviera de base para el teorema de John

Wolfgang Pauli (1900-1958), físico suizo-estadounidense nacido en Austria que obtuvo el Premio Nobel y uno de los pioneros de la física cuántica.

Bell que demuestra la incompatibilidad entre la teoría cuántica y la concepción cartesiana de la realidad (Bell, 1966 y Capra, 1975).

La versión simplificada del experimento EPR implica a dos electrones girando en direcciones opuestas de modo que su espín total es cero y que luego se separan una distancia macroscópica, momento en el cual dos observadores independientes determinan sus respectivos espines. La teoría cuántica predice que, en un sistema formado por dos partículas con un espín total igual a cero, los espines conservarán siempre la misma relación independientemente del eje considerado, es decir, serán opuestos. Antes de la medición, solo podemos hablar de tendencias de giro, pero, una vez realizada la medición, esa probabilidad deja de ser tal y se convierte en una certeza.

El observador es libre de elegir cualquier eje de medición, lo que determina instantáneamente el giro de la otra partícula que podría hallarse a centenares de miles de kilómetros. Según la teoría de la relatividad, ninguna señal puede desplazarse a mayor velocidad que la luz, por lo que esa posibilidad parece teóricamente imposible. La conexión instantánea y no local entre estas partículas no puede, pues, verse mediada por señales en un sentido einsteiniano, porque tal comunicación trasciende la noción convencional de transferencia de información. Al principio, el experimento mental de Einstein pretendía refutar la teoría cuántica, pero, desde entonces, han sido varios los experimentos que han corroborado la existencia de un entrelazamiento entre las partículas. Así pues, el teorema de Bell deja a los físicos ante un incómodo dilema que sugiere que el mundo no es objetivamente real, o que es radicalmente no local y se halla conectado por vínculos supralumínicos.

Jung publicó su ensayo sobre la sincronicidad en el mismo volumen de Eranos de 1951 en el que apareció un artículo de Wolfgang Pauli sobre un tema relacionado. Desde entonces, el ensayo de Jung sobre la sincronicidad y el de Pauli sobre la influencia del arquetipo del Sol en la obra de Johannes Kepler han solido publicarse en el mismo volumen. Es interesante señalar que la vida de Pauli estuvo llena de este tipo de sincronicidades. Los instrumentos físicos, por ejemplo, se averiaban con tanta frecuencia en su proximidad que el astrónomo George Gamow acabó acuñando la expresión *efecto Pauli* o *segundo principio de exclusión de Pauli*, cuyo enunciado humorístico afirmaba que «un aparato que funcione y Wolfgang Pauli no pueden permanecer juntos en la misma habitación». El mismo Pauli estaba convencido de la veracidad de ese efecto y mantuvo correspondencia al respecto con el parapsicólogo alemán Hans Bender, que lo consideró como un ejemplo de sincronicidad.

Jung se dio cuenta de que sus observaciones tenían mucho más sentido y eran más aceptables en el contexto de la visión proporcionada por la nueva comprensión de la realidad. Un apoyo adicional a las ideas de Jung vino nada menos que de Albert Einstein quien, durante una visita personal, le animó a seguir elaborando su idea de la sincronicidad que, en su opinión, era perfectamente compatible con los descubrimientos realizados por la nueva física. Esta es una idea que, desde la publicación del ensayo de Jung sobre la sincronicidad, ha adquirido una creciente importancia en el campo de la ciencia y ha sido objeto de numerosos libros y artículos. En el otro lado del espectro, la sincronicidad facilita la comprensión de sistemas esotéricos como el tarot, el *I Ching* o la adivinación empleando conchas de cauri.

Como señaló Marie-Louise von Franz en su libro *Sobre adivinación y sincronicidad. La psicología de las casualidades significativas*, el pensamiento sincrónico era la forma de pensamiento típica de la antigua China, en donde se desarrolló mucho más que en cualquier otra civilización (Von Franz, 2015). Esto implicaba dejar de pensar en términos de causalidad lineal y empezar a hacerlo en términos de campos. Desde esta perspectiva, no hay que preguntarse qué es lo que ha producido esto, sino qué es lo que está ocurriendo en este mismo instante. El filósofo chino se pregunta «¿qué es lo que tiende a ocurrir simultáneamente?», de modo que el núcleo del concepto de campo sería el momento temporal en torno al cual parecen aglutinarse determinados acontecimientos.

Según este punto de vista, uno no se pregunta si fueron los procesos materiales los que causaron los acontecimientos psicológicos, o si fueron estos, por el contrario, los que causaron aquellos. Esta diferencia entre los aspectos materiales y los procesos psicológicos solo puede ser advertida posteriormente. Por eso, en la indagación de lo que ocurre simultáneamente, caben tanto los hechos internos como los externos. Desde esta perspectiva sincrónica es esencial contemplar ambos dominios físicos y psíquicos de la realidad y advertir que, en el momento en que uno tuvo ciertos pensamientos, ocurrieron tales sucesos físicos y psicológicos. Y repitamos que el punto focal unificador de la observación de este complejo de acontecimientos gira en torno al momento temporal en el que suceden.

El concepto de sincronicidad solo puede originarse en una civilización que tenga una visión materialista del mundo y lo considere un conjunto de objetos separados cuya interacción se halla sometida al principio de causalidad lineal y en la que el universo se presenta como un sistema infinitamente complejo de cadenas de causas y efectos. En la visión primordial del mundo, por su parte, todo está interconectado en una especie de *participation mystique* y la sincronicidad es un principio universal. Desde esta perspectiva, el mundo natural está tan lleno de signos, símbolos y significados que la sincronicidad no es un concepto independiente.

Para describir el universo, la humanidad antigua empleaba términos como simpatía, armonía y unidad. En el siglo IV a. C., el filósofo griego presocrático Heráclito de Éfeso consideraba que todas las cosas están interrelacionadas. Del mismo modo, el legendario médico griego Hipócrates dijo que «hay un flujo común, una respiración común y todas las cosas están en simpatía». Y el filósofo romano Plotino, fundador del neoplatonismo y autor de las *Enéadas*, escribió: «Las estrellas son como letras que se escriben a cada momento en el cielo. Todo en el mundo está lleno de signos. Todos los acontecimientos están conectados. Todas las cosas dependen de todas las demás. Como se ha dicho: "todo respira al unísono"». Estos son ejemplos de la idea clásica según la cual la separación es una ilusión (Plotino, 1950).

Las visiones del mundo nativas, antiguas, clásicas y medievales también postulaban la existencia de una alternativa a la causalidad lineal en forma de fuerza superior. Hasta para Wilhelm Gottfried Leibniz, filósofo alemán del siglo XIX, la causalidad no era la única ni la principal visión. Un ejemplo de alternativa a la causalidad lineal son los procesos de creación y visionado de películas, en los que la causalidad observada solo parece ser cierta cuando, de hecho, no es más que el modo de contar una historia. Quienes

Marie-Louise von Franz (1915-1998), psicóloga analítica suiza seguidora de C.G. Jung.

elaboraron la película dispusieron las secuencias de escenas e imágenes de modo que las percibiéramos como si estuviesen unidas por algún nexo causal. Los hindúes, que entienden el universo como *lila* (es decir, un juego divino creado por una conciencia cósmica que orquesta las experiencias), aplican el mismo tipo de pensamiento al mundo de la materia, y en una visión del mundo semejante se basaban también los procedimientos mágicos y las mancias de otras épocas. Con el advenimiento de las ciencias físicas, la teoría de las correspondencias se desvaneció y el mundo mágico de antaño se evaporó y se vio reemplazado por una causalidad lineal que acabó convirtiéndose en la piedra angular de la ciencia materialista.

El pensamiento sincrónico es también básico para una adecuada comprensión de la astrología arquetípica. En su ensayo, Jung utilizó la astrología para explicar las muchas conexiones sincrónicas que existen entre el mundo material y la psique humana. En los últimos años de su vida solía echar un vistazo a la carta astrológica de sus pacientes antes de empezar a trabajar con ellos. Su hija Gret Baumann-Jung estudió astrología para elaborar los horóscopos de los pacientes con los que trabajaba su padre y, en 1974, presentó un trabajo sobre la carta natal de su padre en el Club de Psicología de Zúrich. Y, cerca del final de su vida, Jung estaba tan convencido de la importancia de la sincronicidad en el orden natural de las cosas que la empleaba como principio rector de su vida cotidiana.

El ejemplo más famoso de sincronicidad en la vida de Jung ocurrió durante una sesión de terapia con una de sus clientes. Se trataba de una paciente muy refractaria a la psicoterapia, a las interpretaciones de Jung y a la noción misma de realidad transpersonal. Durante el análisis de uno de sus sueños con un escarabajo de oro en el que la terapia había llegado a un punto muerto, Jung escuchó un golpe en el cristal de la ventana y, cuando se acercó a comprobar lo que había ocurrido, descubrió, en el alféizar, un brillante escarabajo de la rosa (*Cetonia aurata*) empeñado en entrar en la habitación. Se trataba de un espécimen muy raro, lo más parecido a un escarabajo dorado que puede encontrarse en esas latitudes. Era algo que nunca antes le había ocurrido... y que tampoco le ocurrió nunca después. Abrió la ventana, dejó entrar al escarabajo y se lo mostró a su clienta, una extraordinaria sincronicidad que supuso un importante punto de inflexión en la terapia de esa mujer.

Las observaciones recopiladas por Jung sobre la sincronicidad tuvieron un profundo impacto en su pensamiento y en su obra, especialmente en su comprensión de los arquetipos, principio organizador y gobernador primordial del inconsciente colectivo. El descubrimiento de los arquetipos y del papel que desempeñan en la psique humana es la principal contribución de Jung al campo de la psicología. Durante gran parte de su carrera profesional, Jung había estado muy influido por la visión cartesiano-kantiana que dominaba la ciencia occidental, con su estricta división entre lo subjetivo y lo objetivo y lo interno y lo externo. Desde esa perspectiva reconoció los arquetipos como principios transindividuales, aunque esencialmente intrapsíquicos, semejantes a los instintos biológicos, cuya matriz básica se hallaba integrada en el cerebro y se transmitía de generación en generación.

La existencia de acontecimientos sincrónicos hizo caer a Jung en cuenta de que los arquetipos trascienden tanto el mundo psíquico como el mundo material. Entonces los consideró pautas autónomas de significado que influyen tanto en la psique como en la materia y constituyen un puente entre lo interno y lo externo y sugirió que existían en una zona intermedia entre la materia y la conciencia. Es por ello por lo que, utilizando un término acuñado por Hans Driesch, el fundador del vitalismo (Driesch, 1914), empezó a referirse a los arquetipos como *psicoides* (es decir, semejantes a la psique). Stephan Hoeller describió de un modo sucinto y poético la avanzada comprensión de Jung

Cetonia aurata, el «escarabajo» de la historia de la sincronicidad de C.G. Jung.

sobre los arquetipos: «El arquetipo, cuando se manifiesta en un fenómeno sincrónico, es realmente asombroso, cuando no abiertamente milagroso, un habitante misterioso del umbral. A la vez psíquico y físico, podríamos ilustrar el arquetipo con la imagen del dios bifronte romano Jano cuyas dos caras se unen en la cabeza común del significado» (Hoeller, 1982).

Aunque los psiquiatras oigan hablar con relativa frecuencia a sus pacientes de «coincidencias fantásticas», el fenómeno de la sincronicidad sigue sin ser reconocido por las principales corrientes de la psicología y la psiquiatría. Cualquier referencia a «coincidencias increíbles» se ve desdeñada como una distorsión patológica de la percepción y el juicio o descartada como un mero «delirio de referencia». Sin embargo, cualquier persona que se tome el tiempo necesario para comprobar la veracidad de los hechos aducidos se verá obligada a admitir que la probabilidad de considerar accidentes muchas de esas coincidencias es infinitesimalmente pequeña.

Durante los sesenta años que he dedicado a la investigación de la conciencia he experimentado personalmente centenares de casos de sincronicidad y también he sido testigo de muchas sincronicidades extraordinarias en mis pacientes (sobre todo en aquellos que se someten a la terapia psiquedélica y experimentan emergencias espirituales y en los participantes en los talleres y los procesos de formación en respiración holotrópica) y he escuchado muchas historias al respecto de mis colegas investigadores y terapeutas.

Quisiera ilustrar ahora esta discusión sobre la sincronicidad con varios ejemplos y dirigir a los lectores interesados en este punto a mi libro *When the Impossible Happens* (Grof, 2006) en donde podrán encontrar muchos más. El primero de estos ejemplos es una historia extraordinaria que implica a mi difunto amigo y maestro, el brillante mitólogo, Joseph Campbell. Tiene cierta similitud con el encuentro de Jung con el escarabajo dorado, ya que entraña la aparición de un insecto en un momento y un lugar sumamente improbables. En uno de los muchos talleres que impartió en el Instituto Esalen de Big Sur (California), Joe dio una larga charla sobre su tema favorito, la obra de C.G. Jung y sus extraordinarias contribuciones a la comprensión de la mitología y la psicología. Durante esta conferencia, Campbell hizo una referencia fugaz al fenómeno de la sincronicidad, una expresión que, como resultaba desconocida a uno de los asistentes, le interrumpió y le pidió que se lo explicara.

Después de ofrecer una breve definición y descripción de la idea que tenía Jung al respecto, Joe decidió compartir con los asistentes un caso muy notable de sincronicidad que le había ocurrido personalmente. Antes de mudarse a Hawái, él y su esposa, Jean Erdman, vivían en el decimocuarto piso de un edificio ubicado entre Waverly Place y la Sexta Avenida del Greenwich Village de Nueva York. El estudio tenía dos pares de ventanas, dos de las cuales daban al río Hudson y permanecían, si el tiempo lo permitía, siempre abiertas, mientras que las otras dos, como daban a la Sexta Avenida, una visión poco interesante casi siempre estaban cerradas. Según dijo, era posible que, exceptuando las ocasiones en que debían limpiarlas, solo las hubieran abierto dos o tres veces en los cuarenta y tantos años que vivieron allí.

Un día, a comienzos de la década de 1980, Joe estaba en su estudio trabajando en su obra magna titulada *The Way of the Animal Powers*, una enciclopedia exhaustiva sobre las mitologías chamánicas del mundo entero (Campbell, 1984). En ese momento, estaba redactando el capítulo sobre la mitología !Kung, una tribu bosquimana que vive en el desierto de Kalahari, una de cuyas deidades más importantes es Mantis, que combina los rasgos arquetípicos de Embaucador y Dios creador.

Christina y Stanislav Grof con Jean Erdman y Joseph Campbell en un seminario que tuvo lugar en Honolulu (Hawái)

Joe se hallaba profundamente inmerso en su trabajo y rodeado de artículos, libros y fotografías sobre el tema. Estaba especialmente impresionado por un relato escrito por Laurens van der Post sobre Klara, su niñera medio bosquimana, que le había cuidado desde el momento de su nacimiento. Van der Post recordaba vívidamente momentos de su infancia en los que Klara parecía comunicarse con una *mantis religiosa* ya que, cuando se dirigía a un miembro de esa especie y le hacía preguntas concretas, el insecto parecía responder moviendo las patitas y el cuerpo.

De repente, Joe sintió un impulso irresistible y completamente irracional que le llevó a levantarse y abrir una de las ventanas que daban a la Sexta Avenida. Luego, sin saber muy bien por qué, miró a la derecha y descubrió, en el piso decimocuarto de ese edificio del bajo Manhattan, un gran espécimen de mantis que, después de mirarle fijamente unos instantes, siguió poco a poco su ascenso.

Aunque el encuentro solo duró unos segundos, su cualidad numinosa provocó un fuerte impacto en Joe. Dijo que esa experiencia le ayudó a entender lo que acababa de leer en el relato de Laurens van der Post: había algo curiosamente humano en el rostro de la mantis; «su barbilla puntiaguda en forma de corazón, sus pómulos altos y su piel amarillenta se asemejaban al rostro de un bosquimano». La presencia de una mantis religiosa en el centro de Manhattan es un hecho, en sí mismo, muy inusual, pero, si tenemos en cuenta el momento de su aparición y la coincidencia con la inmersión de Joe en el estudio de la mitología de los bosquimanos del Kalahari y la irracionalidad del inexplicable impulso que le llevó a abrir la ventana, la probabilidad estadística de este hecho resulta astronómicamente baja. El hecho de que los bosquimanos consideren a Mantis como un Embaucador Cósmico parece, además, muy adecuado para esa situación. Solo un materialista empedernido y aferrado con un fervor cuasirreligioso a su visión del mundo podría descartar tal hecho como un mero fruto del azar.

Los acontecimientos descritos en la siguiente historia ocurrieron durante uno de nuestros seminarios de un mes de duración en Esalen en un momento en el que Christina estaba experimentando una emergencia espiritual y sus experiencias espontáneas eran muy ricas e intensas y combinaban elementos procedentes de diferentes niveles de los inconscientes personal y colectivo. Un día tuvo visiones especialmente intensas y significativas relacionadas con un cisne blanco. El profesor invitado para el día siguiente era Michael Harner, un antropólogo y querido amigo que pertenecía a un grupo conocido como «antropólogos visionarios» que, a diferencia de lo que hacen los antropólogos tradicionales de la corriente dominante, se comprometen activamente en las ceremonias de las culturas que estudian, ya sea ingiriendo substancias que expanden la conciencia (como el peyote, las setas mágicas, la ayahuasca o la datura) como participando en danzas inductoras de trance que duran toda la noche u otras tecnologías no farmacológicas de lo sagrado.

El descubrimiento de Michael de la forma de trabajar de los chamanes y de su increíble mundo interior comenzó en 1960, cuando el Museo Americano de Historia Natural le invitó a realizar una expedición de un año a la Amazonia peruana para estudiar la cultura de los indios conibo de la región del río Ucayali. Sus guías le dijeron que, si realmente quería aprender, debía tomar la bebida sagrada del chamán. Siguiendo su consejo, tomó entonces *ayahuasca*, un brebaje que contiene una decocción de la liana de la selva *Banisteriopsis caapi* y la planta *cawa*, que los indios llaman «liana del alma» o «pequeña muerte», cuya ingesta le sumió en un asombroso viaje visionario por dimensiones habitualmente invisibles de la existencia durante el cual experimentó su propia muerte y tuvo comprensiones y revelaciones extraordinarias sobre la naturaleza de la realidad.

Cuando más tarde descubrió que un anciano conibo, un maestro chamán, estaba bastante familiarizado con lo que él había visto y que sus experiencias con la ayahuasca se asemejaban a ciertos pasajes del *Apocalipsis de San Juan*,

Mantis religiosa, el insecto del ejemplo de sincronicidad de Joseph Campbell.

Sincronicidad: 61

Michael Harner (1928-2018), famoso antropólogo y chamán estadounidense.

Michael se convenció de la existencia de todo un mundo oculto por explorar y decidió aprender todo lo que pudiera sobre el chamanismo. Tres años después, Michael regresó a Sudamérica para hacer un trabajo de campo con los jíbaro, una tribu ecuatoriana de cazadores de cabezas con la que había vivido y estudiado en 1956 y 1957. Ahí tuvo otra importante experiencia iniciática que fue clave para su descubrimiento del camino del chamán. Akachu, un famoso chamán jíbaro, y su yerno le llevaron a una cascada sagrada ubicada en lo más profundo de la selva amazónica y le dieron a beber *maikua*, el jugo de una especie de *Datura brugmansia*, una planta con poderosas propiedades psicoactivas.

Estas y otras experiencias similares convirtieron a Michael, un antropólogo con excelentes credenciales académicas, en un consumado practicante y maestro de chamanismo. Junto a su esposa Sandra creó la Fundación de Estudios Chamánicos, una institución destinada a la enseñanza de métodos chamánicos a estudiantes interesados y a ofrecer talleres de chamanismo al público en general. Michael escribió un libro titulado *El camino del chamán*, en el que reunía diferentes modalidades de trabajo chamánico de todo el mundo que adaptó para emplearlas en talleres experienciales y en la formación chamánica de alumnos occidentales (Harner, 1980).

Durante nuestro taller de un mes de duración en Esalen, Michael nos dirigió un viaje de sanación utilizando el método de la «canoa espiritual» tal y como lo emplea la tribu de los indios salish del noroeste de los Estados Unidos. La sesión comenzó con Michael tocando el tambor e invitando a los participantes a moverse y bailar hasta sentir que establecíamos contacto con un determinado animal. Luego nos colocamos en cuclillas, nos movimos a cuatro patas y saltamos de un lado a otro imitando los movimientos de trepar, cavar, arañar, nadar y volar hasta que la sala principal de la Casa Grande de Esalen se llenó de sonidos tanto conocibles como irreconocibles de animales y aves.

Cuando todo el mundo hubo establecido contacto con su animal, Michael nos pidió que nos sentáramos en el suelo formando un huso que representaba una «canoa espiritual» imaginaria, y, cuando después preguntó si alguien necesitaba curación, Christina se ofreció inmediatamente como voluntaria. Entonces Michael entró en la «barca» imaginaria con su tambor, pidió a Christina que se acercase y le indicó que se acostara. Una vez preparada la escena para el viaje de sanación, Michael nos pidió que imaginásemos ser una tripulación que, después de asumir el espíritu de los animales descubiertos, emprendía un viaje en canoa hacia el inframundo con la intención de recuperar al animal espiritual que Christina parecía haber perdido. El lugar concreto elegido por Michael para esta expedición imaginaria fue el sistema de cavernas subterráneas interconectadas llenas de agua caliente que parece extenderse por debajo de gran parte de California y cuya entrada era sencilla, porque se trata precisamente del sistema que alimenta las aguas termales de Esalen.

Michael nos dijo que, como capitán de esa canoa espiritual, los golpes que diera con el tambor marcarían el ritmo al que deberíamos remar. Y, cuando un mismo animal apareciera tres veces, sería la señal de que habíamos encontrado el que buscábamos, momento en el cual Michael se apoderaría de él y nos indicaría, con rápidos toques de tambor, que había llegado el momento de emprender rápidamente el viaje de vuelta. No era esa la primera vez que habíamos participado con Michael en el viaje con la canoa espiritual de los salish. La primera vez no tuvimos grandes expectativas y nos pareció una diversión un tanto inocente y una buena idea para un juego infantil, pero una actividad más bien boba para los adultos.

Sin embargo, lo que ocurrió durante esa nueva experiencia nos hizo cambiar rápidamente de opinión. En el grupo había una joven cuya conducta había despertado el rechazo de todo el grupo, algo que la tenía muy disgustada porque le ocurría en casi todos los grupos en los que participaba y no tuvo empacho alguno en ofrecerse como voluntaria para emprender un viaje de sanación en la canoa espiritual. Mientras la canoa imaginaria viajaba por el «inframundo», tuvo una reacción muy violenta en el mismo momento en que Michael le indicó que había descubierto e identificado su animal espiritual. Entonces ella se incorporó y, mientras Michael daba la señal de regreso acelerando el ritmo de los golpes de su tambor, experimentó varios episodios de vómito explosivo.

En un intento de impedir la proyección del vómito, se cubrió con la parte delantera de la falda, que quedó completamente manchada. Ese episodio, que no duró más de veinticinco minutos, tuvo un profundo efecto en su personalidad porque su conducta experimentó un cambio tan drástico que, antes de que finalizase el taller, se había convertido en una de las personas más queridas y populares del grupo. Este y otros episodios posteriores similares nos llevaron a contemplar más respetuosamente ese proceso.

Cuando Michael empezó a tocar el tambor emprendimos nuestro viaje al inframundo. Todos remamos e imitamos entonces los sonidos de los animales con los que nos habíamos identificado. Christina empezó a experimentar intensas sacudidas que convulsionaban todo su cuerpo, algo nada inusual porque, en ese tiempo, se hallaba en medio de un proceso de despertar de kundalini durante el cual es muy habitual experimentar temblores y el desplazamiento de poderosas energías (*kriyas*). Unos diez minutos más tarde, Michael aceleró el ritmo, haciéndonos saber que había encontrado al animal espiritual de Christina, momento en el cual todo el grupo intensificó el ritmo de su remada, imaginando un rápido regreso al mundo medio hasta que dejó de tocar el tambor indicando así la finalización del viaje.

Dejando a un lado el tambor y colocando su boca sobre el esternón de Christina, Michael sopló luego con todas sus fuerzas, emitiendo un fuerte sonido. Después le susurró al oído «tu animal espiritual es un cisne blanco» y le pidió que bailara delante del grupo una danza que expresara la energía del cisne. Hay que aclarar que Michael no tenía la menor idea del proceso interno de Christina e ignoraba también que, tratándose de una ferviente devota de Swami Muktananda y estudiante de *siddha yoga* –una escuela que utilizaba la figura del cisne como símbolo de Brahma–, ese era, para ella, un símbolo cargado de significado.

La historia continuó la mañana siguiente cuando, al recoger nuestra correspondencia en el buzón del apartado de correos, Christina descubrió la carta de un asistente a un taller que habíamos impartido meses atrás, una carta que adjuntaba también una fotografía de su maestro espiritual Swami Muktananda que el remitente creyó que le gustaría. La fotografía en cuestión mostraba a Muktananda sentado en un columpio de jardín junto a una gran maceta en forma de cisne blanco con una expresión traviesa en el rostro. El dedo índice de su mano izquierda apuntaba al cisne y las puntas de los dedos pulgar e índice de su mano derecha estaban unidas, formando el signo universal de que se ha dado en el blanco. Y, aunque no hubiera conexión causal alguna entre la experiencia interna de Christina, la decisión tomada por Michael del cisne blanco como animal de poder de Christina y la fotografía de Muktananda eran una coincidencia significativa que satisfacía los criterios de sincronicidad o «principio de conexión acausal» de Jung.

Más sorprendentes aún fueron los acontecimientos que acompañaron a uno de nuestros seminarios de formación que se celebró en un hermoso centro de retiros llamado Pocket Ranch, cerca de Healdsburg (California), al norte de San Francisco. El centro está ubicado en un entorno natural en plena montaña, en un lugar en el que abunda la vida salvaje: hay ciervos, conejos, serpientes de cascabel, mapaches, zorrillos y una gran diversidad de aves. Durante ese retiro, una de las participantes tuvo una sesión muy poderosa y significativa cargada de motivos chamánicos, una parte importante de la cual consistió en el encuentro con un búho cornudo que acabó reconociendo como su animal de poder.

Finalizada la sesión, fue a dar un paseo por el bosque y regresó con restos (huesos y plumas) de un búho cornudo. Cuando, un par de días más tarde, volvía a casa en coche advirtió, en la cuneta, algo que se movía y, cuando se detuvo, descubrió que se trataba de un gran búho cornudo herido que no solo no opuso la menor resistencia, sino que pudo llevarlo a su casa y cuidar de él hasta que se recuperó. Y, por más que se trate de un acontecimiento muy raro, el hecho de haber descubierto que su animal de poder era precisamente un búho cornudo lo convierte en una sincronicidad extraordinaria.

Como ya he dicho, Jung confiaba tanto en la autenticidad y fiabilidad de la sincronicidad que la convirtió en un importante principio rector de su vida. Yo también he aprendido a lo largo de los años a respetar las sincronicidades, pero teniendo la cautela de atemperar su irresistible efecto con un juicio intelectual muy crítico. He descubierto que es muy importante no actuar bajo su influencia cuando me encuentro en un estado holotrópico de conciencia y aconsejo hacer lo mismo a mis amigos, discípulos y pacientes. En el capítulo titulado «El puente arco iris de los dioses. En el reino de las sagas nórdicas» de mi libro *When the Impossible Happens* (Grof, 2006) describo el modo que me parece más adecuado para lidiar con las sincronicidades y las experiencias arquetípicas.

Las primeras cinco semanas de la relación que sostuve con la antropóloga de Florida Joan Halifax que culminaron con nuestra boda en Islandia estuvieron repletas de sincronicidades extraordinarias que parecían augurar que nuestra unión sería un «matrimonio concertado en los cielos». La ceremonia nupcial tuvo lugar durante el primer congreso internacional transpersonal y a ella asistieron setenta y cuatro participantes que compartían nuestro entusiasmo. Nuestro acompañante fue el renombrado filósofo y erudito religioso Huston Smith, autor de *Las religiones del mundo* (Smith, 1991). Joseph Campbell y el mitólogo islandés Einar Pálsson recrearon para nosotros un antiguo ritual vikingo que no se había celebrado en Islandia desde la llegada de los cristianos a la isla.

El símbolo arquetípico central de este ritual nupcial era el arco iris que, para los vikingos, representa la unión entre el Padre Cielo y la Madre Tierra. Era junio y nos hallábamos por encima del círculo polar ártico en la época de las increíbles Noches Blancas. Durante la cena-banquete que precedió al ritual, apareció y desapareció tres veces un espectacular doble arco iris. También nos enteramos de que Bifrost, el nombre del lugar donde se celebró la boda, era un nombre que significaba «puente entre la tierra y el cielo» y que

Joan Halifax y Stanislav Grof celebrando su boda vikinga en Bifrost (Islandia) en 1972.

generalmente se asocia al arco iris. Lamentablemente, sin embargo, el glorioso matrimonio que parecía augurar esa «lluvia de sincronicidades» (en expresión de Arthur Koestler) no acabó de materializarse porque, al cabo de tres años de un matrimonio difícil, llegamos a la conclusión de que nuestras personalidades eran demasiado distintas para continuar y decidimos disolver nuestra unión.

En el otro extremo del espectro tuvo lugar otra notable sincronización relacionada con un congreso transpersonal internacional cuyos resultados, sin embargo, fueron muy positivos. Fundé la Asociación Transpersonal Internacional (ATI) como organización destinada a tender un puente entre la ciencia moderna y las tradiciones espirituales del mundo y entre el pragmatismo occidental y la sabiduría antigua, y, como su objetivo último era el de establecer una red mundial de conocimiento y cooperación mutua, echábamos mucho de menos, durante nuestros congresos, a los participantes de los países de más allá del telón de acero que, en esa época, no solo no podían viajar al extranjero, sino que carecían también de medios económicos para hacerlo.

Cuando Mikhail Gorbachov decretó la era del *glasnost* y la *perestroika*, la situación de la Unión Soviética cambió y se abrió súbitamente la posibilidad de celebrar en Rusia el siguiente congreso de la ATI. Cuando el Ministerio de Sanidad soviético nos invitó oficialmente a Christina y a mí a impartir talleres de respiración holotrópica, aprovechamos nuestra visita para tantear la posibilidad de celebrar allí nuestro siguiente congreso. Por más que lo intentamos, sin embargo, nuestros esfuerzos resultaron infructuosos, porque la situación política era demasiado inestable como para arriesgarnos, y el intento de celebrar en Rusia nuestro congreso era como caminar sobre terreno resbaladizo.

En noviembre de 1989 recibí, mientras estaba dirigiendo un retiro de formación, una llamada telefónica de Christina preguntándome si estaba al tanto de los acontecimientos por los que estaba atravesando mi país natal. El proceso en el que estábamos sumidos era muy intenso y, con tres sesiones al día, nadie tenía tiempo ni ganas de ver la televisión o escuchar las noticias. Christina me dijo entonces que en Praga se había puesto en marcha la llamada Revolución de Terciopelo y era muy probable que el régimen comunista no tardase en caer, lo que abriría la puerta a la posibilidad de celebrar en Praga, mi ciudad natal, el próximo congreso de la ATI.

Pocas semanas después, Checoslovaquia era un país libre y la junta directiva de la ATI decidió celebrar ahí su próximo encuentro, y, como yo había nacido en Praga, les pareció lógico enviarme con el fin de preparar el terreno para la celebración de ese congreso.

Pero las cosas no resultaron tan sencillas como la junta esperaba, porque yo había abandonado Checoslovaquia en una época en la que había un gran movimiento destinado a instaurar un «socialismo con rostro humano». En 1968, cuando la Primavera de Praga se vio brutalmente reprimida por la invasión de los tanques soviéticos, yo me hallaba en los Estados Unidos becado por la Johns Hopkins University de Baltimore (Maryland) y cuando, después de la invasión, las autoridades checas me ordenaron regresar, decidí desobedecer y quedarme en los Estados Unidos. Como resultado de esa decisión, pasé más de veinte años sin poder volver a mi país natal, tiempo durante el cual no pude mantener contacto con mis amigos y colegas porque intercambiar cartas o llamadas telefónicas con ellos les habría puesto en una situación políticamente peligrosa.

Después de tan larga ausencia había perdido todos los contactos, exceptuando los de mis parientes cercanos, y tampoco estaba familiarizado con la nueva situación ni tenía la menor idea de por dónde debía empezar. Mi madre vino a recogerme al aeropuerto de Praga y tomamos un taxi hasta su apartamento. Al cabo de un rato, tuvo que salir a hacer unos recados y visitar a un vecino y, cuando me quedé a solas, me preparé una taza de té, senté en un sillón y me puse a pensar en el mejor modo de llevar a cabo mi misión, pero cuando, pasados diez minutos, el sonido del timbre cortó el hilo de mis pensamientos, seguía sin tener la menor idea de por dónde empezar.

Al abrir la puerta descubrí a Tomáš Dostál, un joven colega psiquiatra que tiempo atrás había sido mi mejor amigo. Antes de mi partida a los Estados Unidos habíamos compartido algunas exploraciones en los estados holotrópicos de conciencia acompañándonos durante nuestras sesiones de LSD. Tomáš se había enterado por un conocido de mi visita y había venido a darme la bienvenida.

Entonces me contó que, cuando estaba a punto de salir de su apartamento para venir a visitarme, sonó el teléfono de su casa. Era Ivan Havel, hermano del presidente Václav Havel y destacado investigador del campo de la inteligencia artificial. También era el líder de un grupo de científicos progresistas que, durante la época comunista, habían celebrado reuniones clandestinas secretas explorando las nuevas vías de la ciencia occidental. Resultó que estaban especialmente interesados en el pensamiento del nuevo paradigma, la investigación de la conciencia y la psicología transpersonal. Ivan Havel y Tomáš habían sido compañeros en el gimnasium (el equivalente checo al instituto) y seguían siendo buenos amigos.

Tomáš había sido invitado con frecuencia a casa de los Havel y conocía también a Václav. El grupo de Ivan había oído hablar de mi trabajo en una conferencia de Vasily Nalimov, un brillante científico, matemático y filósofo ruso al que habían invitado a Praga como conferenciante y que, en tanto antiguo disidente, había pasado dieciocho años en un campo de trabajo siberiano. Por una de esas curiosas coincidencias, el título de su libro más famoso era *Reinos del inconsciente* (Nalimov, 1982) muy parecido, por cierto, al título de mi primer libro, *Realms of the Human Unconscious* (Grof, 1975).

Vasily había incluido en su libro un largo informe sobre mi investigación psiquedélica y, en su conferencia, presentó mi trabajo al grupo de Praga que, a raíz de esa charla, se interesó por contar conmigo como conferenciante invitado. Sabiendo que Tomáš y yo éramos viejos amigos, Ivan le llamó para pedirle mi dirección o mi número de teléfono y poder conectar así al grupo de Praga conmigo. No es de extrañar que se quedara muy sorprendido al enterarse de que casualmente yo estaba en Praga e iba a verme esa misma tarde.

Esta improbable sincronía de acontecimientos me hizo darme cuenta de que no estaba «remando a contracorriente», como me había parecido durante mi estancia en Moscú, sino «surfeando una ola muy poderosa». Esta espectacular concatenación de coincidencias facilitó extraordinariamente la organización del congreso de la ATI. Bastaron diez minutos para establecer los contactos y encontrar los apoyos necesarios para celebrar nuestro congreso: un grupo de competentes académicos relacionados con el entorno universitario que estaban muy interesados en llevar a Praga a un elenco de científicos extranjeros a los que llevaban años admirando. Del mismo modo pude conectar con el presidente del país, que resultó ser una persona muy despierta, con una profunda orientación espiritual y abierto a la visión transpersonal. Fueron muchas las circunstancias que se constelaron para eliminar los obstáculos que dificultaban la organización del congreso.

Así fue como el congreso de la ATI acabó celebrándose en 1993 en la Sala de Conciertos Smetana de Praga y en la Casa Municipal bajo los auspicios, como invitado de honor, del presidente Havel, que no era un político corriente, sino alguien a quien podía considerarse un «estadista», es decir, un jefe de estado con una sólida base espiritual y una amplia visión global. Conocido dramaturgo, no había llegado a la presidencia después de años de lucha por el poder político, sino que aceptó de mala gana el nombramiento, respondiendo a una demanda urgente del pueblo checo, que le quería por haber pasado muchos años en cárceles comunistas y haber sido un valiente disidente durante el régimen comunista. Una de las primeras cosas que hizo después de su toma de posesión fue reconocer a Su Santidad el Dalái Lama como jefe del Tíbet e invitarle a una visita de Estado de tres días. Allá donde iba, impresionaba a su público con su elocuente llamamiento a la solidaridad global y a una democracia de base espiritual.

El congreso de la ATI que celebramos en Praga fue la primera oportunidad de reunirse e intercambiar información que tuvieron los representantes orientales y occidentales del movimiento transpersonal y fue un rotundo éxito. El punto culminante del programa fue la actuación de Babatunde Olatunji, un cantante yoruba, con diez tamborileros y bailarines africanos que, después de recibir una entusiasta ovación por su impresionante actuación, decidieron seguir con ella al finalizar la sesión y fueron bailando hasta la entrada principal del edificio y las calles de Praga seguidos de gran parte del público, cantando, tocando el tambor y bailando por la calle Celetná del casco histórico de Praga hasta la Plaza de la Ciudad Vieja, una procesión en torno a la cual fueron congregándose, atraídos por el espectáculo, un gran número de ciudadanos. La jubilosa multitud llenó la plaza y siguió bailando al son de los tambores y

Václav Havel (1936-2011), escritor, dramaturgo, disidente anticomunista y presidente de Checoslovaquia.

las canciones africanas hasta poco antes del amanecer. Después de cuarenta años de opresión comunista, en los que hasta el *twist* se consideraba una indulgencia inaceptable, este acontecimiento fue todo un símbolo de la recién recuperada libertad.

La incidencia de las sincronicidades parece aumentar en la proximidad de los sucesos relacionados con la psicología transpersonal y afectan con mucha frecuencia a los asistentes a nuestros talleres y seminarios de formación. Quizás la más notable de todas las sincronicidades que he tenido en mi vida haya sido la que sucedió durante mi primera visita a China, un viaje que tenía como objetivo introducir en China la respiración holotrópica y la psicología transpersonal. Nuestro pequeño grupo incluía a varios facilitadores de la respiración holotrópica, a mi hermano Paul y su pareja Mary, a la cámara Sally Li, a mí y a Bill Melton y Mei Xu, que inspiraron y apoyaron la expedición.

Antes de contar esta historia debo recordar que, en 1978, mi esposa Christina y yo habíamos fundado la Asociación Transpersonal Internacional (ATI). Pasamos algún tiempo tratando de elegir el mejor logo para esta organización hasta que finalmente decidimos utilizar el diseño estilizado de una concha de nautilus, un ejemplo perfecto de geometría sagrada que ha sido, durante varias décadas, el sello distintivo de todos los folletos, publicidad e impresos de nuestros congresos (que hasta el momento han sido veinte).

El primer taller de respiración holotrópica que llevamos a cabo se celebró en Jinan, lugar de nacimiento del maestro espiritual y filósofo chino Confucio; durante la pausa para cenar, una de las participantes, la señora Meng (un término que significa «sueño»), se me acercó y, mientras sostenía una pequeña y hermosa bolsa de terciopelo azul me dijo que, en un sueño, se le había aparecido su bisabuela y le había dicho que, durante varias generaciones, su familia había guardado una piedra muy especial que debía entregar al «doctor Grof», y me entregó el objeto, que resultó ser un fósil de nautilus, un molusco marino descubierto y recogido en la cima del Everest.

Como nunca había oído que, en la cima del Everest, hubiese restos de vida marina, decidí estudiar la historia geológica del Himalaya y me enteré de que la edad de esta famosa cordillera se estimaba en unos cincuenta millones de años, un tiempo en el que grandes placas tectónicas chocaron provocando una serie de explosiones volcánicas que acabaron elevando el fondo del océano. La cima del Everest contiene, por tanto, estratos de diferentes procedencias, incluidas las originadas en el fondo del océano. Así pues, el fósil de nautilus

Logo del nautilus de la Asociación Transpersonal Internacional (arriba).

Nautilus fosilizado (amonita) recogido en la cima del monte Everest (abajo).

tuvo que estar en el fondo del mar antes de la creación del Himalaya y tener, por lo menos, cincuenta millones de años.

Como decía, el objetivo de nuestra expedición era el de llevar a China la psicología transpersonal. El hecho de que la bisabuela de la señora Meng se le apareciera en sueños pidiéndole que me entregara el símbolo de la Asociación Transpersonal Internacional, una concha fosilizada de nautilus y elevada desde el fondo del océano hasta la cima de la montaña más alta del mundo hace decenas de millones de años, era una sincronicidad realmente milagrosa. Esto fue, de toda mi charla, lo que más llamó la atención de la prensa china de mi presentación en la Universidad de Pekín. Pero no fue ese el único caso de sincronicidad que tuvimos durante ese viaje, porque parecía que hubiésemos entrado en un mundo mágico en el que la causalidad lineal dejaba de ser aplicable.

Veamos ahora un par más de las memorables coincidencias que se produjeron durante ese viaje. En un determinado momento nos enteramos de que los organizadores habían programado, de un modo completamente independiente, una visita a la Universidad de Pekín de mi querido amigo Jack Kornfield, un maestro budista de *vipassana*, la misma noche en que íbamos nosotros.

Cuando se enteraron de ello, los organizadores decidieron planificar una velada conjunta llamada «Grof y Kornfield en debate». Durante los últimos cuarenta años, Jack y yo habíamos dirigido muchos eventos juntos, pero jamás nos habíamos encontrado a menos que lo hubiésemos planeado. Otra de estas sincronicidades tuvo que ver con uno de nuestros traductores y un facilitador de la respiración, que tenían previsto acompañarnos en tren de Jinan a Pekín: aunque habían comprado sus billetes por separado, uno desde el norte de China y el otro desde el sur, no solo acabaron sentados en el mismo vagón y en el mismo compartimento que nuestro grupo, sino en asientos contiguos.

Mientras advertía que todas esas sincronicidades aportaban un toque de magia a nuestro grupo, no pude dejar de pensar en la cita del escritor checofrancés Milan Kundera, autor de la novela *La insoportable levedad del ser*, cuando dice «es un error echarle en cara a la novela su fascinación por los secretos encuentros de las casualidades... pero sí es posible echarle en cara al hombre permanecer ciego a tales coincidencias en su vida cotidiana porque, con esa actitud, priva a su vida de la dimensión de la belleza».

El reconocimiento del fenómeno de la sincronicidad no solo es esencial para los psiconautas y los astrólogos arquetípicos, sino también para los cien-

Jack Kornfield (1945), maestro budista *vipassana*, psicólogo transpersonal y fundador del centro de meditación Spirit Rock de Woodacre (California) visitando, junto a Stan Grof, la ciudad prohibida de Beijing (China).

tíficos que siguen aferrados a la visión materialista del mundo. Este es uno de los grandes retos a los que se enfrenta la filosofía materialista monista. Una afirmación realizada por Jung en 1955 en una carta a R.F.C. Hull dejó claro que era muy consciente de este hecho: «El último comentario sobre la "sincronicidad" es que no puede ser aceptada porque pone en cuestión la certeza de nuestros fundamentos científicos, como si ese no fuera precisamente el objetivo que persigo». Ese mismo día escribió a Michael Fordham sobre «el impacto de la sincronicidad en la unilateralidad fanática de la filosofía científica».

Consciente del potencial revolucionario de la sincronicidad, Marie-Louise von Franz dijo, en una entrevista hacia el final de su vida: «El trabajo que nos queda por hacer es el de elaborar el concepto de sincronicidad. Desconozco quiénes continuarán esta labor. Deben estar en algún lugar, pero yo no sé dónde». Afortunadamente, la literatura sobre la sincronicidad y su importancia fundamental para una serie de disciplinas ha crecido desde entonces de forma exponencial y este concepto ha acabado convirtiéndose en parte integral del nuevo paradigma emergente en el campo de la ciencia.

Bibliografía

Bell, J. S. 1966. «On the Problem of Hidden Variables in Quantum Physics». *Review of Modern Physics* 38:447.
Campbell, J. 1984. *The Way of the Animal Powers: The Historical Atlas of World Mythology*. New York: Harper and Row.
Capra, F. 1975. *The Tao of Physics*. Berkeley: Shambala Publications.
Driesch, H. 1914. *The History and Theory of Vitalism* (traducido por C.K. Ogden). London: Macmillan.
Franz, M. von. 2015. *On Divination and Synchronicity: The Psychology of Meaningful Chance*. Toronto, Ontario: Inner City Books.
Grof, S. 1975. *Realms of the Human Unconscious: Observations from LSD Research*. New York: Viking Press.
Grof, S. 2006. *When the Impossible Happens: Adventures in Non-Ordinary Realities*. Louisville, CO: Sounds True.
Harner, M. 1980. *The Way of the Shaman: A Guide to Power and Healing*. New York: Harper & Row.
Holler, S. 1982. *The Gnostic Jung and the Seven Sermons for the Dead*. Athens, Greece: Quest Publications.

Jung, C.G. 1959. The Archetypes and the Collective Unconscious. *Collected Works*, vol. 9,1. Bollingen Series XX, Princeton, NJ: Princeton University Press.

Jung, C.G. 1960. Synchronicity: An Acausal Connecting Principle. *Collected Works*, vol. 8, Bollingen Series XX. Princeton, NJ: Princeton University Press.

Kammerer, P. 1919. *Das Gesetz der Serie*. Stuttgart/Berlin: Deutsche Verlags-Anstalt.

Koestler, A. 1971. *The Case of the Midwife Toad*. New York: Random House.

Main, R. (ed.). 1998. *Jung on Synchronicity and the Paranormal*. Princeton, NJ: Princeton University Press.

Miller, A. 2009. *Deciphering the Cosmic Number: The Strange Friendship of Wolfgang Pauli and Carl Jung*. New York: W. W. Norton & Co.

Nalimov, V.V. 1982. *Realms of the Unconscious: The Enchanted Frontier*. Philadelphia, PA: ISI Press.

Plotinus. 1950. *The Philosophy of Plotinus: Representative Books from the Enneads*. Appelton, WI: Century-Crofts.

Smith, H. 1991. *The World's Religions: Our Great Wisdom Traditions*. San Francisco, CA: Harper One.

IX. Los estados holotrópicos de conciencia y la comprensión del arte

El trabajo y la investigación sobre los psiquedélicos y otras formas de acceso a estados holotrópicos de conciencia han revolucionado nuestra comprensión del arte y de los artistas. Sigmund Freud hizo un esfuerzo pionero en este sentido y sus seguidores trataron de aplicar las observaciones de su trabajo clínico al proceso creativo.

No obstante, los enfoques que utilizan modelos de la psique que se circunscriben a la biografía postnatal y el inconsciente individual freudiano adolecen de graves limitaciones. El poder explicativo de la psicología profunda solo alcanza su plena expresión cuando expandimos la cartografía de la psique hasta incluir los dominios perinatal y transpersonal.

En nuestras clases en el Instituto de Estudios Integrales de California (CIIS) en San Francisco, en seminarios en Esalen y en Europa y en nuestros cursos *online* conjuntos, Rick Tarnas y yo hemos tratado de demostrar que la combinación entre el modelo ampliado de la psique y la astrología arquetípica lleva la comprensión del arte a un nivel completamente nuevo proporcionándole una claridad y profundidad antes inimaginables. Por desgracia, no cuento, en esta enciclopedia, con el espacio necesario para explorar esta fascinante vía de investigación, pero los lectores interesados encontrarán más información al respecto en nuestros libros dedicados a este tema (Tarnas, 2006 y Grof, 2009 y 2012). Un tratamiento más completo de este tema deberá esperar a una futura publicación.

Sigmund Freud

En los albores del siglo xx se descubrió el inconsciente y nació la psicología profunda, un campo inspirado y dirigido por Sigmund Freud, que fue quien sentó sus bases. Al comienzo, el interés de Freud por la psique humana era fundamentalmente clínico y se limitaba a tratar de explicar la etiología de la psiconeurosis y encontrar el modo de tratarla. A lo largo de su investigación, sin embargo, su horizonte fue expandiéndose hasta llegar a incluir muchos otros fenómenos culturales, como, por ejemplo, el arte.

La obra de Freud proporcionó un método nuevo y original para la comprensión del arte y los artistas y tuvo una profunda influencia en los círculos artísticos. Su enfoque trató de aplicar sus observaciones derivadas del análisis de sus pacientes a la comprensión de la personalidad del artista, los motivos de la creación artística y la naturaleza del arte. Según él, el artista es una persona que se ha retirado de la realidad y vive sumido en fantasías cuya fuente primordial son los deseos edípicos asociados a una gran sensación de culpa. La representación de esos deseos prohibidos a través de la obra de arte es el camino empleado por el artista para volver al mundo y a la sociedad.

El público, que tiene sus propios deseos edípicos, admira al artista por su valor para expresar lo reprimido y aliviarle de su culpa. Esta aceptación de la obra es la forma en que el artista comparte –y, de ese modo, alivia– su sensación de culpa. Según Freud, el arte proporciona una gratificación sustitutoria a las renuncias culturales más primordiales e intensas de las pulsiones biológicas básicas y sirve, en ese sentido, para reconciliar al ser humano con los sacrificios hechos en nombre de la civilización (Freud, 1911).

Freud descubrió también la posibilidad de emplear el psicoanálisis para entender el contenido de una obra de arte siguiendo el mismo método utilizado para entender los sueños. Su intento más famoso de interpretar la obra de arte es su análisis de la antigua tragedia griega *Edipo Rey*, del dramaturgo ateniense Sófocles. En esta obra, el protagonista Edipo mata involuntariamente a su padre Layo y se casa con su madre Yocasta, cumpliendo así la profecía del oráculo de Delfos.

Las reflexiones de Freud sobre esta obra fueron la fuente principal de su famoso complejo de Edipo. En palabras de Freud, «si el destino de Edipo nos conmueve es porque podría haber sido el nuestro y porque el oráculo ha suspendido sobre nuestra cabeza idéntica maldición desde antes incluso de nuestro nacimiento. Quizás a todos nos estaba reservado dirigir nuestro primer impulso sexual hacia nuestra madre y nuestro primer sentimiento de odio y deseo de destrucción hacia nuestro padre. De ello dan claro testimonio nuestros sueños» (Freud, 1953).

Freud hizo también un interesante intento de entender el *Hamlet* de Shakespeare. Quería ser recordado como el detective psicológico que encontró la solución «al problema», es decir, a la razón que explica la decisión de Hamlet de matar a Claudio, un misterio conocido como «la esfinge de la literatura moderna». Según una explicación ampliamente aceptada de Goethe, Hamlet representaba un tipo de hombre cuyo poder de acción directa se encuentra paralizado por un desarrollo excesivo del intelecto, mientras que Freud, por su parte, ofreció una interpretación radicalmente diferente: Claudio representaba las fantasías edípicas reprimidas del mismo Hamlet y matarlo sería como asesinar una parte de sí (Freud, 1953).

Otro de los intentos más famosos de Freud de entender a los artistas podemos verlo en su análisis de Leonardo da Vinci basado en el primer recuerdo de la infancia de Leonardo escrito en uno de sus cuadernos del *Codex Atlanticus* utilizando la escritura especular. Tratando de explicar su obsesión por inventar una máquina voladora, Leonardo dijo que, siendo bebé, un ave (*nibbio*) se posó sobre él y, golpeando repetidamente sus labios con las plumas, le metió la cola en la boca.

Sigmund Freud (1856-1939), neurólogo austríaco fundador de la psicología profunda y descubridor del psicoanálisis.

Freud llegó a la conclusión de que se trataba de una fantasía de felación por parte de una madre fálica y que también representaba el hecho de verse amamantado por ella. La idea de que la madre tiene pene es, según Freud, una fantasía habitual en los niños pequeños que, según él, indicaba que Leonardo no pasó, como se creía, su primera infancia con su padre, sino con su madre (Freud, 1957*b*).

En opinión de Freud, esto tuvo consecuencias muy importantes para la personalidad de Leonardo, sus intereses científicos y su actividad artística. La enorme curiosidad de Leonardo, que le llevó a explorar ávidamente tantas áreas del conocimiento, desde la anatomía humana y animal hasta la botánica y la paleontología, las leyes de la mecánica y la hidráulica, era la sublimación del gran interés por la sexualidad que esta situación había despertado en él de pequeño. Esa insaciable curiosidad también interfirió, según Freud, con la actividad artística y la creatividad de Leonardo.

Pintaba con lentitud y dedicaba mucho tiempo a acabar sus obras y tardó, por ejemplo, cuatro años en acabar la *Mona Lisa*. Eso explica los desperfectos que, a lo largo del tiempo, ha experimentado su famoso cuadro *La última cena*, que se encuentra en el refectorio del Convento de Santa Maria delle Grazie de Milán, que decidió pintar con colores al óleo en lugar hacerlo al fresco, una técnica más duradera, pero que requiere una actividad mucho más rápida.

La excesiva sublimación de la pulsión sexual también inhibió, según Freud, la vida sexual de Leonardo. Leonardo era muy tímido y sexualmente bloqueado y retraído. Le repugnaba el acto sexual y, exceptuando contadas ocasiones –varios dibujos sobre la anatomía del embarazo y el extraño dibujo de una relación sexual–, evitaba los temas sexuales. No parecía tener relaciones con las mujeres y prefería a efebos como modelos y alumnos. Durante su aprendizaje con Verocchio fue acusado de mantener relaciones homosexuales, una tendencia que Freud atribuyó a la decepción que experimentó siendo niño al descubrir que su madre carecía de pene.

Freud también señaló los conflictos de Leonardo con la agresividad. Pues, es que, pese a ser vegetariano y a saberse que compraba aves capturadas para soltarlas, también diseñó, como ingeniero de Lodovico Sforza, un gran número de máquinas de guerra, algunas de ellas realmente diabólicas. A lo largo de su estudio, Freud subrayó el hecho de que el mencionado pájaro de la experiencia infantil de Leonardo era un buitre. Señaló que los antiguos egipcios creían que solo había buitres hembra que eran inseminadas en pleno vuelo por el viento, una creencia esgrimida por los Padres de la Iglesia cristiana como argumento a favor de una posible inmaculada concepción.

Freud encontró un sorprendente respaldo a su tesis en el ensayo de Oskar Pfister, ministro luterano y analista laico, que sugirió que el cuadro de Leonardo *La Virgen y el Niño con Santa Ana* contenía la figura oculta de un buitre con la cola cerca de la boca del niño (Pfister, 1913). Este descubrimiento resulta muy desconcertante, porque las referencias de Freud a un buitre se basaban en un error lingüístico. El término *nibbio* utilizado por Leonardo para describir su recuerdo infantil no se refería tanto a un buitre (*Gyps fulvus*) como a un milano (*Milvus milvus*). Cuando Freud descubrió este error, se sintió profundamente decepcionado porque, como le confesó a Lou Andreas-Salomé en una carta del 9 de febrero de 1919, consideraba que su ensayo sobre Leonardo era «lo único hermoso que he escrito».

Según Freud, la complejidad de la relación de Leonardo con su madre encontró expresión en la misteriosa y ambigua «sonrisa leonardesca» de la *Mona Lisa*, simultáneamente fría y sensual, seductora y reservada. Esa sonrisa ocupa un lugar destacado en algunos de sus cuadros como, por ejemplo, *San Juan Bautista* y *Baco*. Fue mucho el tiempo que invirtió en pintar la *Mona Lisa*; nunca lo daba por finalizado y, después de trabajar cuatro años en él, siguió llevándoselo consigo a Francia.

Es importante señalar el comentario de Freud según el cual el psicoanálisis solo sirve para entender el contenido de la obra de arte, pero no tiene nada que decir sobre el fenómeno del genio. El intento de Freud de analizar a los artistas y las obras de arte fue una aventura pionera en un nuevo campo, pero esencialmente un gran fracaso. El ensayo junguiano de Erich Neumann titulado *El arte y el inconsciente creativo: Leonardo da Vinci y el arquetipo de la madre* incluye una crítica a las interpretaciones de Freud subrayando algunos errores importantes que convierten en irrelevantes las conclusiones de Freud al respecto (Neumann, 1974) y también señala los cambios que, en nuestra comprensión del arte, produce la introducción de la visión transpersonal, del inconsciente colectivo junguiano y de la dinámica arquetípica.

Neumann aportó pruebas de que Leonardo no fue educado por su madre, sino por su abuela, que vivía en casa de su abuelo, con su padre y su madrastra. Esa información desacreditó las especulaciones de Freud sobre la relación que Leonardo mantenía con su madre y el efecto que ello tuvo en su curiosidad, su orientación sexual y su arte, que era la piedra angular del ensayo de Freud. Neumann también demostró que las especulaciones de Freud que consideraban que el ave del recuerdo infantil de Leonardo era un «buitre» eran el fruto de un grave error lingüístico.

Para Neumann, sin embargo, ese error era poco importante. No solo corrigió los errores fácticos del estudio de Freud, sino que también cambió el foco de su análisis y lo dirigió al nivel arquetípico, aportando el elemento de la «creatividad superior». Hay que decir que, para los junguianos, la inspiración de un genio no procede del dominio biográfico, sino del arquetípico (véase también *El código del alma* de James Hillman; Hillman, 1996).

Para Neumann, el pájaro de Leonardo era el símbolo urobórico de la Gran Madre, un símbolo que es, al mismo tiempo, masculino y femenino. Es el arquetipo de lo femenino, el poder omnipotente de la naturaleza y la fuente creativa del inconsciente. La madre que amamanta es urobórica; sus pechos se representan a menudo como fálicos y nutre y fecunda tanto al niño como a la niña. Así pues, la fuente de la extraordinaria creatividad de Leonardo se debe, según Neumann, a su conexión con la Gran Madre arquetípica. Dicho en otras palabras, la fuerza motriz de Leonardo no era de naturaleza sexual, sino espiritual.

La Gran Madre es urobórica: terrible y devoradora, benéfica y creativa; una ayudante que es también seductora y destructora; hechicera enloquecida, pero portadora de sabiduría; bestial y divina, ramera voluptuosa y virgen inviolable, inmemorialmente vieja y eternamente joven.

La *Mona Lisa*, con su extraordinaria riqueza, ambigüedad y misterio, no refleja la relación intensamente ambivalente de Leonardo hacia su madre biológica, sino que es una representación clara de Sofía, una figura del ánima. En cuanto a la imagen del buitre oculta en el cuadro de Leonardo, podría haberse tratado simplemente de una broma. Leonardo, conocido por su carácter lúdico y su fuerte oposición a toda autoridad religiosa y secular, podría haberla empleado para ridiculizar el intento de los Padres de la Iglesia de apelar a la naturaleza supuestamente andrógina del buitre para justificar la inmaculada concepción.

Asimismo infructuoso fue el empleo de Freud, de emplear el psicoanálisis, en su artículo «Dostoievski y el parricidio», para tratar de entender la obra de Fiódor Mijáilovich Dostoievski. En ese ensayo, Freud llegó a la conclusión de que Dostoievski no padecía epilepsia, una enfermedad neurológica orgánica, sino histeria, una forma de psiconeurosis causada por un traumatismo emocional. Atribuyó gran importancia al rumor de que el padre de Dostoievski había sido asesinado por sus siervos y afirmó que esa había sido la causa de la supuesta «epilepsia» de Dostoievski (Freud, 1957*a*).

Según Freud, el éxtasis que experimentaba Dostoievski al comienzo de sus crisis (*aura* epiléptica) reflejaba su alegría por la noticia de la muerte de su odiado padre y su consiguiente liberación. A ese éxtasis le seguía una caída, un fuerte grito, convulsiones y pérdida de conciencia (manifestaciones típicas del llamado *gran mal*). La lenta y confusa recuperación estaba asociada a la depresión y a un profundo sentimiento de culpa, como si hubiese cometido un crimen.

Freud interpretó estos síntomas como un castigo impuesto por su superego, la autoridad paterna introyectada en su inconsciente. «Toda la vida de Dostoievski –escribió Freud– estuvo dominada por una sumisión masoquista a la figura de su padre-autoridad-zar, por una parte, y por una rebelión indignada contra él, por la otra». Estas conclusiones se vieron seriamente cuestionadas tanto por neurólogos como por historiadores, según los cuales la enfermedad de Dostoievski no era histeria, sino epilepsia y por que su padre no había sido asesinado.

Pocas revelaciones aportaron las interpretaciones de Freud de *Poesía y verdad* de Goethe, de la *Gradiva* de Wilhelm Jensen y de *El mercader de Venecia* y *El rey Lear* de Shakespeare. En *Poesía y Verdad*, Freud introdujo el concepto de «rivalidad entre hermanos», utilizándolo para explicar la destrucción de una casa de muñecas por parte del pequeño Goethe, atribuyéndola a su enfado por el nacimiento de su hermana, pero tampoco pudo aportar prueba alguna de que estos dos acontecimientos coincidieran en el tiempo (Freud, 1917). En la *Gradiva*, Freud utilizó la imagen de Pompeya cubierta de cenizas volcánicas como ilustración dramática de un recuerdo de la infancia enterrado en el inconsciente (Freud, 2003). Su análisis de las dos obras mencionadas de Shakespeare también es complejo, enrevesado y poco convincente (Freud, 1913).

Marie Bonaparte

El más interesante de los intentos de aplicar el psicoanálisis al arte es la trilogía sobre la *Vida y obra de Edgar Allan Poe* escrita por la princesa griega Marie Bonaparte, una entusiasta seguidora de Freud que organizó su huida segura de la Alemania nazi. Como hizo su maestro e ídolo, Marie Bonaparte apeló al complejo de Edipo como principio explicativo básico y fuente de la inspiración artística (Bonaparte, 1949), lo que se refleja en la estructura básica de los tres volúmenes que componen su obra.

El primer volumen consiste en una detallada reconstrucción de la biografía de Poe. El segundo, *Cuentos de la madre*, se centra en relatos inspirados, en opinión de Bonaparte, en la relación de Poe con su madre, Elizabeth Arnold, una frágil actriz que murió de tuberculosis antes de que el pequeño Edgar cumpliese los tres años. Estos relatos hablan de amantes y esposas gravemente enfermas y moribundas que padecen misteriosas aflicciones como Berenice, Morella, Ligeia, Rowena, Eleonora y Lady Madeline. Otros relatos incluidos en este volumen destacan el asesinato de una figura femenina, retratan a la madre como un paisaje o representan una confesión de impotencia.

En el tercer volumen, titulado *Cuentos del padre*, Bonaparte analiza los relatos que reflejan la relación de Poe con la autoridad masculina y que evidencian una rebelión contra la figura paterna (parricidio), una entrega masoquista al padre o una lucha con la conciencia (superego). Las figuras masculinas de la vida de Poe fueron tan problemáticas como las femeninas. Su padre, David, era un alcohólico incurable y errático que padecía tuberculosis y de-

Marie Bonaparte (1882-1962), princesa griega y
entusiasta discípula de Sigmund Freud.

sapareció en Nueva York cuando Poe apenas tenía dieciocho meses. Después de la muerte de su madre, el pequeño Edgar fue acogido en casa de Frances Allan y adoptado contra la voluntad de su marido, John Allan, un comerciante escocés que se convirtió en su segunda figura paterna y le sometió a estrictas medidas disciplinarias.

El principio básico de Marie Bonaparte es que las obras de arte revelan la psicología de su autor, muy especialmente la dinámica de su inconsciente. En este sentido, Marie describió el inconsciente de Poe como «extraordinariamente activo y saturado de horrores y tormentos» y mencionó explícitamente que, en ausencia de su genio literario, se habría visto condenado a pasar la vida en una cárcel o en una institución mental. Atribuyó la sangre que aparece en varios de los relatos de Poe a su experiencia con la *hemoptisis*, la expectoración de sangre, un signo habitual de la tuberculosis. También atribuyó gran importancia al hecho de que, en las miserables habitaciones en que vivían sus padres, es muy probable que asistiese a la famosa «escena primordial» freudiana (es decir, que presenciara las relaciones sexuales y las interpretara como actos sádicos).

Pero el marco conceptual de Bonaparte se limita a la biografía postnatal y el inconsciente individual freudiano. Aunque la vida temprana de Poe fue difícil, no proporciona una explicación convincente al tipo de horrores que pueblan sus relatos. Bonaparte hace varias referencias al nacimiento y al vientre materno, pero, como suele ocurrir con la mayoría de los psicoanalistas, su lenguaje cambia en este punto de «recuerdos» a «fantasías» y, como Freud, también se niega a aceptar la posibilidad de que la vida prenatal y el nacimiento puedan quedar registrados en el inconsciente como auténticos recuerdos.

Sin embargo, muchos relatos de Poe, sobre todo los más macabros y emocionalmente más intensos, presentan inconfundibles rasgos perinatales. Por ejemplo, el relato de Poe titulado «Un descenso al maelstrom», una espeluznante aventura de tres hermanos noruegos, muestra una profunda semejanza con la experiencia del remolino envolvente que suele acompañar a la reviviscencia del comienzo del nacimiento (MPB-II). El bote empleado por los hermanos en su expedición de pesca se ve atrapado por un monstruoso remolino y arrastrado inexorablemente hacia su centro. Dos de los hermanos pierden la vida en una lucha desesperada contra esa fuerza de la naturaleza, pero el tercero, apelando a una ingeniosa estrategia, escapa fortuitamente después de estar a punto de morir y sobrevive para contar la historia.

Edgar Allan Poe (1809-1849), escritor estadounidense que inventó la modernas historias de detectives y escribió cuentos macabros y de horror.

La prisión de la Inquisición descrita en el cuento de Poe titulado «El pozo y el péndulo», con sus tormentos diabólicos y sus muros ardientes que se desplazan y de la que el héroe acaba rescatado en el último momento, presenta también muchos rasgos característicos del útero de la parturienta. Y, del mismo modo, la huida del enano Hop-Frog del entorno tortuoso de la corte, descrita en la novela homónima de Poe, se asemeja a las experiencias de renacimiento (MPB-III y IV) que acompañan a las sesiones psiquedélicas y de respiración holotrópica.

Cuando, en este relato, se le pide al ingenioso bufón de la corte la organización de un baile de máscaras, convence al cruel rey y a sus ministros para que se disfracen de orangután utilizando ropas de lino a las que luego unta con brea y prende fuego. En medio del caos posterior, Hop-Frog trepa por una cuerda hasta un agujero en el techo para escapar con su compañera Trippetta. La experiencia de ser enterrado vivo, un tema favorito de Poe que aparece en muchos de sus relatos, como «El entierro prematuro», «El barril de amontillado», «La pérdida del aliento», «La caída de la casa Usher» y otros, es un motivo asimismo frecuente en las sesiones perinatales. Son muchos los motivos perinatales que se encuentran también en su novela más larga, extraña y desconcertante titulada *La narración de Arthur Gordon Pym de Nantuteck*.

El enfoque interpretativo de Marie Bonaparte limitado al modelo freudiano resulta muy inadecuado cuando lo utiliza en el análisis del *Eureka* de Poe. Esta magnífica visión de la creación cósmica es muy distinta a todos sus escritos y la respuesta que despertó su publicación fue desde crítica hasta muy positiva, incluido el elogio de los científicos. En una carta escrita en 1934, Albert Einstein hizo el siguiente comentario: *Eureka* es «*Eine sehr schöne Leistung eines ungewöhnlich selbständigen Geistes*» (un logro muy hermoso de una mente inusualmente independiente).

En su introducción, Poe promete hablar del Universo Material y Espiritual, de su Esencia, su Origen, su Creación, su Condición Actual y su Destino (colocando en mayúsculas los sustantivos y adjetivos como suelen hacer los pacientes psiquiátricos), lo que lleva a Marie Bonaparte a indicar que se trata de un signo de psicopatología, cuando es un claro indicador de que Poe estaba hablando de fuentes transpersonales tan profundas que –como sucede con el caso de los místicos– no podía transmitirlas adecuadamente utilizando el lenguaje ordinario.

La visión cosmológica de Poe tiene una gran semejanza con las cosmovisiones de las grandes filosofías espirituales de Oriente, en particular de sus vertientes tántricas (Mookerjee y Khanna, 1989). Poe describe la creación del universo como un proceso que se origina en una singularidad y va seguido de una interminable serie de divisiones y diferenciaciones que acaban provocando una reacción en sentido contrario que consiste en la tendencia a regresar a la unidad original. La existencia continuada del universo también requiere una tercera fuerza, que es la repulsión, que impide la reunificación de las partes separadas.

Es notable el paralelismo existente entre la singularidad de Poe y Mahabindu, la fuente de la creación del universo de la que hablan las escrituras tántricas. Y lo mismo sucede con las tres fuerzas cósmicas de Poe que presentan los rasgos de los *gunas* tántricos (*tamas*, *sattva* y *rajas*), los poderes femeninos de la creación. El objetivo final al que aspira el universo completado consiste, pues, en la unión final con Dios, una unión cuya demora se debe al efecto de la fuerza de repulsión. En mi libro *El juego cósmico. Exploraciones de las fronteras de la conciencia humana*, he descrito una cosmología semejante derivada de las sesiones psiquedélicas y de respiración holotrópica de las personas que participaron en mi investigación (Grof, 1998).

Como sucede con las ideas de mis clientes, la visión cosmológica de Poe no solo tiene una profunda semejanza con los escritos de los grandes sistemas espirituales agrupados por Aldous Huxley bajo el epígrafe de filosofía perenne (Huxley, 1945), sino también con las teorías de la ciencia moderna, en particular, con las especulaciones cosmológicas basadas en observaciones astronómicas realizadas por físicos famosos. Poe creía que su *Eureka* revolucionaría la astronomía y sus ideas se han discutido seriamente en los círculos científicos.

Una de las principales hipótesis de Poe, según la cual el universo se llenó de materia después de la explosión de una única partícula de altísima energía, es el equivalente aproximado de la teoría cosmogenética desarrollada en el siglo xx por Lemaitre, Gamov y Alpher. Su oponente, Fred Hoyle, se refirió burlonamente a ella como la teoría del «Big Bang», nombre con el que, desde entonces, se la conoce y sigue siendo una de las principales teorías cosmogenéticas (Alpher y Herman, 2001).

Poe postuló que, debido a la explosión original que lleva a la materia a alejarse cada vez más, el universo debe hallarse en expansión. Y también llegó a la conclusión de que, con el tiempo, la gravedad volvería a reunir todas las partículas y el proceso comenzaría nuevamente, la misma noción de universo pulsante sustentada por Alexander Friedman (Friedman, 1922).

En *Eureka*, Poe también ofrecía una respuesta razonable a la «paradoja del cielo oscuro» de Olbers que atormentaba a los astrónomos: un universo estático con un número infinito de estrellas no podía ser oscuro, a menos que algunas de las estrellas estuvieran tan lejos que su luz no llegase hasta nosotros. La investigación moderna sobre la conciencia ha demostrado que los estados visionarios no solo pueden proporcionarnos una extraordinaria inspiración artística e iluminación religiosa, sino también brillantes conocimientos que abren campos nuevos y facilitan la solución de problemas científicos.

Podemos ver numerosos ejemplos de este tipo en el excelente libro de Willis Harman titulado *Higher Creativity: Liberating the Unconscious for Breakthrough Insights* (Harman, 1984), un tema sobre el que volveremos en el siguiente capítulo. Teniendo en cuenta las brillantes comprensiones de Poe y su coincidencia con las de los científicos profesionales, el análisis del *Eureka* de Bonaparte resulta manifiestamente reduccionista.

Para ella, el Dios de Poe era su padre físico y la creación del cosmos se limitaba exclusivamente al acto creativo biológico. En su opinión, la partícula original de Poe a partir de la cual evolucionó el cosmos se refería simplemente al espermatozoide. En su fantasía, el universo fue creado por una figura paterna sin participación femenina; el anhelo de la unidad original era un mero retorno al padre y reflejaba el distanciamiento de Poe de lo femenino, y la fantasía cósmica de Poe sobre universos múltiples remitía simplemente a sus hermanos. Según Bonaparte, en fin, *Eureka* no solo revelaba el alejamiento de Poe de su madre y la mujer, sino que también explicaba que su carrera literaria acabase con una fantasía cósmica homosexual.

Espero que esta breve incursión en la interpretación freudiana del arte llevada a cabo por Marie Bonaparte haya demostrado que una cartografía ampliada de la psique que incluya los dominios perinatal y transpersonal proporciona un marco conceptual mucho más profundo, rico y convincente para el análisis psicológico del contenido de la obra de arte.

Otto Rank

Otto Rank estaba en claro desacuerdo con la insistencia de Freud en la primacía del complejo de Edipo como fuente de inspiración del arte. Según él, la creatividad artística se ve impulsada por la necesidad profunda de reconciliarse con la ansiedad primordial asociada al trauma del nacimiento (*Urangst*) y regresar a la seguridad proporcionada por el vientre materno (Rank, 1989).

La tesis general de Rank atribuía una importancia primordial al recuerdo del nacimiento como poderosa fuerza motivadora de la psique, algo que ha corroborado convincentemente el trabajo moderno con los estados holotrópicos de conciencia. Pero, en lugar de hacer hincapié en el deseo de regresar al vientre materno, el interés del enfoque holotrópico se dirigió hacia la reviviscencia del trauma generado por el paso por el canal del parto y la consiguiente experiencia de muerte y renacimiento psicoespiritual. Como ya hemos visto, los estados holotrópicos nos han permitido identificar cuatro pautas experienciales diferentes asociadas a los cuatro estadios consecutivos por los que atraviesa el proceso del nacimiento, las matrices perinatales básicas (MPB), y a describir el significado psicodinámico de cada una de ellas.

Nuestra investigación también ha demostrado que las figuras mitológicas y los reinos de la psique no se derivan, como creía Rank, del trauma del nacimiento, sino que son una expresión de los arquetipos, es decir, de los principios organizadores autónomos del inconsciente colectivo. En lugar de ser meros productos de los recuerdos del nacimiento, son pautas que dan forma y consolidan la experiencia de los distintos estadios del nacimiento. Así pues, Rank no creía que la esfinge y otras figuras femeninas demoníacas como Hécate, Gorgona, las sirenas y las arpías pertenecieran a un dominio arquetípico supraordenado (que, como veremos en la siguiente sección, fue la perspectiva asumida por C.G. Jung, otro renegado del movimiento psicoanalítico), sino que eran representaciones de la madre cargada de ansiedad del parto.

Carl Gustav Jung

Jung estaba en completo desacuerdo con la idea de Freud de que la motivación de la creación artística se limite a expresar fantasías edípicas prohibidas. Según Jung, el secreto y la eficacia de la creación artística giran en torno al regreso al estado de *participation mystique*, ese nivel de la experiencia que no vive tanto en la dimensión individual de la psique como en su dimensión colectiva. Desde esta perspectiva, Goethe no fue el creador de Fausto, sino que fue el arquetipo de Fausto el que creó a Goethe (Jung, 1975).

Otra diferencia importante entre Jung y Freud tenía que ver con el concepto de libido que, para Jung, no es tanto una pulsión biológica como una fuerza universal comparable a la entelequia de Aristóteles o el *élan vital* de Henri Bergson. Esta comprensión nos proporciona una visión del arte que explica el problema del genio de un modo que Freud no pudo explicar apelando exclusivamente a los principios de su psicoanálisis.

El fenómeno del genio no puede entenderse en términos de la psicología individual. Según Jung, el genio opera a modo de canal para las energías cósmicas creativas del alma del mundo (*anima mundi*). Jung también rechazó el modelo freudiano de la psique porque se hallaba circunscrito a la biografía postnatal y el inconsciente individual y lo amplió hasta incluir los dominios históricos y mitológicos del inconsciente colectivo (Jung 1990). Así fue como el concepto de inconsciente colectivo y sus principios organizadores, los arquetipos, proporcionaron al análisis del arte una profundidad que quedaba lejos del alcance del enfoque freudiano.

El primer gran intento de Jung de analizar el arte fue su extenso análisis del libro mitad poético y mitad prosaico escrito por la estadounidense Frank

Miller y publicado en Ginebra por Theodore Flournoy bajo el título de *Miller Fantasies* (Miller, 1906). El análisis que Jung realizó de este libro, titulado *Símbolos de transformación* (Jung 1956), tuvo una gran relevancia histórica y jalonó el comienzo de la ruptura entre Jung y Freud.

El método de «amplificación» utilizado por Jung en el análisis del libro de Miss Miller, que consiste en encontrar paralelismos entre los motivos y figuras de la obra analizada en el folclore, la historia, la literatura, el arte y la mitología de otras culturas y poner de relieve sus fuentes arquetípicas, acabó convirtiéndose en un modelo para el análisis junguiano de los sueños, las experiencias psicóticas, el arte y otras manifestaciones de la psique.

Jung tuvo una profunda influencia en los escritores y cineastas modernos. Como había sucedido con los famosos conceptos freudianos (complejo de Edipo, complejo de castración, vagina dentada, id y superego), la visión junguiana de los principales arquetipos (la Sombra, el *Ánima*, el *Animus*, el Embaucador, la Madre Terrible, el Anciano Sabio y otros) no solo facilitó la comprensión de las obras de arte existentes, sino que sirvió también de inspiración a generaciones de nuevos artistas.

Contribuciones de la investigación psiquedélica a la comprensión del arte

El hallazgo fortuito del poderoso efecto psiquedélico del LSD realizado por Albert Hofmann y la experimentación con esta extraordinaria substancia permitieron realizar descubrimientos revolucionarios sobre la conciencia, la psique humana y el proceso creativo. Las experiencias con LSD proporcionaron, concretamente a los historiadores y críticos de arte, una visión nueva y extraordinaria de la psicología y la psicopatología del arte.

Ellos vieron la profunda similitud que existe entre las pinturas de sujetos «normales» que representan sus visiones con el LSD, el arte marginal (*art brut*) y el arte de los pacientes psiquiátricos, como documentaron los libros clásicos de Hans Prinzhorn *Artistry of the Mentally Ill* (Prinzhorn, 1995), el libro de Walter Morgenthaler *Madness and Art* (Morgenthaler, 1992) y el libro de Roger Cardinal *Outsider Art* (Cardinal, 1972). Otras pinturas psiquedélicas guardan una profunda semejanza con artefactos procedentes de culturas nativas como las máscaras y fetiches africanos, las esculturas de las tribus del río Sepik de Nueva Guinea, las pinturas de corteza de los aborígenes australianos, las composiciones pictóricas de estambre [*nierika*] de los indios huicholes mexicanos y las pinturas rupestres de los chumash del sur de California, entre otros.

Esa investigación puso también de relieve una inconfundible similitud entre el arte de sujetos que habían tomado LSD y el de los representantes de diferentes movimientos artísticos modernos (como el abstraccionismo, el expresionismo, el impresionismo, el cubismo, el dadaísmo, el surrealismo y el realismo fantástico). Los pintores profesionales que participaron en sesiones psiquedélicas con LSD experimentaron un cambio radical en sus manifestaciones artísticas que no solo enriqueció su imaginación, sino que llenó de color su obra y liberó considerablemente su estilo. Hubo ocasiones en las que personas que jamás habían pintado eran capaces de crear dibujos y pinturas extraordinarias. Era como si el poder del material inconsciente profundo que afloraba en sus sesiones se apoderase de algún modo del proceso y utilizase al sujeto como canal de expresión artística.

Pero el impacto provocado por el LSD y otras substancias psiquedélicas en el arte fue mucho más allá de influir en el estilo de los artistas que se prestaron voluntarios como sujetos experimentales. Una generación entera de jóvenes artistas de vanguardia lo adoptó como herramienta para conectar con la profunda inspiración que yace en los dominios perinatal y arquetípico del inconsciente colectivo. No es de extrañar que retrataran, con una potencia artística extraordinaria, el amplio abanico de experiencias que se encuentra en los recodos más profundos y habitualmente ocultos de la psique (Grof, 2015).

Esta experimentación los llevó a interesarse seriamente también por cuestiones estrechamente ligadas a las experiencias psiquedélicas, como el estudio de las grandes filosofías espirituales orientales, la práctica de la meditación, la participación en rituales chamánicos, el culto a la diosa y lo sagrado femenino, el misticismo natural y diferentes enseñanzas esotéricas. No es de extrañar que el arte de muchos de ellos ilustre perfectamente su búsqueda espiritual y filosófica.

La terapia psiquedélica y la experimentación con substancias psiquedélicas por parte de psiquiatras y psicólogos contribuyeron también muy positivamente a la interpretación y la crítica del arte, revelando las insuficiencias del modelo convencional de la psique y la necesidad de someterlo a un proceso de revisión y ampliación radical. En un capítulo anterior he esbozado mi propuesta de un nuevo modelo basado en las experiencias y observaciones proporcionadas por la investigación de los estados holotrópicos.

Quisiera concluir este capítulo con una breve reseña de uno de los primeros intentos de utilizar mi cartografía ampliada de la psique para el análisis del arte. Se trata de un brillante estudio sobre el gran escritor y filósofo francés Jean Paul Sartre, titulado *El rito de paso*, escrito hace treinta y cinco años por Tom Riedlinger y publicado en el *Journal of Transpersonal Psychology* (Riedlinger, 1982) y que aporta pruebas convincentes de que ciertos aspectos muy importantes de los escritos de Jean Paul Sartre y de su filosofía existencial pueden entenderse como el resultado de una sesión psiquedélica mal gestionada y peor resuelta centrada en el nivel perinatal.

En febrero de 1935, Sartre recibió una inyección intramuscular de mescalina en el hospital Sainte-Anne de Le Havre (Francia). Tenía veintinueve años, era una persona desconocida que aún no había publicado nada y trabajaba como profesor universitario de filosofía. Estaba escribiendo un libro sobre la imaginación y esperaba que la droga le indujera visiones y le proporcionase algunas ideas sobre la dinámica de la psique. La experiencia cumplió sus deseos, pero obtuvo mucho más de lo que estaba en condiciones de asumir.

Cuando su compañera Simone de Beauvoir le llamó esa misma tarde, le contó que su llamada le había rescatado de una desesperada batalla con pulpos. Como ya hemos visto, el pulpo es un símbolo que aparece frecuentemente en la

J.P. Sartre (1905-1980), escritor, novelista, dramaturgo y filósofo existencial francés con su esposa Simone de Beauvoir (1908-1986), escritora, filósofa y activista política francesa.

MPB-II y representa el final de la libertad experimentada en el entorno líquido del útero. Sartre también experimentó grandes ilusiones ópticas. Los objetos del entorno cambiaban grotescamente de forma convirtiéndose en símbolos de la muerte: los paraguas se transformaban en buitres, los zapatos en esqueletos y los rostros humanos parecían monstruosos hasta el punto de que temía estar perdiendo la cabeza, manifestaciones típicas, todas ellas, de la MPB-II.

Durante el resto de la noche asistió a un despliegue de apariciones espantosas. A la mañana siguiente parecía estar completamente recuperado, pero, varios días después, se vio nuevamente asaltado por ataques recurrentes de depresión y ansiedad y se sintió perseguido por varios monstruos acuáticos (como langostas y cangrejos gigantescos), las casas tenían rostros, ojos y mandíbulas de aspecto avieso y los relojes parecían convertirse en búhos, experiencias que continuaron hasta el verano y le llevaron a llegar a la conclusión de que «padezco una psicosis alucinatoria crónica».

Culpó de su «mal viaje» al psiquiatra Lagache, que fue quien le proporcionó la mescalina; era «bastante saturnino» y, durante la preparación de la sesión, le dijo: «¡Lo que te hace es terrible!». El mismo Sartre insistió en que la droga no era la principal responsable de lo que le estaba ocurriendo, calificó su efecto de «incidental» y pensó que la causa «profunda» de su reacción era una omnipresente crisis de identidad resultante de su paso a la madurez, porque no estaba dispuesto a asumir las responsabilidades sociales impuestas al individuo por la sociedad burguesa.

Pero lo cierto es que las visiones de Sartre tenían raíces mucho más profundas y tempranas que la crisis de identidad y el miedo a verse devorado por la sociedad burguesa. En *Las palabras*, la autobiografía de su infancia, Sartre menciona una confrontación parecida con monstruos que habitan en las profundidades del océano (Sartre, 1964a). Ahí cuenta que, cuando tenía ocho años, descubrió el poder de la escritura creativa y que, cada vez que empezaba a sentirse angustiado, sacaba a sus héroes y los llevaba a vivir una aventura. Los héroes de la infancia de Sartre eran geólogos y buceadores de alta mar que luchaban con monstruos subterráneos o submarinos (un pulpo gigantesco, una tarántula enorme o un crustáceo de veinte toneladas), criaturas que desempeñan un papel importante en las sesiones psiquedélicas y de respiración holotrópica centradas en el nivel perinatal (MPB-II). Sobre este punto, Sartre dijo: «Lo que entonces fluía de mi pluma... era yo mismo, un monstruo infantil; era el tedio de mi vida, mi miedo a la muerte, mi torpeza y mi perversidad...».

La sesión de mescalina parece que activó un sistema COEX asociado a la segunda matriz perinatal cuyo efecto continuó mucho tiempo después de que el efecto farmacológico de la mescalina hubiese desaparecido. Es muy posible que las capas que conformaban este COEX, cuyo denominador común era la omnipresencia de la muerte, se remontasen a la infancia de Sartre. Su padre murió a los treinta años, cuando Sartre aún no había cumplido los dos. Preocupada por la enfermedad de su marido, su madre dejó de amamantarle y Sartre tuvo una fuerte reacción al destete y desarrolló una grave enteritis.

A partir de ese momento, su vida se vio teñida de un «sabor fúnebre». A los cinco años vio a la muerte como una mujer alta y loca, vestida de negro que, cuando le miró, murmuró «¡A este pequeño me lo meteré en el bolsillo!». De niño, Sartre reaccionó con fuerza a la enfermedad de un amigo y a la muerte de su abuela. A los siete años, vivía aterrorizado por la posibilidad de que la «negra boca de la muerte se abriera en cualquier momento y me devorase».

Cuando se miraba en un espejo, se veía como «una medusa... golpeando contra el cristal del acuario». Los demás niños le rehuían como compañero de juegos y se sentía abandonado y solo. En sus ensoñaciones, descubría «un universo monstruoso que era el reverso de mi impotencia», con respecto a lo cual dijo: «Yo no inventé estos horrores; los encontré en mi memoria».

Muchos aspectos de los problemas que aquejaron a Sartre y su obra pueden entenderse como resultado de la influencia de la MPB-II: el miedo a la muerte y a la locura, el temor a verse devorado, la preocupación por los monstruos acuáticos, la sensación de falta de sentido de la vida, y otros elementos de la filosofía existencialista, como la soledad, la inferioridad y la culpa, hasta el punto de que su famosa obra de teatro lleva incluso el título de *Sin salida* (*Huit clos*) (Sartre, 1994). Durante los años críticos de su vida, Sartre se vio «tenso hasta el punto de ruptura entre dos extremos: nacer y morir a cada latido». Innecesario es decir que esta extraña amalgama experiencial entre morir y nacer es otro de los rasgos característicos de la dinámica perinatal.

La tensión alcanzó proporciones insoportables pocos meses antes de su trigésimo cumpleaños. Utilizando la estrategia de negar la muerte que Ernest Becker denominó «proyecto de inmortalidad» (Becker, 1973), Sartre trató de despojar a la muerte de su aguijón escribiendo y fantaseando sobre que alcanzaría la fama *post mortem*. Sin embargo, sus esfuerzos fracasaron y no consiguió que le publicaran. También era muy consciente de que se acercaba a la edad en la que murió su padre, de modo que, en el momento en que tomó mescalina, su sistema COEX asociado a la muerte se hallaba muy cerca de la superficie.

Pero, aunque la ingesta de LSD activó e hizo aflorar parcialmente este sistema COEX, no llegó, sin embargo, a resolverse. Sus elementos aparecen reiteradamente en *La náusea*, un libro que empezó a escribir en la época de su sesión de mescalina (Sartre, 1964*b*), en donde se abordan cuestiones como la náusea y la asfixia combinadas con elementos escatológicos («una suciedad podrida y pegajosa»). Parece que trabajar en ese libro ayudó a Sartre a integrar la experiencia. También hay en él referencias a los monstruos marinos y al inquietante castaño (el árbol de la muerte de la infancia de Sartre del que habla en *Las palabras*).

En mi libro *Modern Consciousness Research and the Understanding of Art* (Grof, 2015), el lector que esté interesado puede encontrar una discusión más detallada de las ventajas que, para el análisis de las obras de arte, implica el hecho de contar con un mapa expandido de la psique. Una parte importante de este libro es una selección de las pinturas, dibujos y esculturas del genio suizo del realismo fantástico Hans Ruedi Giger, la prueba más evidente, en mi opinión, de la importancia que, para la comprensión del arte, tiene el dominio perinatal del inconsciente.

Bibliografía

Alpher R. A. y Herman, R. 2001. *Genesis of the Big Bang*. Oxford: Oxford University Press.
Becker, E. 1973. *The Denial of Death*. New York: The Free Press.
Bonaparte, M. 1949. *The Life and Works of Edgar Allan Poe*. London: Imago Publishing Co.
Cardinal, R. 1972. *Outsider Art*. New York: Praeger.
Freud, S. 1911. «Formulations Regarding the Two Principles in Mental Functioning». Papers on Metapsychology; Papers on Applied Psychoanalysis. Vol. 4 of *Collected Papers*. London: Hogarth Press and the Institute of Psychoanalysis.
Freud, S. 1913. «The Case of the Three Caskets». *The Standard Edition of the Complete Psychological Works of Sigmund Freud*, volume XII (1911-1913).
Freud, S. 1917. «A Childhood Recollection from Dichtung und Wahrheit». *The Standard Edition of the Complete Psychological Works of Sigmund Freud*, volume XVII (1917-1919).

Freud, S. 1953. *The Interpretation of Dreams*. London: The Hogarth Press and the Institute of Psychoanalysis, vol. IV.
Freud, S. 1957a. *Dostoievsky and Parricide*. London: The Hogarth Press and the Institute of Psychoanalysis, vol. XI.
Freud, S. 1957b. *Leonardo da Vinci and A Memory of His Childhood*. London: The Hogarth Press and the Institute of Psychoanalysis, vol. XI.
Freud, S. 2003. *Delusion and Dreams in Wilhelm Jensen's Gradiva*. Los Angeles, CA: Green Integer.
Friedman A. 1922. «On the Curvature of Space», *Gen. Rel. Grav.* 31:1991-2000.
Gamow, G. 1952. *Creation of the Universe*. New York: Viking Press.
Grof, S. 1998. *The Cosmic Game: Explorations of the Frontiers of Human Consciousness*. Albany, NY: State University New York (SUNY) Press.
Grof, S. 2009. Holotropic Research and Archetypal Astrology. Archai: *Journal of Archetypal Astrology*. 1:50-66.
Grof, S. 2012. Two Case Studies: An Archetypal Astrological Analysis of Experiences in Psychedelic Sessions and Spiritual Emergencies. Archai: *Journal of Archetypal Astrology*. 4:11-126.
Grof, S. 2015. *Modern Consciousness Research and the Understanding of Art*. Santa Cruz, CA: MAPS Publications.
Harman, W. 1984. *Higher Creativity: Liberating the Unconscious for Breakthrough Insights*. Los Angeles, CA: J. P. Tarcher.
Hillman, J. 1996. *The Soul's Code: In Search of Character and Calling*. New York: Random House.
Huxley, A. 1945. *Perennial Philosophy*. New York: Harper & Brothers.
Jung, C.G. 1956. Symbols of Transformation. *Collected Works*, vol. 5, Bollingen Series XX. Princeton, NJ: Princeton University Press.
Jung, C.G. 1975. The Spirit in Man, Art, and Literature. *Collected Works*, vol. 15, Bollingen Series XX. Princeton, NJ: Princeton University Press.
Jung, C.G. 1990. Archetypes and the Collective Unconscious. *Collected Works*, vol. 9 (Part 1). Bollingen Series XX. Princeton, NJ: Princeton University Press.
Miller, Miss Frank. 1906. «Quelques Faits d'Imagination Créatrice». *Archives de psychologie (Geneva)* V. 36-51.
Mookerjee, A. y Khanna, M. 1989. *The Tantric Way: Art, Science, Ritual*. London: Thames and Hudson.
Morgenthaler, W. 1992. *Madness and Art (Ein Geisteskranker als Künstler)*. Lincoln, NE: University of Nebraska Press.

Neumann, E. 1974. *Art and the Creative Unconscious.: Leonardo da Vinci and the Mother Archetype*. Princeton, NJ: Princeton University Press.

Pfister, O. 1913. «Kryptolalie, Kryptographie und unbewusstes Vexierbild bei Normalen» (Cryptophasia, Cryptography, and the Unconscious Puzzle. Picture in Normal People). *Jahrbuch fuer Psychoanalytische und Psychopathologische Forschungen.* 5, 115.

Prinzhorn, H. 1995. *Artistry of the Mentally Ill: A Contribution to the Psychology and Psychopathology of Configuration*. Vienna, New York: Springer Verlag.

Rank, O. 1989. *Art and Artist*. New York: W. W. Norton Company.

Riedlinger, T. 1982. «Sartre's Rite of Passage». *Journal of Transpersonal Psychology. 14*: 105.

Sartre, J.P. 1964a. *The Words* (*Les Mots*). New York: George Braziller.

Sartre, J. P. 1964b. *Nausea* (*La Nausée*). New York: New Directions Publishing Corporation.

Sartre, J.P. 1994. *No Exit* (*Huit Clos*). New York: Samuel French.

Tarnas, R. 2006. *Cosmos and Psyche: Intimations of a New World View*. New York: Viking Press.

X. El impulso prometeico:
la creatividad superior

El modelo expandido de la psique resultante de añadir los dominios perinatal y transpersonal nos ofrece una comprensión mucho más profunda de la obra de arte. La adición de la dimensión transpersonal (es decir, del inconsciente colectivo y de la dinámica arquetípica) nos ayuda a entender también el proceso creativo y el fenómeno del genio, algo que quedaba muy lejos del alcance de la comprensión proporcionada por la visión freudiana.

Ya hemos hablado del libro de Thomas Kuhn *La estructura de las revoluciones científicas* que acabó con el mito de que la ciencia avanza siguiendo un camino lineal. Kuhn puso fin a ese mito y lo reemplazó por una teoría según la cual la ciencia atraviesa una secuencia de estadios que se atienen a paradigmas muy diferentes y a menudo contradictorios (Kuhn, 1962). Lo que los historiadores aún no han reconocido adecuadamente es la frecuencia con la que las comprensiones, los descubrimientos, los avances y los inventos científicos llegaron a la mente de sus creadores en forma de visiones, sueños, fantasías, estados de trance, chispazos de comprensión y otros tipos de estados holotrópicos de conciencia.

En su extraordinario libro *Higher Creativity: Liberating the Unconscious for Breakthrough Insights*, Willis Harman ilustró el modo en que genios como Isaac Newton, René Descartes, Albert Einstein, Nikola Tesla, W.A. Mozart, Giacomo Puccini, Richard Wagner, Rainer Maria Rilke y Friedrich Nietzsche recibieron su inspiración y canalizaron la energía creativa cósmica durante estados holotrópicos de conciencia (Harman, 1984).

Hablando en términos generales podríamos decir que conocemos los productos finales de este proceso, pero sabemos muy poco sobre los especiales estados mentales en que tuvieron lugar. Generaciones enteras de historiadores han ignorado algunos de los acontecimientos más importantes de la historia y lo que Willis Harman denominó, en su libro, «historia secreta de la inspiración». Estas revelaciones han afectado a científicos de diferentes disciplinas, desde pintores hasta compositores, escritores, poetas, fundadores de religiones, profetas y místicos.

En su libro *Filosofía de la ciencia*, el físico, matemático y filósofo del círculo de Viena Philipp Frank demostró que el origen de un descubrimiento científico o su axioma básico suele girar en torno a un motivo arquetípico y que muchas de las ideas revolucionarias de la historia de la ciencia surgieron antes de que hubiese pruebas fehacientes que las corroborasen o justificaran (Frank, 1957).

Algunos ejemplos al respecto nos los proporcionan los casos del filósofo presocrático Anaximandro (que propuso una teoría protoevolutiva según la cual la vida se originó en el océano), Leucipo y Demócrito (que, en los siglos v y iv a.c., sugirieron que los constituyentes básicos de la materia son los átomos o pequeñas partículas indivisibles), Nicolás Copérnico y Johannes Kepler (que se inspiraron en el arquetipo del Sol) y los filósofos budistas de la escuela Huayan (Hwa Yen) (que, en el siglo vii, hablaron de los principios holográficos del universo) (Franck, 1976). Estos son algunos de los fascinantes ejemplos analizados por Willis Harman en su libro.

La idea de la inspiración divina está bellamente representada en las pinturas de los profetas mayores y los profetas menores de Miguel Ángel en la Capilla Sixtina del Vaticano en las que, aunque todos tienen querubines susu-

Friedrich Nietzsche (1844-1900), erudito, filósofo y crítico cultural clásico alemán, uno de los más influyentes de todos los pensadores modernos.

rrándoles algo al oído, solo los mayores parecen escucharlos. Pues, para poder recibir la inspiración divina, uno debe estar abierto y dispuesto a escuchar. En su libro *Ecce Homo*, Friedrich Nietzsche hizo una elocuente descripción de la experiencia de la inspiración divina implicada en la creatividad superior:

> ¿Tiene alguien, a finales del siglo XIX, una idea clara de lo que los poetas de épocas más poderosas denominaron «inspiración»? De no ser así, trataré de describirlo. Si a uno le quedara el más mínimo vestigio de superstición, tendría dificultades para rechazar la idea de ser mera encarnación, portavoz o médium de fuerzas poderosísimas. La idea de revelación, en el sentido de que, con indescriptible seguridad y exactitud, algo le conmueve y trastorna a uno en lo más íntimo y se hace ver y oír, describe sencillamente la realidad de los hechos. Se oye sin buscar y se toma sin preguntar quién da un pensamiento que irrumpe súbitamente como un relámpago con absoluta necesidad y sin la menor vacilación; sin que yo haya participado de algún modo en el asunto. (Nietzsche, 1992).

Friedrich August Kekulé von Stradonitz

El más conocido de todos los ejemplos de creatividad superior es la historia de Friedrich August Kekulé von Stradonitz, un químico alemán del siglo XIX que fue el fundador de la teoría estructural de la química orgánica. Después de haber pasado varios años esforzándose en tratar de entender la estructura de los compuestos químicos, tuvo una visión en la que vio una danza de átomos pequeños y grandes que se unían de diferentes maneras, enlazándose y formando cadenas. Resulta ciertamente extraordinario que una visión, que, según él, se le apareció de manera espontánea mientras viajaba en el piso superior de un ómnibus tirado por caballos en Londres, llegase a proporcionarle una imagen de la intrincada estructura de los compuestos químicos.

Kekulé tuvo una visión más concreta cuando, tratando de entender la estructura del benceno, tuvo la visión hipnagógica de un uroboros, la serpiente arquetípica que se muerde la cola, un símbolo alquímico que representa el círculo, el eterno retorno o la creación y destrucción sin fin, una visión que le llevó a descubrir la estructura anular del benceno (C_6H_6), que ha sido calificada como «la predicción más brillante de toda la historia de la ciencia».

Friedrich August Kekulé von Stradonitz (1829-1896), químico orgánico alemán que fue el principal fundador de la teoría de la estructura química en la química orgánica (arriba).

Arquetipo del uroboros, dibujo de 1478 de Tehodoros Pelecanos. Símbolo gnóstico, hermético y químico del eterno retorno, la ciclicidad, la creación y la destrucción incesante y la vida y la muerte.

Dmitri Ivanovich Mendeléyev

Muy a menudo, la solución a un problema llega como un relámpago después de días de esfuerzo infructuoso. Esto fue precisamente lo que le ocurrió al químico ruso Dmitri Ivanovich Mendeléyev que estaba empeñado sin conseguirlo en buscar un modo de organizar los elementos químicos en función de su peso atómico. Y cuando, cansado de darle vueltas al problema sin encontrar respuesta, se quedó finalmente dormido, la solución se le apareció en un sueño en el que todos los elementos ocupaban solos el lugar que les corresponde en lo que hoy conocemos como tabla periódica de los elementos de Mendeléyev y solo se vio obligado a corregir el lugar ocupado por uno de ellos. Por ello se vio propuesto para el Premio Nobel de Química de 1906, aunque murió en 1907 sin haber recibido ese honor.

Dmitri Ivanovich Mendeléyev (1834-1907), químico ruso propuesto para el Premio Nobel por su clasificación periódica de los elementos (arriba); tabla periódica de Mendeléyev de los elementos químicos (abajo).

Otto Loewi

Otro científico cuyo Premio Nobel hay que atribuir a su vida onírica fue el farmacólogo y psicobiólogo de origen alemán Otto Loewi. Al comienzo de su carrera profesional, Loewi tuvo, en una conversación con un colega, la fugaz corazonada de que, en la transmisión del impulso nervioso, quizás no solo interviniese la corriente eléctrica, sino también algún agente químico, sin poder, sin embargo, en aquel momento, diseñar un experimento que lo demostrase.

Diecisiete años más tarde vio muy claramente, en un sueño, cómo podía llevar a cabo ese experimento. Pero, por más que, en ese mismo instante, tomase nota del sueño, fue completamente incapaz, al despertarse, de descifrar los garabatos que había escrito. Y cuando, a las tres en punto de la noche siguiente, se repitió el mismo sueño, Loewi se levantó y se dirigió de inmediato al laboratorio para llevar a cabo el experimento, un experimento cuyo exitoso resultado le llevó al descubrimiento de la acetilcolina, un transmisor neuroquímico que se convirtió en el fundamento de la teoría de la transmisión química del impulso nervioso.

Niels Bohr

El físico danés Niels Bohr hizo importantes contribuciones a la comprensión de la estructura atómica y la teoría cuántica y soñó con un sistema planetario

Niels Bohr (1885-1962), Premio Nobel de Física danés, inventor del modelo planetario del átomo y del principio de complementariedad, es considerado como uno de los principales físicos del siglo XX.

como modelo del átomo, un descubrimiento por el que, en 1922, se le otorgó el Premio Nobel de Física.

La paradoja del paradigma newtoniano-cartesiano

En su libro *El tao de la física*, Fritjof Capra describió lo que calificó como paradigma newtoniano-cartesiano a la ideología sostenida por la ciencia occidental sometida, durante trescientos años, al hechizo de la filosofía materialista mecanicista (Capra, 1975). Sin embargo, ni Newton ni Descartes eran materialistas. En su obra principal, *Discurso del método*, Descartes incluyó una prueba de la existencia de Dios (Descartes, 1960) y Newton creía que, aunque el universo es un sistema mecánico, tiene esta forma porque Dios así lo creó. Además, tanto Newton como Descartes pueden considerarse representantes de lo que Harman denominó «historia secreta de la inspiración», un aspecto muy importante de la evolución de la ciencia, según el cual la fuente principal de la creatividad se origina en dominios trascendentes alcanzados en estados holotrópicos de conciencia rara vez reconocidos por los historiadores.

Isaac Newton

La Royal Society de Londres tenía previsto celebrar el tercer centenario del nacimiento de Isaac Newton en 1942. John Maynard Keynes, el principal biógrafo de Newton, había sido invitado a pronunciar la conferencia inaugural, pero, debido a la Segunda Guerra Mundial, las celebraciones debieron postergarse hasta julio de 1946. Desafortunadamente, Keynes murió tres meses antes del evento, de modo que fue su hermano Geoffrey quien tuvo que pronunciar su conferencia, titulada «Newton, el hombre».

Keynes fue la primera persona en ver los manuscritos de Newton, que habían permanecido encerrados en un cofre y conservados en secreto hasta que fueron vendidos en el año 1936. Keynes se quedó muy sorprendido por el contenido esotérico y religioso de ese material que revelaba aspectos de la personalidad de Newton que habían permanecido ocultos más de dos siglos. Según Keynes, la imagen de Newton que nos transmitía ese material era muy distinta a la imagen convencional que teníamos de él.

A partir del siglo XVIII, Newton pasó a ser considerado como el primero y más grande de todos los científicos de la era moderna que nos enseñó a pensar de acuerdo a la razón fría e inflexible. Después de leer el contenido de la caja que Newton se llevó consigo cuando abandonó Cambridge en 1696, sin embargo, podemos afirmar sin la menor duda que no fue tanto el primer gran científico de la era de la razón sino el último de los magos, el último de los babilonios y sumerios, la última gran mente que contempló el mundo con los mismos ojos de quienes, 10.000 años atrás, empezaron a construir nuestro patrimonio intelectual.

En palabras de Keynes, «Isaac Newton, niño póstumo nacido sin padre el día de Navidad de 1642, fue el último niño prodigio al que los Reyes Magos pudieron rendir un homenaje sincero y apropiado». En torno a él se erigió una leyenda que encubría el hecho de que se trataba de alguien profundamente neurótico. Sus instintos más profundos eran de naturaleza esotérica; vivía retirado del mundo, angustiado por el miedo paralizante a someter sus pensamientos, creencias y descubrimientos a la inspección y crítica de la sociedad, y sus únicas publicaciones solo vieron la luz debido a la reiterada insistencia de sus amigos.

Aunque Newton era un consumado experimentalista conocido por sus observaciones astronómicas y sus experimentos ópticos, ese no era su principal talento. Su verdadero don era la capacidad de dar vueltas en su mente a un problema durante horas, días y semanas hasta que este acababa entregándole sus secretos. Luego, como extraordinario matemático, buscaba el modo más claro de demostrarlo, pero lo realmente asombroso era su intuición.

Augustus de Morgan, matemático y lógico británico del siglo XIX, dijo que Newton estaba «tan seguro de sus conjeturas que parecía saber mucho más que los medios con que contaba para demostrarlo». Las demostraciones matemáticas las elaboraba posteriormente, pero no eran el objeto de sus descubrimientos. Según se cuenta, informó al astrónomo y matemático británico Edmond Halley de uno de sus descubrimientos más fundamentales sobre el movimiento planetario. «Sí –respondió Halley– ¿Pero cómo lo sabes? ¿Acaso lo has demostrado?». Newton se quedó muy sorprendido: «Hace años que lo sé –respondió– y, si me das unos días, seguro que encontraré el modo de demostrarlo», cosa que hizo llegado el momento. Así pues, los experimentos de Newton no eran tanto un herramienta de descubrimiento como de corroboración de lo que ya sabía.

Newton consideraba el universo entero y todo lo que hay en él como un criptograma creado por Dios. Desde su punto de vista, Dios había ocultado ciertas pistas para que la hermandad esotérica pudiese emprender una especie de búsqueda del tesoro filosófico. Creía que estas pistas se encontraban en la evidencia de los cielos y en la constitución de los elementos, pero también las encontró en documentos y tradiciones transmitidos por los miembros de una hermandad que se remonta a las revelaciones crípticas originarias de Babilonia.

Casi todas sus obras inéditas sobre cuestiones esotéricas y teológicas fueron escritas durante los veinticinco años de sus estudios matemáticos y de trabajo en su obra magna *Philosophiae Naturalis Principia Mathematica*. Incluyen numerosos escritos criticando las doctrinas trinitarias y afirmando que el Dios revelado era el Único, un espantoso secreto que se esforzó denodadamente en ocultar durante toda su vida.

Gran parte de ese material contenía escritos apocalípticos con los que trataba de descifrar las verdades secretas del universo. Una sección muy importante estaba relacionada con la alquimia e incluía cuestiones como la transmutación, la piedra filosofal y el elixir de la vida. Newton también trató de descubrir el significado de los versos crípticos y de replicar los experimentos de los iniciados de siglos pasados. En esos estudios mixtos y extraordinarios, Newton tenía un pie en la Edad Media y otro en el camino que conducía a la ciencia moderna.

Sir Isaac Newton (1642-1727), físico y matemático inglés y figura cumbre de la revolución científica del siglo XVII.

Preocupados por su implicación en cuestiones esotéricas, sus amigos lograron sacarle de Cambridge y, durante más de dos décadas, reinó en Londres como el hombre más famoso de Europa. Fue nombrado caballero por la reina Ana y, durante casi veinticuatro años, ocupó el cargo de presidente de la Royal Society. Fue entonces cuando la magia cayó en el olvido y se convirtió en el sabio y monarca de la Edad de la Razón. Pero no destruyó los papeles que guardaba en un cofre, sino que quedaron ahí para desconcierto de las generaciones venideras.

Maynard Keynes, que tuvo la oportunidad de estudiar el contenido del baúl de Newton, hizo este interesante comentario: «Cuando uno cavila sobre esas misteriosas colecciones, parece fácil entender… a ese extraño espíritu que fue tentado por el Diablo a creer, en una época en que… estaba realizando tantos descubrimientos que podría llegar a descubrir *todos* los secretos de Dios y de la Naturaleza mediante el puro poder de su mente: Copérnico y Fausto en una sola persona».

René Descartes

Aunque los historiadores rara vez puedan determinar con precisión el momento exacto del inicio de los grandes movimientos filosóficos, científicos y culturales hay, en este caso, un acuerdo general en que hace poco más de cuatro siglos, el 11 de noviembre de 1619, René Descartes, un aristócrata y soldado-filósofo francés de veintitrés años, pasó una noche soñando y un día pensando y sentó las bases de una nueva ciencia, filosofía y matemáticas, así como una nueva forma de pensar en el mundo que acabarían transformando la estructura del conocimiento europeo.

Irónicamente, la obra fundamental de Descartes, el *Discurso del Método* (Descartes, 1960), que se convirtió en la piedra angular del racionalismo, no fue producto de su razón, sino que se inspiró en tres sueños y en un sueño dentro de otro sueño. Siendo soldado del ejército del príncipe de Nassau, se hallaba acuartelado en la ciudad de Ulm esperando el momento en que, con la llegada de la primavera, se reanudaran las hostilidades. Estaba recluido en una habitación en estado febril y muy emocionado por la aventura intelectual en la que se había embarcado y escribiendo sus ideas sobre el «entusiasmo» (un término que, no lo olvidemos, tiene su origen en el término griego *entheos*, que significa poseído por el Dios Interior).

René Descartes (1596-1650), matemático, científico y filósofo francés considerado el padre de la filosofía moderna.

Esa noche, Descartes tuvo tres sueños que, pese a parecer mundanos y despojados de interés para un observador externo, acabaron teniendo una importancia extraordinaria. Esas enigmáticas imágenes encerraban, para Descartes, la clave de un nuevo y revolucionario tipo de conocimiento. En el primero de los sueños, experimentó vientos que soplaban desde el edificio de una iglesia hacia un grupo de personas que no parecían verse afectadas por el vendaval. Después de ese sueño, Descartes se despertó y rezó pidiendo protección de los efectos negativos de un sueño que, debido a su naturaleza benigna, no está claro que necesitase. Después de quedarse nuevamente dormido, se sintió aterrorizado por un estallido semejante a un trueno y, creyendo estar despierto, vio una lluvia de chispas llenando su habitación. En el tercer y último sueño, se vio a sí mismo sosteniendo un diccionario y algunos papeles, uno de los cuales contenía un poema que comenzaba con las palabras «¿Qué camino debo seguir en la vida?», y un hombre desconocido le entregó el fragmento de un verso del cual llamaron su atención las palabras *Est et Non*.

Finalizado el tercer sueño entró en un estado de conciencia todavía más extraordinario, un sueño dentro de otro sueño. Durante ese sueño, Descartes se dio cuenta de que la lluvia de chispas de su habitación era, en realidad, un sueño y luego soñó que interpretaba el sueño y llegaba a la conclusión de que el diccionario representaba la futura unidad de la ciencia, la agrupación de todas las ciencias. La gavilla de papel representaba el vínculo entre la filosofía y la sabiduría y *Est et Non* significaba la verdad y la falsedad en los logros humanos y en las ciencias seculares.

La interpretación que Descartes hizo de esos sueños le convenció de que era una persona destinada a reformar el conocimiento y unificar las ciencias; que la búsqueda de la verdad debía ser su misión, y que las ideas que había tenido los meses anteriores sobre el conocimiento, los métodos y un sistema unificador acabarían estableciendo los cimientos de un nuevo camino para descubrir la verdad. Descartes atribuyó un gran significado a estos sueños y, como agradecimiento por sus visiones, peregrinó desde Venecia hasta el santuario de Santa María de Loreto. Pero fueron muchos los científicos que, como el filósofo alemán Gottfried Wilhelm Leibniz y el matemático holandés Christiaan Huygens, consideraron esa parte de la vida como la expresión de una enfermedad que ponía en peligro su pensamiento.

Albert Einstein

El método empleado por Albert Einstein para obtener la inspiración de sus brillantes ideas suele conocerse como «los experimentos mentales de Einstein» (*Gedankenexperiment*), aunque esa no sea una expresión completamente exacta. El psicólogo Howard Gardner señaló que el genio de Einstein estribaba en su inteligencia «lógico-matemática» (Gardner, 1993), pero, en sus notas autobiográficas, el mismo Einstein dijo: «no tengo la menor duda de que el pensamiento funciona sin intermediación de símbolos y de que lo hace además de un modo fundamentalmente inconsciente» (Schilpp, 1949).

Este fue un tema sobre el que se explayó en sus observaciones a Jacques Hadamard, afirmando que «las palabras o el lenguaje, tal y como se escriben o hablan, no parecen desempeñar ningún papel en el mecanismo de mi pensamiento. Las entidades psíquicas que parecen servir como elementos del pensamiento son ciertos signos e imágenes más o menos claros que pueden ser reproducidos y combinados "voluntariamente" [...] Los elementos mencionados son, en mi caso, de tipo visual y algo muscular» (Hadamard, 1945).

Einstein no era un buen matemático y contaba con la ayuda de colaboradores –todos ellos matemáticos– para dar el paso netamente secundario en el proceso creativo que consistía en traducir sus intuiciones privadas a formas públicas de comunicación. «Rara vez pienso en palabras –escribió a Max Wertheimer–. Las ideas me llegan y solo después trato de expresarlas verbalmente» (Wertheimer, 1959). Einstein recibía su inspiración en imágenes y sensaciones físicas que luego –con la ayuda de un equipo de colaboradores– transmitía a través de símbolos matemáticos.

Veamos ahora algunos ejemplos de los famosos «experimentos mentales» de Einstein, empezando por aquellos que sirvieron de inspiración para su teoría especial de la relatividad.

1. *Persiguiendo un rayo de luz*. Einstein empezó a pensar en la luz cuando solo tenía dieciséis años. ¿Qué pasaría –se preguntó– si pudiéramos seguir un rayo de luz mientras se desplaza por el espacio? Si, de algún modo, pudiésemos alcanzar la velocidad de la luz –razonó–, la veríamos congelada en el espacio. Pero la luz no puede congelarse en el espacio porque, en tal caso, dejaría de ser luz. Con el tiempo, Einstein se dio cuenta de la imposibilidad de frenar la luz, que siempre estaría alejándose a la velocidad de la luz. Y, cuando concluyó que lo que tenía que cambiar era otra cosa, se dio cuenta de que lo que debía cambiar era el tiempo.
2. *El tren y el rayo*. Imagina que estás de pie en un tren mientras un amigo está de pie en el exterior viendo como pasa el tren. Si en ese momento cayeran un par de rayos en ambos extremos del tren, tu amigo los vería caer al mismo tiempo, pero, si tú estuvieras más cerca de la cabecera, verías primero ese rayo porque, en ese caso, la luz debería recorrer una distancia más corta. Este experimento mental le ayudó a advertir que el tiempo discurre de manera diferente para quien se mueve que para quien permanece quieto, lo que consolidó su creencia de que *la simultaneidad no existe* y de que el tiempo y el espacio son relativos. Esta es la piedra angular de la teoría especial de la relatividad de Einstein.
3. *Un ascensor en el espacio vacío*. Otro de sus experimentos le permitió darse cuenta de que gravedad y aceleración parecen ser lo mismo. Esta idea básica de la teoría general de la relatividad apareció mientras imaginaba situaciones asociadas a un ascensor ubicado en el vacío. En este sentido se preguntó qué es lo que pasaría si ese ascensor entrase de repente en caída libre y la persona que estuviese dentro no pesara nada y flotase en el espacio.

Luego imaginó a esa misma persona en un cohete inmóvil tan alejado de la Tierra que la fuerza de gravedad fuese prácticamente nula y en donde, al igual que sucedía en un ascensor en caída libre, la persona tampoco pesase nada. Si el cohete se pusiera luego en movimiento advertiríamos que el peso del pasajero iría aumentando en función de la velocidad, como si la gravedad plantase firmemente sus pies en el suelo. Entonces fue cuando advirtió que la gravedad no es más que la aceleración que experimenta un cuerpo al desplazarse por el espacio-tiempo.

4. *Dar la vuelta al Sol en el espacio-tiempo.* Si la gravedad equivale a la aceleración y el movimiento afecta a las mediciones del tiempo y el espacio (como afirma la teoría especial de la relatividad), de ello se deduce que también lo hace la gravedad. En particular, la gravedad de cualquier masa, como nuestro Sol por ejemplo, deforma el espacio y el tiempo que lo rodean, con lo que los ángulos de un triángulo dejan de sumar 180 grados y los relojes funcionan más despacio cuanto más cerca se encuentran de una masa gravitatoria como el Sol.

Si en nuestro universo no hubiese nada, el tejido del espacio-tiempo sería plano, pero, al añadirle una masa, se forman «hendiduras» en su interior, de modo que los objetos más pequeños que se acercan a esa gran masa se desplazarán siguiendo la curva del espacio-tiempo que los rodea. El Sol, nuestra estrella más cercana, deforma de tal modo el espacio-tiempo que le rodea que nuestro diminuto planeta se ve obligado a desplazarse en torno a él. Y, como masa y energía son equivalentes, esto es aplicable a toda forma de energía (incluida la luz), lo que significa que, en presencia de una masa, todo se desvía, hasta la trayectoria de la luz.

En noviembre de 1919, a la edad de cuarenta años, Albert Einstein se convirtió de la noche a la mañana en una celebridad al corroborarse un eclipse solar que había pronosticado. La observación del planeta Venus en su perihelio (es decir, cuando su órbita se halla más cerca del Sol) y las mediciones de su posición confirmaron su predicción de que los rayos de luz procedentes de estrellas lejanas se verían desviados por la gravedad del Sol en una magnitud muy próxima a la estimada por él en su teoría de la gravitación, la teoría general de la relatividad. Entonces fue cuando se convirtió en un héroe. La humanidad, exhausta y apesadumbrada por las atrocidades de la Primera Guerra Mundial, necesitaba algún indicio de nobleza y dignidad, que se lo proporcionó un humilde genio científico que parecía exclusivamente interesado en la actividad intelectual pura y la búsqueda de la verdad.

La teoría general de la relatividad quizás haya sido el mayor salto de la

Albert Einstein (1879-1955), físico teórico nacido alemán, Premio Nobel y autor de las teorías general y especial de la relatividad.

imaginación científica de la historia. A diferencia de otros descubrimientos científicos, como el principio de la selección natural o el descubrimiento de la existencia física de los átomos, la relatividad general tenía poco fundamento en las teorías y experimentos de la época. Nadie más que Einstein pensaba en la gravedad como un equivalente de la aceleración, como un fenómeno geométrico o como una curvatura del espacio y del tiempo. Aunque resulta imposible saberlo con certeza, son muchos los físicos que creen que, en ausencia de Einstein y sus heterodoxos métodos de creatividad superior, podrían haber transcurrido varias décadas antes de que otro físico esbozase los conceptos y las matemáticas de la relatividad general.

Nikola Tesla

Nikola Tesla fue un inventor, ingeniero y físico serbio-estadounidense. Nació cerca de la medianoche del 9 al 10 de julio de 1856, durante una terrible tormenta eléctrica. Según cuenta su familia, la comadrona que asistió a su nacimiento se retorció las manos y afirmó que el rayo era un mal presagio. «Este niño será un hijo de las tinieblas –dijo, a lo que la madre de Tesla respondió–: No, será un hijo de la luz», una predicción que, a posteriori, resultó literalmente profética.

Durante su infancia, Tesla sufría de aterradoras pesadillas y, para alejarlas, visualizaba vívidamente escenas agradables, una práctica que le permitió desarrollar una extraordinaria capacidad de visualización tridimensional. Según parece, no tenía problema alguno en visualizar la forma y el funcionamiento de máquinas complejas (como, por ejemplo, el generador y el motor eléctrico), una capacidad que se intensificaba en la proximidad de campos eléctricos de millones de voltios. También tenía como mascota una paloma cuya presencia, según decía, multiplicaba mucho el poder de su imaginación.

Tesla tenía lo que se conoce como memoria fotográfica, una capacidad heredada de su madre. Era capaz de recordar libros e imágenes y acumularlas en su cabeza para sus inventos. Su prodigiosa memoria fotográfica le permitía concebir y esbozar mentalmente inventos completos, lo que generó alguna que otra confusión con otros inventores, ingenieros y financieros, que necesitaban ver sus ideas concretadas en papel.

Solo necesitaba dormir un par de horas por noche aunque, de vez en cuando, se echaba una siesta por la tarde. Afirmaba escuchar el sonido de una mosca posándose en alguna superficie de la habitación en que se hallara y oír los truenos de una tormenta que tuviera lugar a centenares de kilómetros de distancia. También padecía un grave trastorno obsesivo-compulsivo que le llevaba a aborrecer los objetos redondos y las joyas y no soportaba la visión de las perlas, hasta el punto de negarse a hablar con las mujeres que las llevaban. En cierta ocasión, su secretaria acudió al trabajo con un collar de perlas y, sin más contemplaciones, la mandó de vuelta a casa.

También era conocido por sus excesivos hábitos de aseo, derivados de una infección de cólera que padeció siendo adolescente y casi acaba con su vida. Sufría de misofobia (es decir, de miedo patológico a la suciedad), usaba guantes blancos y ordenaba a los camareros que le sirvieran la comida con dieciocho servilletas para poder limpiar bien los cubiertos antes de usarlos. También calculaba el volumen que ocupaba cada bocado de comida, plato o taza de café y solía contar sus pasos al caminar.

No soportaba «salvo que le obligaran a punta de pistola» tocar el pelo de otra persona y, exceptuando un romance estrictamente platónico con una mujer llamada Katherine Johnson, no se casó ni mantuvo otra relación duradera. Uno de sus biógrafos, un periodista que permaneció cerca de él en sus últimos años, calificó a Tesla como una persona «absolutamente célibe» y confirmó que rara vez dormía. En su autobiografía, también mencionó muchas de sus «experiencias extracorporales».

Doy a Tesla más espacio en este capítulo por el asombroso número y gigantesco alcance de los inventos descubiertos por su extraordinaria creatividad. Registró más de trescientas patentes, entre ellas la corriente alterna (CA), el generador eléctrico, el motor eléctrico, la bobina de Tesla (que generaba diferencias de potencial de millones de voltios) y la transmisión inalámbrica de electricidad. Tesla también patentó la radio antes que Marconi, aunque no llegó a elaborar el producto final y su trabajo se convirtió en el fundamento de los desarrollos del radar, el láser, los rayos X, la iluminación y la robótica, entre otros muchos.

En su autobiografía, Tesla comentó que al ver, de niño en su remota Croacia, una fotografía de las cataratas del Niágara, le dijo a su tío que algún día aprovecharía su energía, cosa que consiguió décadas más tarde y a lo que se refirió como una «coincidencia extraordinaria». Westinghouse Electric Corporation firmó con él un contrato para construir un gigantesco generador de corriente alterna en las cataratas del Niágara que hizo historia, porque transportaba corriente a la ciudad de Nueva York y suministraba una cantidad asombrosa de electricidad –15.000 caballos de vapor– para el alumbrado público y los tranvías de Búfalo, una localidad ubicada a unos 32 kilómetros de distancia, una hazaña por la que las cataratas del Niágara le recuerdan con un monumento en su nombre.

Tesla realizó una de sus exhibiciones más inolvidables en la Feria Mundial de Chicago de 1893 que iluminó con corriente alterna para Westinghouse. La exposición abarcaba algo más de 283 hectáreas, contó con 60.000 expositores y costó más de 25 millones de dólares. Una leyenda que le rodea afirma que Tesla provocó un terremoto en Manhattan y casi derrumba el barrio al conectar un oscilador electromecánico de su laboratorio a un pilar de hierro. Como si se tratara de un terremoto, la gente sintió las vibraciones y sus repercusiones a kilómetros de distancia. Un policía que registraba el edificio encontró a Tesla destruyendo con un mazo el pequeño aparato causante de los estragos. Tesla dijo entonces a los periodistas que, utilizando el oscilador, podría destruir en pocos minutos el puente de Brooklyn.

Nikola Tesla (1856-1943), inventor serbio-estadounidense, ingeniero eléctrico, físico, futurista y autor de más de 300 patentes.

Durante su estancia en Colorado Springs, Tesla realizó peligrosos experimentos con rayos y produjo una corriente tan intensa que prendió fuego a la central eléctrica de la ciudad, sumiéndola en la oscuridad. Para reparar los daños, Tesla envió a un equipo de ingenieros que, al cabo de una semana, habían devuelto la luz a la ciudad. Al parecer, sus experimentos también llegaban a modificar el clima de la zona.

Un capítulo doloroso de la vida de Tesla fue la complicada relación que mantuvo con su colega inventor y acérrimo enemigo Thomas A. Edison. La enemistad era tal que se hizo patente desde el mismo día en que se conocieron. En el centro de su conflicto se hallaba el desacuerdo sobre el tipo de electricidad que debía utilizarse. Edison se inclinaba por la corriente continua, que era más difícil de enviar a largas distancias porque requería centrales eléctricas aproximadamente cada kilómetro para ser «bombeada», mientras que Tesla lo hacía utilizando simples transformadores.

Su enfrentamiento subió de tono hasta el punto de que Edison, obstinado defensor de la corriente continua, empezó a electrocutar gatos y perros con corriente alterna frente al público para demostrarles su peligrosidad, a lo que Tesla contraatacó con espectáculos públicos en los que se utilizaba a sí mismo como conductor, dejando pasar centenares de miles de voltios de corriente alterna a través de su cuerpo hasta el punto de que horas después su ropa

Experimentos de Nikola Tesla con electricidad de alto voltaje.

seguía emitiendo ocasionalmente chispas y destellos. Al final, Tesla logró convencer a Edison de la superioridad de la corriente alterna como sistema de generación de energía.

Nikola Tesla, el genio que iluminó el mundo y cuyos descubrimientos en el campo de la corriente alterna hicieron avanzar a Estados Unidos y al mundo entero hacia la era industrial moderna, fue un pésimo negociador y hombre de negocios. Después de haber sido engañado en numerosas ocasiones, murió como un mendigo. Muchos científicos actuales creen que algunas de las ideas utópicas de Tesla servirán de inspiración para proyectos futuros que modificarán radicalmente nuestro uso de la energía.

Srinivasi Ramanujan

Aunque los casos mencionados hasta ahora están fundamentalmente asociados a la imaginación visual, una función muy potenciada en los estados holotrópicos, lo cierto es que la creatividad puede afectar también a operaciones complejas que requieren de un pensamiento lógico, como las matemáticas. En este sentido, Srinivasi Ramanujan, un aldeano sin estudios procedente de una familia pobre de la India, se vio catapultado a la vanguardia de las matemáticas después de una serie de sueños en los que la diosa del pueblo, Namagiri, le enseñó conocimientos matemáticos superiores.

Durante su rudimentaria educación, Ramanujan demostró poseer una capacidad extraordinaria para las matemáticas. A la edad de quince años, alguien le regaló un viejo manual de matemáticas que leyó y a partir del cual desarrolló algunos conocimientos matemáticos básicos. Sin embargo, esto resultó insignificante comparado con la extraordinaria cantidad de información matemática que la diosa Namagiri le impartía en sueños.

Después de varios intentos infructuosos de obtener una beca en las universidades públicas debido a su falta de formación general y a su ignorancia en cuestiones ajenas a las matemáticas, Ramanujan atrajo la atención de Ramachandra Rao, secretario de la Sociedad Matemática India. Rao, descrito como un «amante de las matemáticas», reconoció la excepcionalidad de los conocimientos matemáticos del joven, unos conocimientos que superaban los suyos y le abrió la puerta a los círculos matemáticos. Ramanujan envió su trabajo a G.C. Hardy, un famoso matemático de Cambridge con el que, desde entonces, mantuvo una nutrida correspondencia.

Srinivasa Ramanujan (1887-1920), uno de los mayores genios matemáticos indios.

Ramanujan fue invitado a Cambridge en varias ocasiones por destacados matemáticos que quedaron profundamente impresionados y fascinados por su extraordinario y poco ortodoxo talento, pero su madre se negó a dejarle marchar hasta que la diosa Namagiri le ordenó en sueños no interponerse en la carrera de su hijo. Pese a su mala salud y su prematura muerte a los treinta y tres años de lo que fue diagnosticado como tuberculosis o amebiasis hepática, Ramanujan realizó importantes contribuciones al campo de las matemáticas.

Asombró a los matemáticos de Cambridge por su capacidad de saber al instante la solución de problemas complejos sin necesidad de desarrollarlos siquiera. Y, cuando se le preguntaba cómo sabía la respuesta, se limitaba a responder: «Simplemente me vino a la mente». A veces tardaba horas y hasta meses en llegar a explicar lo que se le había ocurrido en un instante. Profundamente religioso, Ramanujan atribuía su extraordinarias habilidades matemáticas a la divinidad. En cierta ocasión dijo: «Una ecuación que no exprese un pensamiento de Dios carece, para mí, de todo sentido».

El matemático y descifrador de códigos Max Newman dijo, a propósito de Ramanujan: «Llegó a Inglaterra al tanto –y a menudo por delante– del conocimiento matemático contemporáneo y, en un solo paso, logró recrear, en su campo, sin ayuda y por cuenta propia, medio siglo de matemáticas europeas. Tengo mis dudas de que, en la historia del pensamiento, se hayan realizado hazañas tan prodigiosas como las que llevó a cabo Ramanujan».

Un ejemplo extraordinario de creatividad superior que se sirve de las fuentes arquetípicas medievales nos lo proporciona el caso de Wolfgang Pauli, un brillante físico teórico austro-suizo y ganador del Premio Nobel cuya amistad y cooperación con C.G. Jung ya hemos mencionado (pág. 50). Pauli se inspiró en las imágenes y motivos arquetípicos que encontró en su rica vida onírica para resolver los difíciles problemas de la física y la electrodinámica cuántica. También rescató ideas importantes para su trabajo de los textos alquímicos y las ilustraciones del médico inglés, teósofo y rosacruz del siglo xvi, Robert Fludd (Miller, 2009).

Inspiración para las grandes religiones

Todas las grandes religiones y sistemas espirituales del mundo se han inspirado y sostenido en las experiencias holotrópicas de sus fundadores, así como de sus profetas, santos y místicos. Estas experiencias revelan la existencia de dimensiones numinosas de la realidad que han servido de fuente de todos los grandes movimientos religiosos.

El Buda Gautama

Meditando en Bodh Gaya bajo el árbol Bo, el Buda Gautama tuvo una sobrecogedora experiencia visionaria de Kama Mara, el maestro de la ilusión, que trató de disuadirle de su búsqueda espiritual exponiéndole a la seducción de sus tres lascivas y voluptuosas hijas, infundiéndole terror y atacándole con huracanes, lluvias torrenciales y su formidable ejército. Después de enfrentarse y superar con éxito todas esas tentaciones y ataques, el Buda alcanzó la iluminación y el despertar espiritual. En otras ocasiones, también visualizó y revivió la larga cadena de sus encarnaciones anteriores y experimentó una profunda liberación de las ataduras kármicas, experiencias que se convirtieron en una importante fuente de inspiración para sus enseñanzas.

Mahoma

El texto islámico *Miraj Nameh* nos proporciona una descripción del «milagroso viaje de Mahoma», un poderoso estado visionario durante el cual el arcángel Gabriel acompañó a Mahoma en un viaje por los siete cielos musulmanes, el paraíso y el infierno (*Gehenna*). Durante ese viaje, Mahoma experimentó un estado descrito como «éxtasis próximo a la aniquilación» y tuvo una «audiencia» con Alá, que le transmitió un mensaje directo. Esta experiencia y otros estados místicos que tuvo a lo largo de veinticinco años acabaron convirtiéndose en la inspiración de las *suras* del Corán y de la fe musulmana.

Visionarios bíblicos

Los episodios bíblicos de la zarza ardiente de Moisés en el monte Sinaí, la interacción de Abraham con el ángel, la visión colectiva de los israelitas de Yahvé entre las nubes y la de Ezequiel del carro en llamas son algunos de los ejemplos de la tradición cristiana del Antiguo Testamento que ilustran este tipo de experiencias. Por su parte, el Nuevo Testamento nos habla del retiro de cuarenta días de Jesús en el desierto y de su rechazo a las tentaciones a la que le sometió el diablo prometiéndole todos los reinos del mundo si demostraba ser el Hijo de Dios convirtiendo en pan las piedras y saltando desde lo alto del templo.

Otros ejemplos famosos al respecto son la visión cegadora que tuvo Saulo camino de Damasco y la visión del Apocalipsis de san Juan en su cueva en la isla de Patmos. Y son muchos también los casos en los que la Biblia nos ofrece ejemplos de comunicación directa con Dios y con los ángeles. Las visiones de Santa Teresa de Ávila e Hildegard von Bingen, las tentaciones de san Antonio y las experiencias visionarias de muchos otros santos y padres del desierto son episodios bien documentados de la historia cristiana.

Helen Schucman y *Un curso de milagros*

Pero estas revelaciones y comprensiones espirituales no se limitan a la historia remota, sino que han continuado hasta nuestros días. A menudo se reciben de una fuente concreta, como un ser incorpóreo, un guía espiritual, una figura arquetípica o hasta Dios. Un ejemplo extraordinario de creatividad superior perteneciente a esta categoría nos la proporciona la historia de Helen Schucman, psicóloga clínica y de investigación y profesora adjunta de psicología médica de la Universidad de Columbia en Nueva York.

En un momento de gran tensión emocional y de problemas de relación con su amigo y jefe Bill Thetford empezó a tener visiones y sueños cargados de imágenes simbólicas y de escuchar lo que ella llamaba «la Voz» (que, para su sorpresa y consternación, se presentó como Jesús) que parecía estar transmitiéndole un mensaje en una suerte de comunicación telepática que trascendía las palabras.

Helen, que era judía, científica atea, psicóloga, educadora y trabajaba en un entorno académico muy prestigioso, se horrorizó al pensar que estaba experimentando un brote psicótico. Luego se dio cuenta de que la Voz citaba con gran detalle largos pasajes de la Biblia que ella no había leído y hacía comentarios lingüísticos muy acertados sobre errores de traducción cuya veracidad pudo verificar posteriormente.

Helen Schucman (1901-1981), psicóloga clínica e investigadora de la Universidad de Columbia en Nueva York, canalizó el libro *Un curso de milagros*.

Siguiendo la sugerencia y el estímulo de Bill, Helen empezó a tomar nota taquigráfica de esos mensajes en un cuaderno que, al día siguiente, leía a Bill y él acababa pasando a máquina. Helen podía interrumpir la escritura en cualquier momento y retomarla más tarde. Y, cuando decidió embarcarse en ese gigantesco proyecto, se sorprendió al comenzar su escrito con la frase «Este es un curso de milagros» y sentía que se trataba de una misión especial que «de alguna manera había asumido en algún lugar y en algún momento».

El resultado de esta cooperación entre Helen y Bill fue un grueso manuscrito titulado *Un curso de milagros*, un libro que contenía un programa de autoestudio que prometía ayudar a sus lectores a llevar a cabo una transformación espiritual (Anónimo, 1975). La afirmación subyacente de la obra es que el mayor de los «milagros» consiste en cobrar plena «conciencia de la presencia del amor» en la vida. Y, por más que temiese que creyeran que se había vuelto loca y que ello arruinase su reputación académica, Helen hizo caso al fuerte impulso de publicar ese manuscrito y compartirlo con el mundo.

Cuando finalmente vio la luz, *Un curso de milagros* no tardó en convertirse en un auténtico superventas entre los psicólogos transpersonales y entre el público en general. Y a este libro no tardaron en seguirle el *Libro de ejercicios*, un volumen que consta de 365 lecciones, cada una de las cuales presenta un ejercicio para cada día del año, y un *Manual para el maestro*, tres volúmenes de los que se han vendido más de dos millones de ejemplares y que se han traducido a más de treinta idiomas.

Roberto Assagioli

Hay veces en que fuentes identificadas como espirituales se transmiten en lenguaje psicológico. Esto fue precisamente lo que ocurrió en el caso de Roberto Assagioli, un psiquiatra italiano pionero en el campo de las psicologías humanista y transpersonal que creó una escuela psicológica conocida como psicosíntesis, que integra la psicología y la espiritualidad. Varios meses antes de su muerte, tuve el privilegio de pasar un día con él en su casa de Florencia y, como he señalado en el volumen 1 de esta enciclopedia, me comentó algo de lo que hasta entonces no había hablado ni escrito oficialmente: algunas de las ideas básicas de su sistema psicoterapéutico las había recibido canalizando los mensajes de un guía espiritual que se hacía llamar el Tibetano y que, en su opinión, era la misma entidad a la que Alice Bailey atribuyó la

Roberto Assagioli (1887-1974), psicoterapeuta italiano, pionero de las psicologías humanista y transpersonal y fundador de la escuela psicológica llamada psicosíntesis.

autoría de la voluminosa serie de sus libros. Pero, a diferencia de lo que había sucedido con Alice Bailey, que recibió los mensajes en términos metafísicos, Assagioli los recibió en un lenguaje psicológico.

Carl Gustav Jung

Algo parecido le ocurrió a C.G. Jung en la época de su tormentosa «emergencia espiritual» durante la cual estableció contacto con varias entidades fantásticas con las que mantuvo intercambios muy interesantes. La más importante de esas entidades fue un guía espiritual que afirmó llamarse Filemón. Jung lo vio por primera vez en un sueño como un anciano con alas de martín pescador y cuernos de toro que se desplazaba por el cielo portando un manojo de llaves. Esa imagen llamó poderosamente su atención porque, debido a una extraña sincronicidad, había encontrado muerto en el jardín de su casa un martín pescador, un ave que rara vez se ve en los alrededores de Zúrich. Jung entabló una estrecha relación con Filemón y mantuvo largas conversaciones durante sus paseos por la orilla del lago con ese espíritu guía, que parecía tener una existencia independiente y cuya inteligencia era superior a la suya. Jung, como Assagioli, atribuyó a Filemón algunas de las ideas importantes de sus enseñanzas y recopiló sus experiencias con esas entidades fantásticas en su legendario *Libro rojo* (Jung, 2009).

Jung también experimentó otro episodio extraordinario de creatividad superior. Concluida la experiencia con Filemón, empezó a tener la sensación de que su casa estaba tan llena de espíritus que, en ocasiones, tenía problemas para respirar. Hay que decir que otros miembros de su familia compartían esa misma sensación de que en la casa estaban ocurriendo cosas extrañas. Su hija mayor afirmó haber visto una figura blanca en su habitación y su segunda hija dijo que, en un par de ocasiones, le habían arrebatado las mantas en mitad de la noche. Esa misma noche, su hijo de nueve años tuvo una pesadilla y, al despertar, pidió lápices de colores (cosa que nunca hacía) e

C.G. Jung (1875-1961), psiquiatra suizo pionero de la psicología profunda en su despacho de Küssnacht.

hizo un espeluznante dibujo en el que un ángel y un demonio luchaban por el alma de un pescador.

En otro momento, el timbre de la puerta empezó a sonar insistentemente, pero, cuando la criada abrió, no había nadie en el umbral. Y cuando, en uno de sus trances, Jung preguntó qué significaba todo eso, la respuesta de los espíritus fue: «Hemos vuelto de Jerusalén, donde no hemos encontrado lo que buscábamos». Entonces Jung se sentó y empezó a escribir a un ritmo frenético y, nada más comenzar, se disipó el hechizo. Durante tres días escribió un ensayo que acabó viendo la luz con el título de *Septem Sermones ad Mortuos* («Siete sermones a los muertos»), que quizás sea el más fascinante de sus escritos, un texto firmado por el filósofo gnóstico alejandrino Basílides en el que se esbozan los principios básicos de la tradición gnóstica. Este ejemplo de escritura automática liberó a Jung de un grave bloqueo que le había mantenido tres años sin poder escribir.

Rainer Maria Rilke

El poeta austro-bohemio Rainer Maria Rilke escribió sus *Sonetos a Orfeo*, un ciclo de cincuenta y cinco sonetos inspirados en *La metamorfosis* de Ovidio, en tres semanas durante las que atravesó lo que calificó como una «desbocada tormenta creativa». Tardó unos pocos días en completar la primera sección de veintiséis sonetos y, durante los días siguientes, se centró en las *Elegías de Duino*, una obra con la que llevaba varios años luchando y durante los cuales experimentó una depresión paralizante.

Acabada la obra, Rilke retomó el manuscrito de los *Sonetos* y completó, en su forma definitiva, sin tener que cambiar una sola coma, la siguiente sección de veintinueve sonetos. Al escribir a su antigua amante, Lou Andreas Salomé, se refirió a este episodio de tres semanas como «una tormenta sin límites, un huracán del espíritu» y, con respecto al impacto que le provocó, dijo: «lo que hay dentro de mí es como trama y urdimbre, armazón, todo se agrieta y se dobla. Sin pensar en la comida».

Elias Howe

Pero la creatividad superior no siempre se traduce en descubrimientos merecedores de un Premio Nobel o en composiciones musicales que acaben fascinando a las generaciones venideras. También puede presentarse en situaciones relativamente mundanas, como ilustra el presente ejemplo que encierra además un elemento humorístico. El caso es que Elias Howe llevaba varios años tratando, sin conseguirlo, de construir una máquina de coser utilizando agujas que tenían el agujero en el centro de la caña.

La solución a ese problema que le acuciaba le llegó en forma de una pesadilla en la que se vio capturado por unos nativos y llevado ante su rey. El monarca le rugió: «¡Te ordeno bajo pena de muerte que acabes de una vez esa máquina!». Y, cuando le llevaban horrorizado a su ejecución, advirtió que los guerreros tenían lanzas con un agujero en forma de ojo en la cabeza, momento en el cual se dio cuenta de que había encontrado la solución al problema y de que las agujas de su máquina debían tener el ojo cerca de la punta. Así fue como, apenas despertó, hizo un modelo de la aguja con el agujero en la punta y finalmente pudo llevar a buen puerto el proyecto en el que estaba embarcado.

Creatividad superior en el campo de la música

La historia de la música abunda también en ejemplos de este tipo de creatividad. Una noche de 1713, Giuseppe Tartini, compositor y violinista veneciano, soñó que había hecho un pacto con el diablo y le había entregado su alma. Todo iba a pedir de boca y su nuevo sirviente se anticipaba a todos sus deseos. Entre otras cosas, tuvo la idea de darle su violín y pedirle que tocara alguna hermosa tonada, después de lo cual dijo: «Grande fue mi asombro al escuchar una sonata tan hermosa, ejecutada con tal maestría e inteligencia y a un nivel tan elevado que ni en los vuelos más audaces de mi imaginación hubiera concebido posible». El impacto que le provocó ese sueño fue tan intenso que se quedó sin aliento y despertó.

Aunque inmediatamente tomó su violín y trató de retener, al menos en parte, la hermosa música de su sueño, no lo consiguió y ni siquiera pudo acercarse a lo que acababa de escuchar. Pese a ello consideraba la música que en ese momento había compuesto como la más excelsa de toda su vida y la llamó «el trino del Diablo». Sin embargo, la diferencia entre esa obra y la que había escuchado en sueños era tal que se sintió tentado a dejar de tocar el violín, una tentación a la que renunció apenas se dio cuenta de que no podría vivir sin el placer que le proporcionaba la música.

Giacomo Puccini atribuyó a Dios su obra maestra *Madame Butterfly* y dijo al respecto: «Yo no escribí *Madame Butterfly*, fue Dios el que lo hizo. Yo solo puse la pluma». Wolfgang Amadeus Mozart contaba que sinfonías enteras aparecían en su cabeza en su forma final y que lo único que tenía que hacer era transcribirlas. Richard Wagner supuestamente alucinó la música que estaba escribiendo y, en una conversación con el original compositor Engelbert Humperdinck que tuvo lugar en 1880, dijo a este respecto: «La educación atea es fatal. Ningún ateo ha creado nunca nada valioso, grande y duradero».

La misma opinión expresó Johannes Brahms en una conversación con el violinista Joseph Joachim en la que dijo: «Conozco a varios jóvenes compositores que son ateos. He leído sus partituras y te aseguro, Joseph, que carecen de toda inspiración y están condenadas al olvido. Son obras exclusivamente cerebrales... Ningún ateo ha sido ni será nunca un gran compositor». Y Charles François Gounod respondió a una admiradora, que le preguntó cómo podía inventar melodías tan hermosas: «Dios, Madame, me envía a algunos de sus ángeles que me susurran dulces melodías al oído».

El efecto de las substancias químicas en la creatividad

El poeta romántico inglés Samuel Taylor Coleridge era consumidor habitual de opio (*láudano*), que le habían recetado como analgésico, relajante y antidepresivo para tratar el reumatismo y otras dolencias que le aquejaban. Su poema «Xanadú» se inspiró en visiones inducidas por el opio del legendario palacio imperial de Kublai Khan, el nieto de Gengis Khan. Finalizado el sueño del opio tenía, en su mente, el poema completo, pero una visita inesperada interrumpió su transcripción espontánea y el poema quedó como un fragmento inconcluso.

Bajo los efectos del opio compuso también Hector Berlioz su *Sinfonía fantástica* que Leonard Bernstein calificó, debido a su naturaleza alucinante y onírica, como la primera expedición musical a la psiquedelia. Según Bernstein, en el movimiento de la sinfonía llamado *Marcha al patíbulo* que describe el paseo del camino del compositor hacia su propia ejecución: «Berlioz lo muestra tal como es. Haces un viaje y acabas gritando en tu propio funeral».

Psiquedelia y creatividad

Especial atención merece el extraordinario efecto de las substancias psiquedélicas sobre la creatividad. Durante la década de 1960, Willis Harman, Robert McKim, Robert Mogar, James Fadiman y Myron Stolaroff llevaron a cabo un estudio piloto con un grupo de veintiséis personas de gran talento sobre los efectos de los psiquedélicos en el proceso creativo, administrando mescalina como potenciadora de la inspiración y la solución de problemas. Entre ellos había físicos, matemáticos, arquitectos, psicólogos, un diseñador de muebles, un artista comercial y un director de ventas, diecinueve de los cuales carecían de experiencia previa con psiquedélicos (Harman *et al.*, 1966).

Cada participante debía seleccionar un problema que quisiera resolver y en el que llevase trabajando al menos tres meses. Los participantes informaron de las siguientes experiencias relativas a una mejora de su funcionamiento: menor inhibición y ansiedad, capacidad de reenmarcar los problemas en un contexto más amplio, mayor fluidez y flexibilidad ideativa, mayor imaginería visual y fantasía, mayor capacidad de concentración, más empatía, acceso a datos inconscientes, y motivación para visualizar la solución completa y llegar a una conclusión.

Como ya hemos comentado en otro capítulo, James Fadiman está llevando a cabo un estudio sobre la microdosificación con LSD para la mejora del funcionamiento normal (Fadiman, 2017). La microdosificación (o dosis subperceptiva) significa tomar una dosis subumbral, algo que, en el caso del LSD, es de 10 a 20 μg. Su objetivo no pretende alcanzar un estado no ordinario de conciencia, sino mejorar el funcionamiento cognitivo y ejecutivo (el llamado efecto nootrópico). Entre los voluntarios que participan en el estudio hay una gran variedad de profesionales de los ámbitos científico y artístico. Los primeros resultados de ese experimento sugieren que los sujetos siguen funcionando normalmente, pero con mayor claridad emocional y concentración creativa.

En 1993, el biólogo molecular y químico del ADN Kary Mullis recibió el Premio Nobel por su desarrollo de la reacción en cadena de la polimerasa (PCR) que permite la amplificación de secuencias concretas del ADN y ha acabado convirtiéndose en una técnica fundamental en los campos de la bioquímica y la biología molecular. Durante un congreso celebrado en Basilea con motivo del centenario de Albert Hofmann, este reveló que Kary Mullis le había confesado la influencia del LSD en su descubrimiento. En una entrevista aparecida en 1994 en *California Monthly*, Mullis afirmó que, en los años 60 y comienzos de los 70, había tomado «mucho LSD», al que calificó como «el más importante –con diferencia– de todos los cursos a los que he asistido».

Francis Crick, padre de la moderna genética y galardonado también con el Premio Nobel, empleaba a menudo pequeñas dosis de LSD para potenciar el poder de su pensamiento. Parece que, en cierta ocasión, le contó a su amigo Kemp haber tenido una visión de la molécula de ADN de doble hélice durante una experiencia de LSD, lo que le ayudó a desentrañar su estructura, un descubrimiento por el que se vio recompensado con el Premio Nobel.

En su libro de no ficción *What the Dormouse Said: How the Sixties Counterculture Shaped the Personal Computer Industry*, John Markoff esbozó una historia del ordenador personal que demostraba la existencia de una relación directa entre el consumo de psiquedélicos durante la contracultura estadounidense de los años 50 y 60 y el desarrollo de la industria informática (Markoff, 2005). Steve Jobs dijo que tomar LSD había sido una de las dos o tres cosas más importantes que había hecho en su vida. Afirmó que la gente que le rodeaba y no compartía sus raíces contraculturales ni había tomado LSD no podía seguir ni entender el proceso de su pensamiento.

Douglas Engelbart, uno de los pioneros de la informática y de internet, que inventó el ratón y la técnica de «copiar y pegar», fue uno de los muchos ingenieros que participaron en sesiones guiadas de LSD en un estudio, llevado a cabo por la Fundación Internacional de Estudios Avanzados (IFAS) fundada por Myron Stolaroff, destinado a determinar la relación que existe entre el LSD y la mejora de la creatividad. Su conclusión fue que el LSD mejora el proceso creativo y creía que había inspirado grandes avances en la inteligencia colectiva.

Mark Pesce, coinventor del VRML, el lenguaje de codificación de la realidad virtual, coincide también en la existencia de una clara relación entre la expansión química de la mente y los avances de la tecnología informática. En su opinión: «Independientemente de que sean hombres o mujeres, todas las personas que están detrás de la realidad virtual han probado el ácido». Kevin Herbert, que trabajó en sus inicios para CISCO Systems, afirmó haber resuelto los problemas técnicos más difíciles a los que se había enfrentado mientras viajaba al ritmo de los solos de tambor de Grateful Dead.

En este sentido dijo: «Cuando estoy bajo los efectos del LSD y escucho algo que es puro ritmo, me traslado a otro mundo y a otro estado cerebral en el que dejo de pensar y empiezo a saber». También dijo: «Debe estar cam-

Kary Mullis (1944-2019), bioquímico estadounidense ganador del Premio Nobel que inventó la reacción en cadena de la polimerasa (PCR), que ha acabado convirtiéndose en la técnica central de la bioquímica y de la biología molecular, un descubrimiento que atribuyó a sus experimentos con el LSD (arriba izquierda); Francis Crick (1916-2004), biólogo molecular británico, biofísico y neurocientífico que descubrió, junto a James Watson, la estructura de doble hélice del ADN (arriba derecha); Douglas Engelbart (1925-2013), ingeniero e inventor estadounidense, pionero de los ordenadores e internet y creador del ratón de ordenador (abajo izquierda), y Steve Jobs (1955-2011), inventor estadounidense, diseñador y empresario y cofundador, director ejecutivo y presidente de Apple Computer (abajo derecha).

biando algo en la comunicación interna de mi cerebro. Sea cual sea el proceso interno que me permite resolver los problemas, mi cerebro funciona de manera diferente o quizás se activen partes diferentes de él». Cuando Herbert debe tomar una decisión profesional importante o resolver un problema de programación especialmente difícil recurre al LSD-25. Su intervención también fue decisiva para que no siguiera sometiéndose a pruebas de drogas a los empleados de CISCO.

La neuroimagen del cerebro que se halla bajo la influencia de los psiquedélicos

Substancias psiquedélicas como el LSD, la psilocibina y la mescalina pueden tener efectos muy profundos sobre la invención y la creatividad. Las modernas técnicas de neuroimagen ponen de relieve la presencia de cambios funcionales que se corresponden con una apertura y un aumento de la comunicación entre diferentes regiones cerebrales. Para poner de relieve lo que sucede en el cerebro como resultado de la toma de psiquedélicos suelen utilizarse escáneres cerebrales como la resonancia magnética funcional (RMNf) (que determina la actividad cerebral registrando los cambios provocados por el flujo sanguíneo) y la magnetoencefalografía (MEG) (que mide los campos magnéticos producidos por las corrientes eléctricas del cerebro).

Son muchas y muy notables las diferencias que nos revelan estas técnicas cuando comparamos las vías de comunicación que existen entre diferentes regiones cerebrales activadas después de la toma de un placebo y de la toma de psilocibina. La comunicación interneuronal del cerebro que se halla bajo los efectos de un placebo se limita a regiones muy concretas del cerebro que forman grupos de neuronas estrechamente conectadas conocidos con el nombre de «camarillas neuronales». En el caso del cerebro que se halla bajo la influencia de la psilocibina, por su parte, la comunicación entre regiones pertenecientes a camarillas diferentes es mucho mayor e incomparablemente más abierta y libre, al tiempo que se advierte la presencia de menos camarillas neuronales (Carhart-Harris, 2016). Esta comunicación cerebral libre y sin trabas es capaz de superar bloqueos emocionales y conceptuales y dar origen a conexiones inesperadas y a nuevas ideas. Es muy probable que este sea el mecanismo subyacente a las mejoras observadas tras la administración de psiquedélicos no solo en lo que respecta a la creatividad, sino también en la profundización y aceleración del proceso psicoterapéutico. Los cambios que se advierten en el cerebro que se halla bajo el efecto de los psiquedélicos parecen ser funcionalmente similares a los que tienen lugar en el cerebro de los bebés, con una mayor sensación de frescura, novedad y curiosidad pero sin perder, por ello, la inteligencia del cerebro adulto.

Bibliografía

Anónimo 1975. *A Course in Miracles*. New York: Foundation for Inner Peace.
Capra, F. 1975. *The Tao of Physics*. Chicago, IL: University of Chicago Press.
Carhart-Harris, R. 2016. «Psychedelics: Lifting the Veil». San Raphael, CA: TEDxWarwic.
Carhart-Harris, R. *et al.*, 2016. «Neural correlates of the LSD experience revealed by multimodal neuroimaging». *Proceedings of the National Academy of Sciences* 113.17: 4853-4858.
Descartes, R. 1960. *Discourse on Method and Meditations*. New York: The Liberal Arts Press.
Fadiman, F. 2017. A Researcher Wants to Test the Effects of Microdosing on Cognitive Ability and Productivity. *Futurism*, 10 de agosto.
Franck, F. 1976. *Book of Angelus Silesius*. New York: Random House.
Frank, P. 1957. *Philosophy of Science*. Englewood-Cliffs, NJ: Prentice Hall.
Gardner, H.E. 1993. *Creating Minds: An Anatomy of Creativity Seen Through the Lives of Freud, Einstein, Picasso, Stravinsky, Eliot, Graham and Gandhi*. New York: Basic Books.
Hadamard, J. 1945. *An Essay on the Psychology of Invention in the Mathematical Field*. Princeton NJ: Princeton University Press.
Harman, W. *et al.* 1966. «Psychedelic Agents in Creative Problem-Solving: A Pilot Study». *Psychological Reports*. 1966 agosto:19(1): 211-2.
Harman, W. 1984. *Higher Creativity: Liberating the Unconscious for Breakthrough Insights*. Los Angeles, CA: J. P. Tarcher.
Jung, C.G. 2009. *The Red Book: Liber Novus*. New York/London: W. W. Norton & Co.
Keynes, J.M. 1946. *Newton, the Man*. http://www-history.mcs.st-and.ac.uk/Extras/Keynes_Newton.html
Kuhn, T. 1962. *The Structure of Scientific Revolutions*. Chicago, IL: University of Chicago Press.

Markoff, J. 2005. *What the Dormouse Said: How the Sixties Counterculture Shaped the Personal Computer Industry*. New York: Viking Press, Penguin Group (USA) Inc.

Miller, A. 2009. *Deciphering the Cosmic Number: The Strange Friendship of Wolfgang Pauli and Carl Jung*. New York: W. W. Norton & Co.

Nietzsche, F. 1992. *Ecce Homo*. New York: Penguin Classics.

Petri, Giovanni *et al*. 2014. «Homological scaffolds of brain functional networks». *Journal of The Royal Society Interface* 11.101: 20140873.

Schilpp, P. (ed). 1949. *Albert Einstein: Philosopher-Scientist*. Evanston IL: Library of Living Philosophers.

Wertheimer M. 1945. *Productive Thinking*. New York: Harper.

XI. Los arquetipos: *principios guía de la psique y el cosmos*

Los arquetipos son pautas cósmicas primordiales, principios rectores universales que funcionan como plantillas para enfrentarnos a cuestiones concretas del mundo material. Como señaló el psicólogo junguiano James Hillman en su revolucionario *Re-Visioning Psychology*, el término arquetipo es aplicable a un amplio abanico de objetos, procesos y situaciones (Hillman, 1977). Puede tratarse, por ejemplo, del potencial inmaterial de las estructuras que establece el tipo de cristalización que asume una substancia disuelta; de las pautas que determinan la forma de los copos de nieve o los cristales de hielo en el cristal de una ventana; de la conducta instintiva de los animales; de los géneros y estereotipos literarios; de los síndromes básicos de la psiquiatría; de los modelos paradigmáticos de pensamiento científico y de las figuras, rituales y relaciones de los que nos habla la antropología del mundo entero.

Son muchas las metáforas que se han utilizado para describir los arquetipos. Según Hillman, «no hay lugar sin dioses ni actividad que no los represente. Cada fantasía y cada experiencia tiene su razón arquetípica. No hay nada que no pertenezca a un Dios u otro». En este capítulo veremos los aspectos más relevantes de los arquetipos para los psiconautas que llevan a cabo viajes interiores y para quienes trabajan con estados holotrópicos de conciencia.

El término griego ἀρχέτυπος significa «molde primordial» (de ἀρχή, que significa «principio» u «origen», y τύπος, que significa «pauta», «modelo» o «tipo»). En este sentido, se trata de plantillas universales abstractas que aunque, en sí mismas, sean transfenoménicas, se manifiestan en formas y niveles muy diferentes. En su libro *Cosmos y psique. Indicios para una nueva visión del mundo* (Tarnas, 2006), Richard Tarnas mencionó tres formas diferentes de contemplar los arquetipos:

1. como *principios mitológicos* (Homero, tragedia griega, mitología mundial);
2. como *principios filosóficos* (filosofía de Sócrates, Platón y Aristóteles), y
3. como *principios psicológicos* (psicología de C.G. Jung).

La expresión mitológica de los arquetipos se remonta a los albores de la historia de la humanidad. Han desempeñado un papel fundamental en el conocimiento chamánico y en la vida ritual y espiritual de las culturas antiguas y nativas. La figura del chamán, en sí misma, es un arquetipo que se ha manifestado a lo largo de los tiempos en grupos y países muy diversos. Son muchas las versiones e inflexiones que ha asumido el arquetipo universal del chamán desde su origen, que probablemente se remonte entre 30.000 y 40.000 años atrás, hasta plena era paleolítica.

En el capítulo dedicado a la historia de la psiconáutica hemos hablado de las imágenes de chamanes paleolíticos que adornan las paredes de las cuevas del sur de Francia (el hechicero y el maestro de las bestias de Les Trois Frères, el chamán de la escena de caza de la cueva de Lascaux y la bailarina de Le Gabillou). Otras figuras arquetípicas del Paleolítico son las imágenes de Venus y las estatuillas que simbolizan la fertilidad femenina (Venus de Willendorf, Venus de Dolní Věstonice, Venus de Laussel, Venus de Hohle Fels, Venus impúdica y muchas otras).

La crisis iniciática que atraviesan los aprendices de chamán de muchas culturas comparten secuencias arquetípicas características, como el viaje al inframundo, el ataque de los espíritus malignos, pruebas emocionales y físicas y experiencias de aniquilación, desmembramiento y muerte y renacimiento psicoespiritual, seguidas de un viaje mágico al reino solar. Muchas culturas cuentan con una rica imaginería escatológica que incluye el viaje póstumo del alma, las moradas del más allá (paraísos, cielos e infiernos) y escenas de juicio final. En este sentido resulta especialmente rica la iconografía presente en los antiguos libros de los muertos (*Bardo Thödol* tibetano, el *Pert em Hru* egipcio, *las imágenes cerámicas de los muertos* maya, el *Códice Borgia* azteca y el *Ars Moriendi* europeo) (Grof, 1994 y 2006b). También son muchas, en la India, las esculturas, relieves, tallas y pinturas arquetípicas de este tipo.

El arte y la sofisticación del simbolismo arquetípico alcanzaron su expresión culminante en las tradiciones tántricas de las tres principales religiones de la India: el hinduismo, el budismo y el jainismo. Son muchas y muy complejas las pinturas y esculturas figurativas que representan la dinámica del poder de la serpiente (*kundalini*), los mapas del cuerpo sutil y sus centros energéticos (*chakras*), los diferentes aspectos de las dos principales deidades del Tantra (Shiva y Mahakali) y los distintos estadios de la cosmogonía y el viaje espiritual (Mookerjee y Khanna, 1977).

El intrincado simbolismo abstracto tántrico permite representar deidades y temas espirituales en forma de *yantras*, es decir, imágenes abstractas compuestas de puntos, líneas, triángulos, cuadrados, espirales y flores de loto estilizadas. El Vajrayana (budismo tibetano Mahayana) recurre a pinturas en rollo llamadas *thangkas* que se utilizan como apoyo para la enseñanza y la meditación. Se trata de *mandalas*, imágenes complejas que combinan el simbolismo geométrico con una rica iconografía arquetípica figurativa. Muchas de ellas representan escenas de los *bardos*, es decir, del estado intermedio entre una encarnación y la siguiente. También encontramos una iconografía similar en los budismos chino y japonés representando deidades pacíficas e iracundas, cielos e infiernos y episodios de la vida de Buda y sus encarnaciones anteriores (*jatakas*), entre otros muchos motivos.

Las culturas antiguas como Egipto, Babilonia, Asiria, América del Norte y la América prehispánica, los reinos y tribus africanas y los aborígenes australianos, entre otros, contaban asimismo con ricos panteones de figuras, reinos e historias arquetípicas. En las epopeyas homéricas y el drama griego, los arquetipos adoptan la forma de dioses (*archai*), semidioses y héroes legendarios, como Zeus, Hera, Poseidón, Hades, Apolo, Artemisa, Afrodita, Hermes, Heracles, Jasón, Teseo o los centauros. La mitología griega también nos proporciona complejas escenas arquetípicas, como los festines de los dioses en el Olimpo, escenas en Tártaros, el inframundo y los paradisíacos Campos Elíseos, la batalla de los titanes con los dioses del Olimpo y los trabajos de Hércules. La riqueza de este mundo arquetípico sirvió de inspiración a los escultores y pintores griegos y a los artistas del Renacimiento italiano.

La cultura griega contempló una visión diferente de los arquetipos que consistía en considerarlos principios filosóficos. No en vano, la tendencia a

James Hillman (1926-2011), psicólogo junguiano estadounidense y fundador de la psicología arquetípica.

interpretar el mundo en términos de principios arquetípicos fue uno de los rasgos más llamativos de la filosofía y la cultura griegas. Esta visión clásica de los arquetipos fue esbozada por Platón basándose, para ello, en las primeras discusiones filosóficas sobre si el principio universal (*archai*) de los presocráticos (Heráclito, Tales, Anaxímenes y Anaximandro) era el fuego, el agua, el aire o una materia infinita e indeterminada (*apeiron*). Platón también se basó en las enseñanzas de Pitágoras sobre las formas matemáticas trascendentes y, sobre todo, en la sabiduría de su maestro Sócrates.

Para Platón, los arquetipos eran principios universales y trascendentes que pertenecen a un orden superior al mundo de los particulares y configuran y dan forma al mundo material. En la terminología de Platón, los arquetipos recibían el nombre de *ideas* o *formas*, términos que provienen de la palabra griega *eidos*, que no significaba «idea» en el sentido en que actualmente lo entiende el mundo occidental (como producto de una psique humana individual), sino «pauta», «cualidad esencial» o «naturaleza» de algo. Los arquetipos poseían una existencia independiente en un «reino ubicado más allá del cielo» (*huperouranios topos*) inaccesible a los sentidos ordinarios. Podían ser experimentados por los iniciados en los antiguos misterios en estados holotrópicos de conciencia y durante la incubación en los templos de Apolo o aprehendidos por el *intelecto iluminado* (es decir, no por el *Verstand*, sino por el *Vernunft* alemán).

En el *Timeo*, Platón dice que el único conocimiento real es el conocimiento de las «formas». La Forma «permanece inmutable, no ha llegado a la existencia y tampoco ha sido destruida» (Platón, 1988). Algo, por ejemplo, es hermoso en la medida en que participa del arquetipo de la Belleza o en que, en ello, está presente ese arquetipo. Considerado en sí mismo, sin embargo, el arquetipo de la Belleza es eterno, sin que pueda agregársele ni sustraérsele nada.

Pero el concepto de arquetipo (Forma o Idea) no solo se aplica a las cualidades abstractas, sino también a los objetos materiales, los animales y las personas. Lo que convierte a algo en una llave es que contiene el arquetipo de «Llavidad» y un perro solo lo es si participa del arquetipo de «Perridad». Y lo mismo podríamos decir con respecto al arquetipo de humanidad, que es *antropos*, el Hombre Cósmico. Cada arquetipo posee una forma general indefinida en la que caben muchas inflexiones y variaciones concretas. La notable colección de imágenes de Alex Grey llamada *Sacred Mirrors* muestra a seres humanos de razas, género y edades muy diferentes, poseedores todos del mismo sistema esquelético, muscular, nervioso y circulatorio, así como de sus cuerpos sutiles (*nadis*, *chakras*, *meridianos* y *auras*). En el campo de la biología podemos hablar del arquetipo del esqueleto de los vertebrados y de los análogos concretos que asumen sus partes en las diferentes especies. En este sentido, por ejemplo, los análogos de los antebrazos y manos de los humanos o de los simios serían las alas de las aves o de los murciélagos, las patas delanteras de los felinos y las aletas de las ballenas, los delfines, los leones marinos y los pingüinos.

Las matemáticas y la geometría nos ofrecen excelentes ejemplos de dominios arquetípicos. Platón, al igual que Pitágoras, no consideraba los números como algo inventado por la mente humana para ordenar y contar objetos materiales, sino como principios numinosos trascendentes que se hallan inmersos en el tejido mismo de la existencia. No en vano, la inscripción que adornaba el dintel de la puerta de la academia platónica de Atenas rezaba: «No entre aquí quien no sepa geometría».

El físico, matemático y Premio Nobel húngaro-estadounidense Eugene Wigner publicó un ensayo titulado «La irracional eficacia de las matemáticas en las ciencias naturales» en el que expresaba su asombro por el hecho de que las matemáticas, un supuesto producto de la mente humana, pudiesen modelar y hasta predecir los fenómenos del mundo material. En este sentido escribió: «La extraordinaria utilidad de las matemáticas en las ciencias naturales es algo que carece de explicación racional y raya en lo misterioso» (Wigner, 1960).

La psicóloga junguiana Marie-Louise von Franz escribió un libro titulado *Number and Time* sobre el significado arquetípico de los cuatro primeros números (enteros) en el que presentaba muchos ejemplos concretos, basándose tanto en la psicología como en las ciencias duras y en el que concluye diciendo que «el número natural es el factor de ordenación común de las manifestaciones físicas y psíquicas de la energía y el elemento, por tanto, que une la psique a la materia» (Von Franz, 1974).

Von Franz, Pauli y Jung veían en esto un indicio de la existencia del *Unus mundus*, una realidad psicofísica que trasciende la división entre materia y psique, un mundo potencial del que pueden brotar sin motivo alguno nuevas creaciones. De esa misma fuente proceden tanto el observador como el fenómeno observado y los acontecimientos sincrónicos revelan el momento concreto en que el mundo potencial se encarna en lo concreto.

Figuras geométricas como el triángulo, el cuadrado, el círculo, el rectángulo, el pentáculo, la estrella de seis puntas, la espiral y la doble espiral y sólidos platónicos (como el tetraedro, el cubo, el octaedro, el dodecaedro y el icosaedro), la esfera, la pirámide y el cono eran considerados, por la filosofía platónica, ideas trascendentes. Otros ejemplos de geometría sagrada son el número π (pi), la sección áurea, la forma del *Nautilus pompilius* o la serie de Fibonacci. Ejemplos más recientes son los fractales, representaciones gráficas generadas por ordenador de ecuaciones no lineales que emulan las formas de los árboles, los helechos, los vegetales, las conchas marinas, las costas, etcétera. El investigador suizo Hans Jenny puso de relieve formas arquetípicas haciendo vibrar placas cubiertas de polvo de licopodio a distintas frecuencias y presentó sus experimentos en el libro *Cymatic Soundscapes* (Jenny, 1992).

El concepto de «idea» se halla estrechamente unido al ser y el devenir. El mundo de lo particular es mercurial, se halla sometido a un cambio continuo y nunca permanece igual. Por ello el Buda advirtió que la fuente del sufrimiento humano es el apego a las cosas materiales. Comparado con el mundo material, el mundo de las ideas es superior en el sentido de que es real, eterno, fiable y permanece siempre igual. Las ideas perduran, razón por la cual se asemejan a los dioses. Por eso Platón creía que el único conocimiento real es el de las formas.

Aristóteles, alumno y sucesor de Platón, añadió un enfoque más empírico al concepto de formas universales apoyado en el racionalismo que se basa más en el análisis lógico que en el espiritual y epifánico. Así fue como, al perder

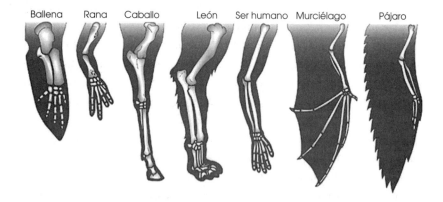

El esqueleto de los vertebrados es un arquetipo que se manifiesta en diferentes especies como versiones distintas de la misma pauta universal. Las ballenas, los delfines y los peces, por ejemplo, tienen aletas cuyos análogos son los brazos palmeados de las ranas, las patas delanteras de los caballos y los leones, los brazos de los simios y los seres humanos y las alas de los murciélagos y los pájaros.

su numinosidad, las formas aristotélicas ganaron simultáneamente un nuevo reconocimiento por su carácter dinámico y teleológico al estar concretamente encarnadas en el mundo empírico y en los procesos de la vida.

Según Aristóteles, las formas universales no existen por encima o más allá de las cosas, sino que existen primordialmente en ellas. Además, no solo dan forma e impregnan de cualidades esenciales a los particulares concretos, sino que los transforman dinámicamente desde el interior, desde la potencialidad hasta la actualidad y la madurez. Los arquetipos de Aristóteles son los que determinan la transformación de la bellota en roble, de la oruga en mariposa, del embrión en organismo maduro y del niño en adulto, y, cuando el carácter esencial de las formas se ha actualizado por completo, comienza su decadencia en la misma medida en que las formas «van perdiendo su predominio».

En el campo de la biología, el problema no se limita a lo que da forma final a los distintos organismos (el mosquito, el loro, la ballena o el ser humano), sino que también incluye la naturaleza de esa fuerza capaz de guiar el desarrollo a lo largo de los millones de divisiones celulares que tienen lugar en los distintos estadios que atraviesa la embriogénesis desde el óvulo fecundado hasta la forma madura. Fue precisamente el estudio de la embriogénesis de diferentes formas de vida y su capacidad para redirigir cualquier desviación nociva lo que llevó a Hans Driesch a postular la existencia de una fuerza inteligente en la naturaleza (*entelequia*) y a fundar el vitalismo (Driesch, 1914).

El problema de los universales, o, dicho más concretamente, el problema de los distintos conceptos de arquetipo sostenidos por Platón y Aristóteles, fue uno de los temas centrales de los debates que mantuvieron los filósofos escolásticos medievales, que estaban divididos en tres grupos. En un lado estaban los realistas que defendían la idea original de Platón de que los arquetipos tienen una existencia independiente y moran en un reino ajeno al nuestro. En otro lado estaban los nominalistas, según los cuales, los universales son meros nombres, abstracciones de lo que vemos en el mundo material. El tercer grupo, por último, estaba formado por los conceptualistas, que sostenían la existencia de los universales, que carecen de realidad externa substancial y solo existen en la mente.

La noción de arquetipo o universal experimentó importantes transformaciones desde la época clásica hasta la medieval y la renacentista. El realismo alcanzó su punto culminante en la filosofía y el arte del Alto Renacimiento. El desarrollo de la ciencia empírica que se produjo en los siglos posteriores acabó relegando el concepto de arquetipo a la filosofía nominalista, aunque la visión arquetípica siguió siendo fundamental en los campos de las artes, los estudios clásicos y mitológicos y el romanticismo. En cualquier caso, el creciente énfasis en la razón casi acaba desterrando la visión arquetípica. Immanuel Kant puso de relieve las categorías y formas *a priori* de la mente humana que ordenan y condicionan el conocimiento y la experiencia humana, y esto provocó una revolución en el campo de la filosofía que insufló nueva vida a la visión arquetípica (Kant, 1999). La visión kantiana provocó un cambio radical desde el objeto de conocimiento hasta el sujeto conocedor que acabó influyendo prácticamente en todos los campos del pensamiento moderno. Así fue como, en el siglo XX, el concepto de arquetipo experimentó un renacimiento inesperado que se vio presagiado por el libro de Friedrich Nietzsche *El nacimiento de la tragedia* y su discusión sobre los principios apolíneo y dionisíaco que tanto peso han tenido en la cultura humana (Nietzsche, 1967), y experimentó asimismo, con el advenimiento de la psicología profunda, un desarrollo exponencial.

Sigmund Freud tenía un gran interés por la mitología y era un apasionado coleccionista de antigüedades. Su antiguo apartamento y consulta de la calle Berggasse 19 de Viena es hoy un museo repleto de objetos griegos, romanos y egipcios de su colección personal. La expresión freudiana «complejo de Edipo» se inspiró en la tragedia *Edipo Rey* del dramaturgo griego Sófocles y, en su última formulación del psicoanálisis, eligió los nombres mitológicos de Eros y Tánatos para referirse a las dos pulsiones básicas de la psique humana. Para él, sin embargo, los relatos mitológicos son el simple reflejo de los problemas y conflictos que experimentan los niños en el núcleo familiar sin llegar a tener una comprensión real de los dominios transpersonal y arquetípico.

Al definirlos como principios psicológicos y aportar evidencias de la perspectiva realista, C.G. Jung añadió un capítulo nuevo e importante a la historia de los arquetipos. Pues, aunque su pensamiento se vio influido por la epistemología crítica de Kant y la teoría de los instintos de Freud, lo cierto es que acabó trascendiéndolos a ambos. Su visión de la psique humana supuso un importante avance más allá del modelo freudiano estrictamente biográfico. Como Freud, Jung subrayó la gran importancia del inconsciente y su dinámica, pero su visión de esta era radicalmente diferente a la de Freud.

Como ya hemos dicho, el alejamiento de Jung del psicoanálisis freudiano, que marcó una época, tuvo lugar mientras analizaba una colección de poesía y prosa de la escritora estadounidense Frank Miller (*Fantasías de Miller*) (Miller, 1906). Fue ahí donde descubrió el claro paralelismo entre muchos de los motivos presentes en los escritos de Miller y la literatura de diferentes países y períodos históricos, lo mismo que ocurrió cuando analizaba los sueños de sus pacientes, las fantasías y delirios de los esquizofrénicos y hasta sus propios sueños.

Jung llegó a la conclusión de que no solo tenemos el inconsciente individual freudiano, una especie de vertedero psicobiológico de pulsiones instintivas rechazadas, recuerdos reprimidos y proscripciones interiorizadas subconscientemente, sino también un inconsciente colectivo, un dominio de la psique que, en su opinión, es la manifestación de una fuerza cósmica inteligente y creativa que nos une a la humanidad, la naturaleza y la totalidad del cosmos.

Mientras el inconsciente colectivo posee un dominio histórico que incluye la historia de toda la humanidad, el dominio arquetípico engloba la herencia cultural de la humanidad y alberga mitologías procedentes de todas las culturas. Pues, aun careciendo de todo conocimiento intelectual al respecto, en los estados holotrópicos podemos experimentar motivos mitológicos procedentes de todas las culturas. Fue precisamente la exploración del inconsciente colectivo la que permitió a Jung descubrir los arquetipos o principios universales que rigen su dinámica.

Primero se refirió a ellos como «imágenes primordiales», una expresión que tomó prestada de Jacob Burkhardt, luego los llamó «dominantes del inconsciente colectivo», término que acabó reemplazando por el de «arquetipo». Según la psicología junguiana, la investigación mitológica académica y la moderna investigación de la conciencia, los arquetipos son principios cósmicos primordiales y atemporales que subyacen y configuran el tejido mismo del mundo material (Jung, 1959).

Al principio, Jung pensó que los arquetipos no eran pautas transindividuales sino intrapsíquicas que se hallaban integradas en el cerebro y a las que asimiló a los instintos animales. Un paso muy importante en su comprensión de los arquetipos fue el descubrimiento de la sincronicidad. Como resultado, Jung llegó a considerar los arquetipos como expresiones no solo de un inconsciente colectivo compartido por todos los seres humanos, sino de una matriz más amplia de ser y significado que informa y abarca tanto la psique humana como el mundo físico.

En la era postmoderna, los arquetipos han ido adquiriendo una influencia creciente en el campo de la psicología postjunguiana y en muchos otros campos, como la antropología, la mitología, los estudios religiosos, la filosofía de la ciencia, la filosofía del proceso y la astrología. El concepto de arquetipos se elaboró, perfeccionó y enriqueció gracias a una mayor conciencia de la naturaleza fluida, evolutiva, polivalente y participativa de los arquetipos (Tarnas, 2006).

Los arquetipos en los campos de la psiquiatría y la psicología

La moderna investigación de la conciencia ha demostrado que, en los estados holotrópicos, podemos experimentar directamente los arquetipos y recibir información de mitologías del mundo desconocidas para el sujeto. Son muchos los ejemplos que el lector interesado puede encontrar en mis libros de situaciones en las que mis clientes no solo experimentaron y fueron testigos de secuencias mitológicas, sino que llegaron incluso a encarnarlas (Grof, 2006*a* y 2006*b*). Jung describió una interesante observación suya que sucedió durante una de esas visitas llamadas «grandes rondas» a un pabellón psiquiátrico cerrado en la que, al preguntarle a un paciente psicótico crónico qué era lo que estaba mirando tan fijamente por la ventana, obtuvo la sorprendente respuesta: «¿Pero no lo ve? El Sol está haciendo viento moviendo su pene de un lado a otro». Pero lo más sorprendente fue el posterior descubrimiento de que la experiencia de ese paciente estaba reproduciendo un motivo típico de la mitología mitraica.

Los arquetipos tienen profundas implicaciones teóricas y prácticas para los campos de la psiquiatría, la psicología y la psicoterapia. Desempeñan un papel fundamental en la génesis de los problemas emocionales y psicosomáticos como parte de los sistemas COEX. La comprensión de esta dinámica arquetípica resulta, pues, esencial para la sanación y la transformación. Esto está directamente relacionado con la inteligencia autocurativa de la psique (el proceso de individuación de Jung) y el potencial curativo de las figuras arquetípicas o energías cósmicas que las culturas antiguas y nativas consideraban divinas.

Algunos ejemplos en este sentido son el arquetipo de Apolo presente durante la fase de incubación en un templo griego, las deidades de las religiones sincréticas caribeñas y sudamericanas (los *loa* del vudú o los *orishas* de la umbanda y la santería) y el poder de la serpiente (*kundalini*) descrito en las escrituras indias. Muchos psiconautas que experimentan con plantas sagradas hablan de la guía proporcionada en sus sesiones por lo que parecen ser los espíritus de esas plantas, como el Mescalito del peyote o la Pachamama, la gran diosa madre de la ayahuasca.

Especialmente interesante resulta también, en este sentido, una compleja secuencia arquetípica conocida como «el viaje del héroe» que no solo tiene importancia para los campos de la psiquiatría y la psicoterapia, sino también para el estudio de las religiones comparadas y que desempeña un papel clave en la historia ritual y espiritual de la humanidad. Se trata de una pauta arquetípica básica para la comprensión del chamanismo, los ritos de paso, los antiguos misterios de muerte y renacimiento y las grandes religiones del mundo. El concepto de viaje del héroe fue fruto de la investigación llevada a cabo por Joseph Campbell, el principal mitólogo del siglo xx, un motivo que describió por vez primera en su clásico de 1947 titulado *El héroe de las mil caras* (Campbell, 1947), al que, debido a su carácter universal y ubicuo que trasciende fronteras históricas y geográficas, se refirió como «monomito».

Campbell demostró posteriormente, en seminarios dirigidos junto a John Perry, Sam Keen, Chungliang Al Huang y Stanislav y Christina Grof, los líderes de los programas del Instituto Esalen de Big Sur (California), que esta secuencia arquetípica es básica para entender un amplio abanico de fenómenos, como las crisis iniciáticas chamánicas, los ritos de paso, los antiguos misterios de muerte y renacimiento, la *Divina Comedia* de Dante Alighieri, las vidas de santos y místicos, los acontecimientos sociopolíticos y las emergencias espirituales.

El trabajo con estados holotrópicos ha demostrado fehacientemente que las experiencias arquetípicas no son productos erráticos de una patología cerebral de origen desconocido («psicosis endógena»), sino creaciones del *anima mundi* que emergen en la conciencia individual (Grof y Grof, 1991 y Grof, 2000). El descubrimiento de las correlaciones sistemáticas existentes entre los tránsitos planetarios y el momento y contenido de los estados holotrópicos de conciencia es la evidencia más palpable que conozco de este hecho.

Otra evidencia crítica al respecto es el fenómeno del proceso de renovación de John Perry, un tipo de emergencia espiritual que reproduce los temas de los dramas de Año Nuevo que se representaban en las antiguas culturas durante la llamada «era arcaica del mito encarnado» (Perry, 1998). El trabajo con los estados holotrópicos también ha puesto de relieve la existencia de un dominio perinatal del inconsciente que incluye una combinación única de elementos fetales y arquetípicos.

Los arquetipos y la ciencia

La ciencia materialista moderna se sumó a la discusión filosófica entre nominalistas y realistas que acabó decantándose netamente por aquellos. No en vano, la existencia de dimensiones invisibles y ocultas de la realidad es una noción ajena a la ciencia materialista, a menos que sean de naturaleza material y resulten accesibles mediante el empleo de dispositivos que amplifiquen el alcance de nuestros sentidos, como microscopios, telescopios o sensores que detectan franjas diferentes del espectro de la radiación electromagnética.

El marco conceptual de la psiquiatría académica y clínica es muy limitado y circunscribe la psique humana a la biografía postnatal y el inconsciente individual freudiano. Según ellas, los seres y los reinos arquetípicos no son ontológicamente reales, sino frutos de la imaginación humana o productos patológicos de un cerebro que requiere tratamiento con medicación tranquilizadora.

Joseph Campbell (1904-1987), profesor estadounidense de mitología y religiones comparadas. Su obra más conocida es *El héroe de las mil caras*.

Durante los estados holotrópicos es posible experimentar figuras y dominios arquetípicos de un modo tan convincente –o más aún– que las experiencias del mundo material y que pueden verse también sometidas a validación consensual. La experiencia personal profunda de este dominio nos ayuda a darnos cuenta de que las visiones del mundo de las culturas antiguas y nativas no se basan en la ignorancia, la superstición, el «pensamiento mágico» primitivo o las visiones psicóticas, sino en la experiencia verdadera de realidades alternativas.

Hay tres categorías diferentes de figuras arquetípicas. La primera incluye personajes que encarnan roles y principios universales, como la Gran Diosa Madre, la Diosa Madre Terrible, el Anciano Sabio, los Jóvenes Eternos (*puer aeternus* y *puella aeterna*), los Enamorados, la Muerte y el Embaucador.

Diagrama de Joseph Campbell del viaje del héroe, un «monomito» arquetípico presente con inflexiones muy distintas en todos los períodos históricos y en todas las partes del mundo.

Jung también descubrió que los hombres albergan en su inconsciente una representación generalizada del principio femenino (a la que llamó *anima*) y una representación generalizada del principio masculino presente en el inconsciente femenino (al que denominó *animus*). A la representación inconsciente del aspecto oscuro y destructivo de la personalidad humana se la conoce, en la psicología junguiana, con el nombre de *sombra*.

A la segunda categoría de figuras arquetípicas pertenecen deidades y demonios relacionados con determinadas culturas, áreas geográficas y períodos históricos. En lugar, por ejemplo, de la imagen universal generalizada de la Gran Diosa Madre, podemos experimentar una de sus formas concretas ligada a una determinada cultura, como, entre otras muchas, la Virgen María cristiana, la Inanna sumeria, la Isis egipcia, la Hera griega y la Lakshmi o Parvati hindúes.

Otros ejemplos concretos de la Diosa Madre Terrible serían la Kali india, la Coatlicue precolombina con cabeza de serpiente, la Medusa o Hécate griegas, la Rangda balinesa o la Pelé hawaiana. También hay que decir que las imágenes que afloran en la conciencia durante los estados holotrópicos no necesariamente se hallan limitadas a nuestra herencia racial y cultural, sino que pueden proceder de la mitología de cualquier cultura de la historia de la humanidad.

El tercer conjunto de figuras arquetípicas está compuesto por conglomerados holográficos representativos de una determinada edad, género, raza, cultura, papel, profesión, etcétera, como, por ejemplo, el Soldado, el Niño, la Madre, el Judío, el Conquistador, el Tirano, el Mártir, etcétera. Estas imágenes proceden de las diferentes experiencias colectivas de estas categorías: los judíos de cualquier época histórica, los soldados que han luchado en los campos de batalla de todo el mundo, todas las madres, todos los niños del mundo, etcétera. Y también es posible, del mismo modo, experimentar de manera diferente el arquetipo del lobo del arquetipo correspondiente a la conciencia de una manada de lobos.

Son muchas las veces en las que, a lo largo de los años, he observado que mis clientes, los asistentes a los talleres y los participantes en las sesiones psiquedélicas o de respiración holotrópica experimentaban figuras oscuras y motivos arquetípicos de culturas poco conocidas que solo más tarde pude identificar. Con frecuencia, lo hice con la ayuda de mi gran amigo Joseph Campbell, que era una «enciclopedia andante de la mitología mundial». Los ejemplos más notables de este tipo que recuerdo fueron una experiencia de la mitología de la cultura malekulana de Nueva Guinea y otra de la mitología esquimal inuit (los casos de Otto y Alex presentados en *El viaje definitivo*, Grof, 2006*b*).

Los arquetipos desempeñan un papel muy importante en la génesis de las teorías y los descubrimientos científicos. Como ha demostrado Philipp Frank en su notable libro *Philosophy of Science: The Link between Science and Philosophy*, la fuente del axioma básico de una teoría científica, o la idea que conduce a un descubrimiento científico, puede deberse a un motivo arquetípico. No son pocas las veces en las que una idea revolucionaria aparece, en la historia de la ciencia, mucho antes de contar con pruebas que la corroboren y justifiquen (Frank, 1957).

Como ya hemos visto, el filósofo jónico Anaximandro propuso, en el siglo VI a.C., una teoría protoevolutiva que sugería que la vida se originó en el océano. Los filósofos griegos Leucipo (siglo V a.C.) y Demócrito (siglo IV a.C.) formularon una teoría atómica de la materia que sugería que el mundo material está formado por pequeñas partículas indivisibles a las que denominaron *átomos* (que literalmente significa «in-divisible»). Y lo mismo podríamos decir con respecto a los casos de Nicolás Copérnico y Johannes Kepler, que se inspiraron, para sus teorías astronómicas, en el arquetipo del Sol, y el químico alemán Friedrich August Kekulé von Stradonitz, a quien la visión del arquetipo uroboros (la serpiente que se muerde la cola) facilitó su descubrimiento de la estructura química anular del benceno.

Cada vez somos más conscientes de la importancia que tienen las pautas arquetípicas en las distintas disciplinas científicas. Johann Wolfgang von Goethe estaba fascinado por el diseño de construcción de las plantas, especialmente por el concepto de hoja arquetípica que considera a los órganos florales como hojas modificadas. En este sentido, Goethe formuló una teoría de la metamorfosis vegetal según la cual la forma arquetípica de la planta se encuentra en la hoja y, en este sentido, escribió: «De arriba abajo, una planta no es más que hoja, tan inseparablemente unida al futuro brote que resulta imposible imaginar una sin la otra». Las investigaciones realizadas al respecto por Goethe han sentado las bases de muchos campos de la moderna biología vegetal.

El antropólogo, biólogo y filósofo británico-estadounidense Gregory Bateson estaba fascinado por «la pauta que conecta» en la naturaleza y en la teoría evolutiva, a la que consideraba como principal rasgo entre los organismos vivos y los objetos inorgánicos (Bateson, 1980). Por su parte, el fisiólogo vegetal y parapsicólogo británico Rupert Sheldrake esbozó las teorías de los campos morfogenéticos y de la resonancia mórfica para explicar la existencia de formas y orden en la naturaleza (Sheldrake, 1981).

En su discusión acerca de la naturaleza de los campos morfogenéticos, Sheldrake hace referencia a los arquetipos. En este sentido señala que los campos morfogenéticos poseen las propiedades que las formas platónicas inmutables atribuyen al «mundo matemático de la perfección» y que, como ya hemos visto, existen fuera del tiempo. Sin embargo, Sheldrake tiene otra hipótesis sobre la causación formativa que presenta rasgos aristotélicos. En este caso, la propia naturaleza puede generar formas apelando a la creatividad evolutiva.

Arquetipos, religión y espiritualidad

El descubrimiento de la realidad ontológica del mundo arquetípico proporciona legitimidad a la visión espiritual del mundo, a la búsqueda espiritual y a la actividad religiosa que implica una experiencia directa. También nos ayuda a diferenciar las religiones organizadas, basadas en la creencia, car-

Johann Wolfgang von Goethe (1728-1749), importante escritor, estadista y científico natural alemán.

Gregory Bateson (1904-1980), antropólogo británico-estadounidense, biólogo, cibernético y filósofo que estuvo fascinado por el arquetipo que define el fenómeno de la vida (es decir, con la «pauta que conecta»).

gadas de dogmatismo, ritualismo, moralismo y ambiciones mundanas, de la auténtica espiritualidad que podemos advertir en las ramas monásticas y místicas de religiones y grupos que hacen hincapié en la práctica espiritual y en la experiencia directa.

La espiritualidad se basa en la experiencia personal de aspectos y dimensiones no ordinarias de la realidad. No requiere de un lugar especial ni de una persona oficialmente designada que sirva de puente en el contacto con lo divino. El místico no necesita iglesias ni templos y el contexto en el que experimenta las dimensiones sagradas de la realidad, incluida su propia divinidad, es su cuerpo, su psique y su naturaleza. Tampoco precisa de sacerdotes oficiantes, sino de un grupo de apoyo de compañeros de búsqueda, o de la guía de un maestro que se encuentre más avanzado en el viaje interior en el que se ha embarcado.

La religión organizada, por su parte, es una actividad grupal institucionalizada que se da en un determinado momento y lugar (como un santuario, una iglesia o un templo) y que implica un sistema de oficiantes que no necesariamente han tenido una experiencia personal de la realidad espiritual.

Cuando la religión se institucionaliza suele perder la conexión con su fuente espiritual y acaba convirtiéndose en una organización secular que explota las necesidades espirituales humanas sin llegar a satisfacerlas.

Las religiones organizadas tienden a crear sistemas jerárquicos centrados en la búsqueda del poder, el control, la política, el dinero, las posesiones y otras cuestiones mundanas. Dadas estas circunstancias, la jerarquía religiosa no solo desdeña, sino que llega incluso a desalentar la experiencia espiritual directa de sus miembros por el simple hecho de que obstaculiza el control y alienta la independencia. Cuando este es el caso, la auténtica vida espiritual prosigue en las órdenes monásticas, las ramas místicas y las sectas extáticas de las religiones implicadas. Históricamente, los místicos han tenido una relación difícil con las religiones organizadas de su mismo credo, como bien ilustra el destino seguido por Juana de Arco y tantas víctimas de la Inquisición, la historia del martirio del sufí Hallaj y la persecución de los sufíes en los países musulmanes.

Durante la conferencia Dwight Harrington Terry que tuvo lugar en 1937 en la Universidad de Yale, C.G. Jung sugirió a los asistentes que, quienes consideraban que los rituales de la religión convencional habían perdido su eficacia, considerasen la posibilidad de ir más allá de los límites de la religión establecida y practicasen encuentros experienciales directos con el inconsciente. Adecuadamente realizado, este tipo de ritual intrapsíquico puede proporcionar una «experiencia religiosa inmediata» y conducir a la emergencia de una plenitud espiritual personalizada (Jung, 1937).

Lo que Jung tenía en mente en 1937 era un ritual para ser representado en el entorno sagrado de la propia psique, un ritual que se vio claramente modificado por el descubrimiento de la sincronicidad. Hoy en día podemos entender la idea de una «experiencia religiosa inmediata» como referencia a un ritual que debe representarse dentro del círculo sagrado de la naturaleza. La definición de Jung de auténtica religión era la de «una red de auténticos buscadores espirituales que trasciende los límites del espacio y el tiempo».

La búsqueda de un nuevo mito planetario

Eruditos como Arnold Toynbee y Joseph Campbell han señalado que todas las culturas del pasado se regían por un mito o combinación de mitos subyacentes. Joseph Campbell se preguntaba a menudo: «¿Cuáles son los mitos que rigen la civilización occidental?», destacando, en este sentido, para explicar el individualismo que caracteriza a la sociedad occidental, la importancia del mito subyacente de la búsqueda del Santo Grial. Los caballeros del Rey Arturo decidieron no buscar en grupo el Santo Grial, sino seguir cada cual su propio camino. También podemos pensar en los dos grandes mitos de la era moderna explorados por Richard Tarnas en su obra *The Passion of the Western Mind: Paradise Lost vs. The Ascent of Man* (Tarnas, 1991). Los motivos de la Muerte y el Renacimiento Psicoespiritual, el Rapto y Violación de lo Femenino y muchos otros, como Fausto, el Aprendiz de Brujo, Frankenstein y el Hijo Pródigo, parecen ser igualmente apropiados.

Joseph Campbell solía preguntarse «¿Cuál será el mito del futuro?» y expresó su esperanza de que contribuyese a superar la fragmentación y facilitase el establecimiento de una civilización planetaria en la que la gente viviera en armonía con sus semejantes y con la naturaleza beneficiándose de los asombrosos descubrimientos de la ciencia y de la tecnología, pero con una sabiduría derivada de una comprensión profunda y espiritual que le permitiera

Richard Tarnas (1950), psicólogo profundo, historiador cultural, filósofo y astrólogo arquetípico.

utilizarlos adecuadamente (la «nueva Atlántida» de la que hablaba Hoffman). El logro de ese objetivo también implicaría el renacimiento y la liberación psicoespiritual y el retorno de lo femenino. Y, ya que estamos hablando de una civilización planetaria, me gustaría mencionar una observación muy interesante que me parece especialmente relevante.

Uno de los descubrimientos más sorprendentes en mi trabajo con psiquedélicos y la respiración holotrópica fue la facilidad con la que mis clientes, discípulos y participantes en talleres de estados holotrópicos de conciencia trascendían las fronteras históricas y geográficas y experimentaban figuras arquetípicas, motivos y dominios procedentes de culturas muy diferentes de la historia de la humanidad. Michael y Sandra Harner han señalado la existencia de un amplio abanico de experiencias transculturales en 1.500 occidentales que se vieron expuestos a la percusión chamánica (Harner, 2012).

También son muchos, a lo largo de los años, los episodios de diferentes mitologías y religiones del mundo (como la hindú, la budista, la budista tibetana, la musulmana, la cristiana, la del antiguo Egipto, la sintoísta, la aborigen australiana, la nativa americana y la sudamericana) que he experimentado durante mis propias sesiones psiquedélicas. Este debe ser un fenómeno nuevo, porque muchas culturas emplearon poderosas tecnologías de expansión mental, incluyendo la toma de plantas psiquedélicas, y, si el inconsciente colectivo hubiese resultado, para ellos, tan fácilmente accesible como parece serlo para el sujeto moderno, no contaríamos con mitologías específicas para cada cultura.

Cabe suponer, por tanto, que los tibetanos experimentaron deidades principalmente tibetanas y los indios huicholes de México, deidades primordialmente huicholas. No hay referencia en el *Bardo Thödol* al Espíritu del Ciervo ni al Abuelo Fuego, ni experiencia alguna tampoco de los Budas Dhyani en la tradición huichol. Es cierto que podemos descubrir versiones diferentes de los mismos arquetipos, pero no formas concretas de una determinada cultura en los sujetos pertenecientes a otros grupos culturales.

Parece que este aumento de la accesibilidad a los distintos dominios del inconsciente colectivo discurre paralelo a lo que sucede en el mundo material del planeta Tierra. Hasta finales del siglo xv, los europeos no sabían nada del Nuevo Mundo ni de sus habitantes, y viceversa; muchos grupos humanos de regiones remotas del globo permanecieron desconocidos para el resto del mundo hasta la era moderna y el Tíbet estuvo relativamente aislado hasta la invasión china de 1949. Pero hoy en día, el teléfono, la radio de onda corta, la televisión, los viajes en avión y, más recientemente, internet han eliminado muchas de las antiguas fronteras. Esperemos que lo que está ocurriendo en el mundo interior y exterior sean indicios de que estamos aproximándonos a una civilización verdaderamente global.

Peligros de los arquetipos para los psiconautas

El principal peligro que conllevan las experiencias del mundo arquetípico es lo que C.G. Jung denominó «inflación», es decir, la identificación y atribución al propio cuerpo/ego de la numinosidad y el resplandor del mundo arquetípico. Haciéndose eco de Karlfried Graf Durckheim, Joseph Campbell afirma que «una deidad útil [es decir, una figura arquetípica] debe ser transparente a lo trascendente» o, dicho en otras palabras, debe apuntar al Absoluto, pero sin llegar a confundirse con Él.

Otro importante peligro y un gran escollo del mundo espiritual consiste en opacar y rendir culto a los arquetipos, lo que da lugar a religiones que, si bien unifican a las personas que se encuentran dentro de su radio de acción y predispone a creer en ellas y rendirles culto, también las separan de los demás y escinden el mundo en grupos rivales, como cristianos versus paganos, musulmanes versus infieles, judíos versus gentiles, etcétera. Aun las diferencias en la interpretación de los principios básicos de la misma religión pueden dar lugar a enfrentamientos internos y a siglos de derramamiento de sangre, como ilustran perfectamente las atroces luchas entre católicos y protestantes o entre suníes y chiíes. Lo que separa la mística de la idolatría descansa en la capacidad de ver a través –o más allá– de los arquetipos hasta el Absoluto, fuente de todas las religiones.

La comprensión de la realidad ontológica del mundo arquetípico valida la vida ritual y espiritual de las culturas preindustriales (el chamanismo, los ritos de paso, los misterios de muerte y renacimiento y las grandes religiones y filosofías espirituales de Oriente y Occidente). De todos ellos, los ritos de paso son especialmente importantes para la sociedad moderna. Según estudiosos como Margaret Mead y Mircea Eliade, el hecho de que la civilización industrial se haya despojado de ritos de paso significativos y socialmente aceptados contribuye significativamente a los males que aquejan a la sociedad moderna, en particular de las nuevas generaciones (la violencia, el abuso de drogas o la sexualización de la conducta para evitar sentimientos de otro modo incómodos).

En 1973, Joan Halifax y yo, entonces recién casados, fuimos invitados por la antropóloga Margaret Mead y su hija Catherine Bateson a un pequeño encuentro titulado «Ritual: la reconciliación en el cambio» que se celebró en Burg Wartenstein (Austria) patrocinado por la fundación Wenner-Gren, una pequeña asociación antropológica ubicada en el bajo Manhattan de Nueva York, y al que asistieron dieciocho participantes y todos tuvimos que llevar escrita nuestra presentación, porque Margaret odiaba las conferencias formales. El encuentro duró seis días y nos reuníamos un par de veces al día en torno a la gigantesca mesa redonda del castillo para realizar sesiones de *brainstorming*. El tema del encuentro giraba en torno a la idea de Margaret de que los problemas que aquejan a los adolescentes se debe al hecho de que la civilización industrial ha perdido sus ritos de paso.

El objetivo del encuentro era determinar la posibilidad de generar ritos de paso artificiales, o si estos deben ser el fruto natural de la historia de una tribu o de una cultura. Todos los asistentes reconocíamos la importancia de los ritos de paso y estábamos interesados en la posibilidad de recrearlos utilizando alguna combinación de técnicas, como excursiones, estancias en la naturaleza, programas de supervivencia o prácticas como caminar sobre el fuego.

Como, debido al clima político existente al respecto, no podíamos apelar, para ese fin, al empleo de plantas y substancias psiquedélicas –que hubiera sido la opción más natural dado que había sido la empleada desde hacía siglos por las culturas nativas de todo el mundo–, el grupo llegó a la conclusión de que las terapias experienciales no farmacológicas podrían ser un sustituto provisional adecuado. Lamentablemente, Margaret no pudo superar los obstáculos administrativos que le hubiesen permitido llevar a la práctica tan interesante idea. Sea como fuere, lo cierto es que los esfuerzos por restablecer los ritos de paso han continuado hasta hoy en día.

Una corroboración adicional de la realidad ontológica de los arquetipos llegó de la mano de la experimentación informal con psiquedélicos, enteógenos y poderosas técnicas experienciales no farmacológicas (Grof, 2000 y 2006*a* y Metzner, 2013).

La más interesante de todas las experiencias relacionadas con el mundo arquetípico que he tenido se debió a la toma de una dosis elevada de MDMA (durante un estudio piloto dirigido por Sasha Shulgin y Leo Zeff). A los cincuenta minutos de haber comenzado la sesión empecé a experimentar una fuerte activación en la parte inferior del cuerpo. Mi pelvis vibraba y liberaba en sacudidas extáticas poderosas corrientes de energía. En un determinado momento, el frenesí embriagador de esta energía explosiva me arrastró hacia un torbellino cósmico de creación y destrucción. En el centro de este monstruoso despliegue de fuerzas primordiales había cuatro hercúleas figuras arquetípicas que ejecutaban lo que parecía ser una danza cósmica con sables. Las figuras tenían claros rasgos mongoles con pómulos sobresalientes, ojos oblicuos y cabezas bien afeitadas, cada una de las cuales llevaba una gran cola de caballo trenzada.

Dando vueltas en una frenética danza, blandían armas semejantes a guadañas o cimitarras en forma de ele que combinaban formando una esvástica perfecta que giraba a toda velocidad. Intuitivamente entendí que esa formidable escena arquetípica tenía al mismo tiempo que ver con el inicio del proceso

Margaret Mead (1901-1978), antropóloga cultural estadounidense famosa por su investigación sobre la sexualidad y la crianza de los niños en las culturas tradicionales del Pacífico Sur y del Sudeste Asiático. Estuvo casada con Gregory Bateson con quien llevó a cabo la investigación en Nueva Guinea y Bali.

creativo y con el último estadio del viaje espiritual. Al comienzo del proceso cosmogénico (con un movimiento que, iniciándose en la unidad primordial, desemboca en los mundos de la pluralidad), las hojas de las cimitarras representaban la fuerza que escinde y fragmenta en innumerables unidades individuales el campo unificado de la conciencia cósmica y la energía creativa.

En lo que respecta al viaje espiritual, también parecía representar el estadio en el que la conciencia del buscador trasciende la separación y la polaridad y recupera el estado original de unidad indiferenciada. En este punto, las cimitarras operaban como una trituradora que convierte las unidades individuales separadas en una papilla amorfa. El sentido de este proceso parecía estar ligado a la rotación de las hojas en el sentido de las agujas del reloj o en el contrario (representando, respectivamente, las versiones pacífica y ominosa de la esvástica). La proyección de este motivo arquetípico en el mundo material parecía estar relacionado, en el primero de los casos, con el crecimiento y el desarrollo (es decir, con la fecundación del óvulo o con la división de la semilla y su conversión en un organismo) o con la destrucción de las formas (guerras, catástrofes naturales, decadencia), en el segundo, momento en el cual la experiencia dio paso a un desfile interminable de escenas de destrucción.

Durante estas visiones, las catástrofes naturales (como erupciones volcánicas, terremotos, caída de meteoritos, incendios forestales, inundaciones y maremotos) se combinaban con imágenes de la devastación provocada por el hombre (ciudades en llamas debido a bombardeos, bloques de edificios derrumbándose, muertes masivas y las mil terribles secuelas que acompañan a la guerra). Encabezando esta ola de destrucción había cuatro macabros jinetes arquetípicos que simbolizaban el fin del mundo. Entonces advertí que se trataba de los cuatro jinetes del Apocalipsis (la peste, la guerra, el hambre y la muerte) montados en sus coloridos caballos. Y, en el momento en que las sacudidas y vibraciones continuas de mi pelvis se sincronizaron con el movimiento de esa ominosa cabalgata, dejé atrás mi propia identidad, me uní a la danza y me convertí en uno de ellos... o, mejor dicho, en los cuatro al mismo tiempo.

Súbitamente cambió entonces la escena y tuve una visión de la cueva de *La república* en la que Platón describe a un grupo de personas que pasan la vida encadenadas en una caverna frente a una pared en la que solo pueden ver proyectadas las sombras de las cosas que pasan por delante de la entrada de la cueva. Esas sombras son, según Platón, lo más cercano a la realidad que pueden ver los prisioneros. El filósofo despierto es como el prisionero que, reconociendo la ilusoriedad de las sombras, se libera del encadenamiento a ellas y advierte la verdadera forma de la realidad.

A esa experiencia le siguió la comprensión profunda y convincente de que el mundo material de la vida cotidiana no está hecho de materia, sino que es una realidad virtual creada por la conciencia cósmica a través de una orquestación infinitamente compleja y sofisticada de experiencias, un juego divino –al que los hindúes llaman *lila*– generado por una ilusión cósmica o *maya*.

Los cuatro jinetes del Apocalipsis, del *Libro de la revelación* [el *Apocalipsis*] de Juan de Patmos. Alberto Durero (1498).

Esa sesión concluyó con el desfile en un magnífico escenario de los distintos actores que representan los principios universales o arquetipos cósmicos cuya interacción genera la ilusión del mundo fenoménico. Eran personajes que representaban multitud de facetas, niveles y dimensiones de significado que, mientras los observaba, iban metamorfoseándose en una intrincada danza de interpenetración holográfica en la que cada uno de ellos parecía representar tanto la esencia de su función como sus manifestaciones concretas en el mundo de la materia.

Por ahí desfilaron *Maya* (el misterioso principio etéreo que simboliza la ilusión), *Ánima* (la encarnación del eterno femenino), Marte (la personificación de la guerra y la agresividad), los Amantes (representativos de todos los dramas y romances sexuales de todos los tiempos) y las figuras del Gobernante, el Ermitaño, el escurridizo Embaucador y tantos otros que, al atravesar el escenario, se inclinaban en mi dirección, como esperando mi reconocimiento por su actuación estelar en la obra divina del universo.

Esta experiencia me ayudo a entender el significado profundo del motivo arquetípico del Apocalipsis que, en ese momento, me pareció muy erróneo asociar exclusivamente a la destrucción física del mundo material. Es posible que el Apocalipsis llegue a expresarse a escala planetaria como un aconte-

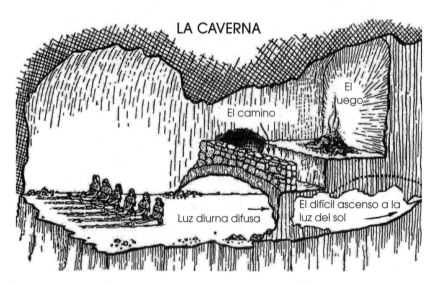

Alegoría de la caverna mencionada por Platón en su diálogo socrático *La república* (en torno al 380 a.C).

cimiento histórico, que es el potencial de todos los arquetipos, pero no lo es menos que hay muchas situaciones en las que los motivos y energías arquetípicos trascienden la frontera que separa el reino arquetípico del material y acaban dando forma a la historia. El asteroide que acabó con los dinosaurios hace 65 millones de años, las guerras de todas las épocas, la crucifixión de Jesús, los aquelarres y la danza de la muerte de las brujas del medioevo, el horror de los campos de concentración nazis y el infierno de Hiroshima son solo algunos ejemplos destacados.

La importancia del arquetipo del Apocalipsis reside en que opera como un hito en el viaje espiritual que aflora en la conciencia del buscador cuando este reconoce la naturaleza ilusoria del mundo material. Porque lo cierto es que, en el momento en que el mundo revela su verdadera esencia como realidad virtual (es decir, como un juego cósmico de la conciencia), el mundo de la materia se disipa en la psique del individuo.

Entonces se me ocurrió que ese podría ser también el significado del «fin del mundo» al que se refiere la profecía maya. En este caso, se referiría a la transformación radical interior que experimentaría la humanidad durante el lapso en el que el Sol atraviese el eje de la galaxia (un lapso que duraría al menos setenta y dos años y en mitad del cual nos hallamos ahora). La magnitud de esta transformación será comparable a la experimentada por la humanidad al pasar de la era del neandertal a la del cromañón (el tránsito anterior de este tipo que tuvo lugar hace unos 26.000 años, es decir, hace un «año platónico»), o desde la era de los cazadores-recolectores hasta la de la agricultura y el establecimiento de las primeras ciudades (el tránsito precesional del Sol por el otro lado de la galaxia que tuvo lugar hace aproximadamente 13.000 años, es decir, hace medio «año platónico»).

Bibliografía

Bateson, G. 1980. *Mind in Nature: A Necessary Unity*. New York: E. P. Dutton.
Campbell, J. 1947. *The Hero with A Thousand Faces*. Princeton, NJ: Princeton University Press.
Driesch, H. 1914. *The History and Theory of Vitalism* (traducido por C.K. Ogden). London: Macmillan.
Frank, P. 1957. *Philosophy of Science: The Link between Science and Philosophy*. Englewood Cliffs, NJ: Prentice-Hall.

Franz, M.-L. von. 1974. *Number and Time: Reflections Leading Toward a Unification of Depth Psychology and Physics*. Stuttgart: Ernst Klett Verlag.

Grof, C. y Grof, S. 1991. *The Stormy Search for the Self: A Guide to Personal Growth through Transformational Crises*. Los Angeles, CA: J. P. Tarcher.

Grof, S., 1994. *Books of the Dead: Manuals for Living and Dying*. London: Thames and Hudson.

Grof, S. 2000. *Psychology of the Future: Lessons from Modern Consciousness Research*. Albany, NY: State University of New York (SUNY) Press.

Grof, S. 2006a. *When the Impossible Happens*. Louisville, CO: Sounds True.

Grof, S., 2006b. *The Ultimate Journey: Consciousness and the Mystery of Death*. Santa Cruz, CA: MAPS Publications.

Grof, S. y Grof, C. 2011. *Holotropic Breathwork: A New Approach to Self-Exploration and Therapy*. Albany, NY: State University of New York (SUNY) Press.

Harner, M. 2012. *Cave and Cosmos: Shamanic Encounters with Another Reality*. Berkeley: North Atlantic Books.

Hillman, J. 1977. *Re-Visioning Psychology*. New York: Harper Collins.

Jenny, H. 1992. *Cymatic Soundscapes*. Epping, NH: MACROmedia.

Jung, C.G. 1937. Religion and Psychology. Conferencia de Dwight Harrington Terry en la Universidad de Yale durante la visita de Jung a los Estados Unidos.

Jung, C.G. 1959. Archetypes and the Collective Unconscious. *Collected Works*, vol. 9,1. Bollingen Series XX, Princeton, NJ: Princeton University Press.

Kant, I. 1999. *Critique of Pure Reason*. Cambridge, MA: Cambridge University Press.

Metzner, R. 2013. *The Toad and the Jaguar. A Field Report of Underground Research on a Visionary Medicine*. Berkeley, CA: Regent Press.

Miller, Miss Frank. 1906. «Quelques Faits d'Imagination Créatrice». *Archives de psychologie (Geneva)* V. 36-51.

Mookerjee, A. y Khanna, M. 1977. London: Thames and Hudson.

Nietzsche, F. 1967. *The Birth of Tragedy and the Case of Wagner* (traducido por Walter Kaufmann). Visalia, CA: Vintage Press.

Perry, J. W. 1998. *Trials of the Visionary Mind: Spiritual Emergency and the Renewal Process*. Albany, NY: State University of New York (SUNY) Press.

Leonardo da Vinci (1452-1519) pintó su conocido autorretrato el año 1512.

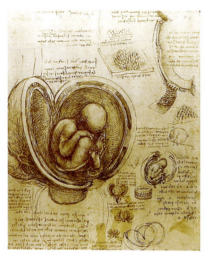
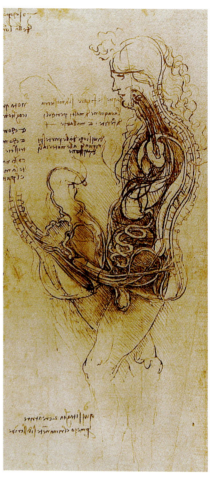
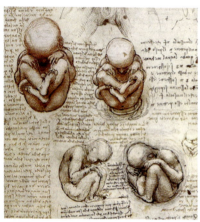

Esbozo de feto en el útero (arriba izquierda y abajo izquierda); *Cópula*, anatomía del coito imaginado por Leonardo da Vinci (derecha).

Leonardo da Vinci. *La última cena*, mural pintado a finales del siglo XV en el refectorio del convento de Santa María delle Grazie de Milán (en la página siguiente, arriba).

Esbozos de Leonardo da Vinci de máquinas de guerra para el duque Ludovico Sforza: cañón lanzando múltiples balas (en medio) y carro con guadañas rotatorias movido por caballos lanzados contra el ejército enemigo (en la página siguiente, abajo).

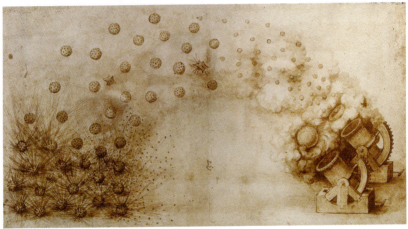
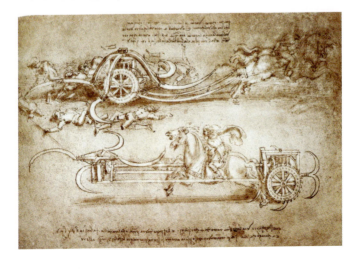

Leonardo da Vinci. *La virgen y el niño con Santa Ana*, 1508. Museo del Louvre, París (arriba).

Esbozo de *La virgen y el niño con Santa Ana*, de Leonardo da Vinci, mostrando, según Oskar Pfister, la imagen oculta de un buitre.

Leonardo da Vinci, *Mona Lisa*, 1519. Museo del Louvre, París (arriba).

Leonardo da Vinci, *San Juan Bautista* con la famosa «sonrisa leonardesca», 1516, Museo del Louvre, París (abajo).

El famoso *Libro rojo* de C.G. Jung en el que documenta con imágenes y texto las desafiantes experiencias que tuvo durante su emergencia espiritual (arriba).

Filemón, el espíritu guía que aparece en las visiones de C.G. Jung retratado por él mismo en su *Libro rojo*.

Yantra, símbolo arquetípico abstracto mágico. Hay novecientos sesenta yantras, cada uno de los cuales representa la energía cósmica de una determinada deidad (arriba); El Sri Yantra es el símbolo arquetípico más sagrado del Tantra, conocido también como la madre de todos los *yantras*, porque de él se derivan todos los demás. En su forma tridimensional se dice que representa el Monte Meru, la montaña cósmica ubicada en el centro del universo.

Kali y Shiva al final de un ciclo y comienzo de otro; el río Ganges se origina en la cabeza de Shiva, Rajastán, siglo XIX (arriba izquierda).

Shiva Ardhanareshvara, Shiva y Kali, un símbolo de arquetípico andrógino que representa tanto el comienzo de la polaridad durante la cosmogénesis como la trascendencia de la dualidad al final del viaje espiritual (arriba derecha).

Kali como Gran Sabiduría nutriendo toda nueva vida y a sí misma con su propia sangre. El toro Nandi es el animal de Shiva y el tigre, un animal relacionado con Kali (abajo).

Dante Alighieri (1262-1321) con una copia de *La divina comedia* junto a la entrada al infierno, las siete terrazas del monte purgatorio y la ciudad de Florencia, con las esferas de los cielos arriba (Domenico de Michelino en Dom Maria del Fiore).

Neuroimagen de una persona que se halla bajo los efectos de los psiquedélicos. La imagen de la izquierda es un escáner del cerebro tras la ingesta de un placebo y, a la derecha, cerebro tras la ingesta de psilocibina (Robib Carhart-Harris, 2016).

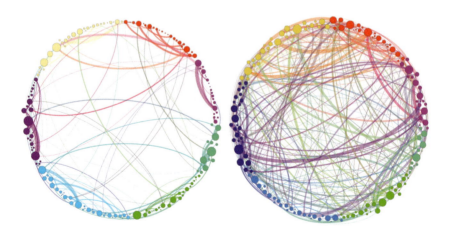

Comunicación entre redes cerebrales en personas que han tomado un compuesto no psiquedélico (izquierda) y psilocibina (derecha) (Petri et al., 2014).

Mahoma y el arcángel Gabriel en el paraíso con hermosas huríes a lomos de camellos. De *Mirâj Nâmeh*, manuscrito islámico escrito en un dialecto turco del siglo XV.

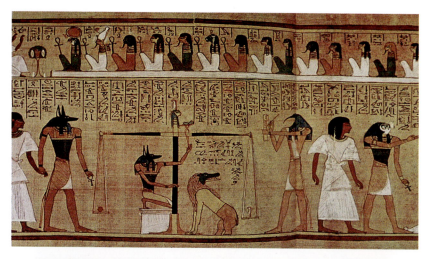

Escena de un juicio divino de *El libro de los muertos* egipcio. El dios Anubis con cabeza de chacal acompaña al difunto Hunefer a la sala en la que se celebrará el juicio. Ahí pesa su corazón (carácter) y lo compara con la pluma de avestruz simbolizada por Maat, la diosa de la justicia. Si no pasa el juicio, se verá devorado por Amemet (el Devorador de Almas), un monstruo triforme con cabeza de cocodrilo, cuerpo de león y cuartos traseros de hipopótamo. El dios con cabeza del ibis Toth desempeña el papel de juez imparcial (papiro del Museo Británico, *circa* 1300 a. C.) (arriba).

Hunefer pasa el juicio y Horus le acompaña hasta Osiris y sus dos hermanas, las diosas Isis y Neftis. Sobre un loto permanecen de pie tres hijos de Horus que personifican los cuatro vasos canopos que contienen las entrañas para la momificación (papiro del Museo Británico, *circa* 1300 a. C.)

Tumba de Sennedjem. En el registro superior se asienta el dios Sol Ra en un bote solar sosteniendo un *ankh* acompañado por dos babuinos que festejan la salida del sol. Debajo están los campos de Laru en los que el difunto Sennedjem disfruta de la vida después de la muerte con su esposa Inieferti (arriba).

Monumento triunfante de la salida del sol de *El libro de los muertos* egipcio. Las diosas Isis y Neftis se sientan en el *djed*, que simboliza la columna vertebral de su hermano Osiris. La salida del sol se apoya en una cruz ansada que personifica el Nilo, símbolo de la vida eterna en el más allá. Seis espíritus del alba atestiguan este hecho y, en el momento de la salida del sol, se convierten en babuinos.

Isis, la Gran Diosa Madre, hechicera, hermana y esposa de Osiris, que concibió a su hijo Horus mientras Isis asumía la forma de un cometa. Aquí aparece con largas alas extendidas protegiendo el santuario del faraón Tutankamon (relieve de la tumba de Tutankamon, 18.ª dinastía).

Obra atribuida al legendario maestro espiritual Padmasambhava, que llevó el budismo al Tíbet en el siglo VIII. Aquí aparece en varias escenas de su vida (arriba).

La sabiduría profunda que conduce a la liberación espiritual se conoce como *prajñaparamita* (la sabiduría trascendental) a la que, en ocasiones, se personifica como una diosa.

Mandala germinal del *Libro de los muertos tibetano* que representa a los cinco *dhyani* o budas Tathagata trascendentes. En el curso del viaje a través de los bardos, se despliega en divinidades beatíficas y airadas, *dakinis* y deidades con cabeza de animal.

Las deidades principales que aparecen entre el momento de la muerte y el posterior renacimiento están dibujadas en el centro de la imagen del buda Heruka. En torno a otros cuatro Herukas terribles danzan *dakinis* feroces y deidades que custodian el mandala. Los pequeños mandalas de las cuatro esquinas contienen uno de los cinco budas *dhyani* trascendentales y *bodhisattvas* consortes asistentes (*tangka* tibetano del siglo XIX).

Mandala de las divinidades beatíficas y airadas basado en el *Bardo Thödol* para la preparación del momento de la muerte. Chemchok Heruka y su consorte. En la parte superior del mandala están las divinidades beatíficas y a su alrededor danza una hueste feroz de seres humanos y animales (*thangka* del siglo XVIII).

Fra Angelico: El Juicio Final en la iglesia de Santa Maria degli Angeli de Florencia (1430). Cristo está sentado en un trono blanco rodeado de ángeles, María, Juan y los santos. Con su mano izquierda apunta hacia abajo, hacia el infierno y, con su mano derecha, hacia el cielo. A la derecha de Cristo está el paraíso, con ángeles que dirigen a los que se han salvado hacia un hermoso jardín. En medio están las tumbas abiertas de los muertos resucitados que han salido de ellas para ser juzgados. Y a la izquierda de Cristo, los demonios acompañan a los condenados al infierno, donde serán atormentados por toda la eternidad (arriba).

Pintura del Último Juicio del panteón cristiano de Dios Padre, Cristo y la Virgen María en una apertura de los cielos en forma de mandorla, entre ángeles y santos, con Satán abajo en el infierno (Pinacoteca de Bolonia).

Pintura del *Códice Borgia* náhuatl (azteca) que refleja la danza dinámica entre Quetzalcóatl (el espíritu) y Tezcatlipoca o el Espejo Fumador (la materia), una hermosa representación de la polaridad y complementariedad que existe entre el espíritu y la materia.

Véase en la página anterior: Hyeronimus Bosch, *Ascensión de los benditos* (1505-1515). Grupo de ángeles que acompañan a las almas benditas a la salvación. Adviértase que todas las imágenes de la pintura miran hacia arriba, hacia la salida del túnel (Galería de la Academia, Venecia).

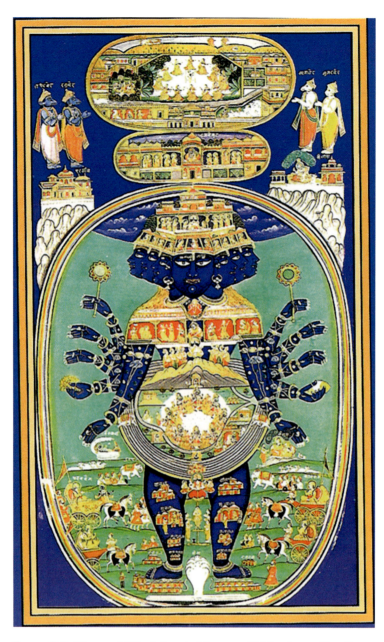

Escena de la *Bhagavad Gita*. Arjuna insiste en que Krishna le reveló su Ser Divino completo. Krishna accedió y se manifestó como un gigantesco Ser Humano Cósmico que contenía la totalidad del universo. Su vientre era en la tierra plana (*bhurloka*), por encima de él se hallaban siete reinos ascendentes (*lokas*) y, por debajo, siete *lokas* descendentes.

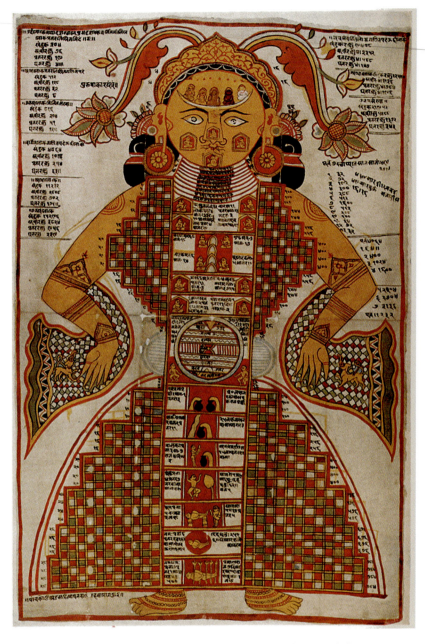

Purushakara Yantra jain. El pequeño círculo que hay en la cintura de la imagen representa a Jambudvipa y el mundo terrenal, el reino en el que viven los seres humanos y, por encima y por debajo de él, se hallan los reinos celestiales e infernales, respectivamente. Esta figura representa al ser humano como un microcosmos que contiene la totalidad del macrocosmos (aguada sobre seda del Rajastán [India], *circa* 1780).

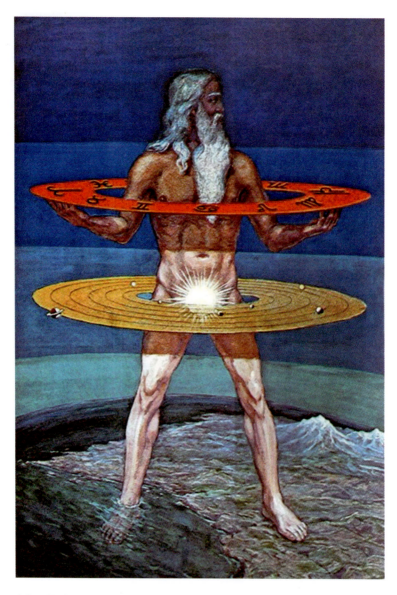

Adam Kadmon, el Hombre Primordial, makroanthropos o makrokosmos. Según la Cábala adviene a la existencia en el primer mundo espiritual después de la contracción de la Luz Infinita de Dios. No es el Adán físico, el primer hombre que Dios creó del barro, porque el reino espiritual de Adam Kadmon corresponde al Sefirah (atributo divino) de Keter (la corona). Es la voluntad divina y el programa para la creación posterior.

Pintura que representa la reviviscencia del comienzo del parto (MPB-II) en una sesión de dosis elevada de LSD experimentada como el hecho de verse devorado por un gigantesco remolino. El pequeño bote con un esqueleto sugiere la inminencia de un encuentro con la muerte (arriba). Dibujo de un remolino devorador experimentado en una sesión con una dosis elevada de LSD de la pintora Harriette Francis. El mandala compuesto por calaveras y costillas presagia, como el esqueleto del bote de la imagen anterior, un encuentro inminente con la muerte (abajo).

Los cómics suelen representar las crisis económicas y políticas como el hecho de verse devorado o ahogado (una situación representada en este dibujo por un gigantesco remolino).

Crisis en la Casa Blanca en donde su emblemático edificio se ve devorado por la tierra.

Crisis internacional en Oriente Medio que representa a Siria como un remolino perinatal que devora a los países e instituciones implicados en el conflicto.

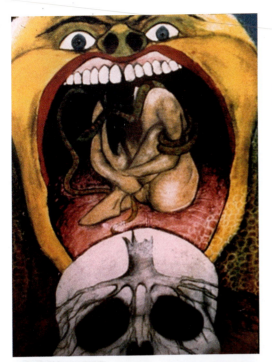

Pintura que refleja la sensación de verse devorado, durante una sesión de respiración holotrópica, asociada con el comienzo de la MPB-II. Las serpientes son símbolos habitualmente perinatales, la calavera sugiere un encuentro inminente con la muerte y el árbol es una alusión a la placenta y el arquetipo del Árbol del Mundo.

Pintura de una sesión de LSD que refleja la experiencia de verse devorado asociada al comienzo del proceso del nacimiento. La energía agresiva de la agresión oral representa el embate de las contracciones uterinas, y el sufrimiento provocado por el dolor y el ahogo convierten a la víctima en un ser malvado.

La crisis del ejército estadounidense en el Líbano representada como una fila de soldados devorados por una gigantesca calavera y que acaban desapareciendo en el inframundo.

Árabe monstruoso devorando un lujoso coche estadounidense que simboliza la pérdida del estilo de vida estadounidense después de que la OPEP aumentase el precio del petróleo.

Viñeta política que representa la pérdida de Hong Kong por parte de Gran Bretaña y presenta a la ciudad devorada por un gran dragón chino.

Viñeta política que satiriza los problemas militares de Barack Obama en Iraq que aparece aquí devorado por un dragón o un cocodrilo gigante.

Las viñetas que representan situaciones inseguras y desesperanzadas suelen apelar al simbolismo perinatal del viaje a un laberinto del inframundo, como muestra este dibujo que representa la crisis financiera estadounidense mostrando al tío Sam perdido en el vientre de una ballena.

Una monstruosa Madre-Araña Devoradora exponiendo a torturas diabólicas a fetos impotentes. Visión durante una sesión con dosis elevada de LSD gobernada por la MPB-II (arriba).

Dibujo aparecido en un periódico soviético que critica a Estados Unidos por llevar peligrosas armas nucleares a Europa occidental y que retratan al tío Sam como una colosal araña con cohetes en lugar de patas.

Dibujo que representa a una araña gigantesca, imagen de una sesión de formación en respiración holotrópica gobernada por la MPB-II (arriba).

Imagen en donde la amenaza que suponía Saddam Hussein para el pueblo iraquí se ve representada por un gigantesco monstruo aracnoideo (abajo).

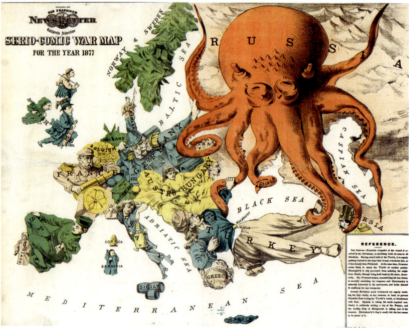

Dibujos que retratan un episodio de una sesión con una dosis elevada de LSD dominada por el comienzo de la MPB-II. Las contracciones uterinas se ven experimentadas como el ataque de una criatura semejante a un pulpo gigantesco (arriba); viñeta política que representa a la Rusia zarista como un pulpo colosal que amenaza a Europa (abajo).

La Indonesia holandesa atacada por Japón, representado como un gigantesco pulpo cuyos tentáculos aferran las distintas islas (arriba).

El presidente serbio Slobodan Milosevic representado como un pulpo gigantesco apoderándose de Yugoslavia (abajo).

Pintura de una sesión con una dosis elevada de LSD relacionada con la MPB-II. El sistema reproductor femenino experimentado como la combinación entre una prensa gigantesca, una prisión y una cámara de tortura.

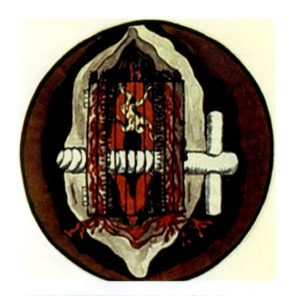

Un episodio de la experiencia con una dosis elevada de LSD de la artista Harriette Francis, en la que se sentía atrapada bajo el peso de una roca gigantesca con el rostro de su madre.

Autorretrato del genio suizo del realismo fantástico Hansruedy Giger en el cartel publicitario de una de sus exposiciones. Giger era plenamente consciente de estar dibujando aspectos relacionados con los recuerdos de su nacimiento.

Crisis económica descrita utilizando lenguaje e imágenes perinatales que reflejan una presión asfixiante (arriba izquierda).

Viñeta que representa los problemas financieros de Jimmy Carter con una imagen asociada a una crisis perinatal (arriba derecha).

Crisis económica representada y descrita de un modo asociado al trauma del nacimiento (abajo izquierda).

Pintura de una sesión con una dosis elevada de LSD que representa el interior del útero durante la MPB-II como un cubil de serpientes (arriba izquierda); imagen de un episodio de LSD asociado al paso por el canal de nacimiento experimentado como una lucha despiadada con una boa constrictor (arriba derecha).

Viñeta de una sesión de respiración holotrópica en la que la presión provocada por las contracciones uterinas durante la MPB-II fue experimentada como estar atrapado y oprimido por una gigantesca boa constrictor (abajo).

Viñeta de la lucha del presidente estadounidense Theodore Roosevelt con sus enemigos políticos que lo presenta como un bebé Hércules luchando con serpientes gigantescas enviadas por la diosa Hera para acabar con su vida (arriba izquierda); viñeta política comunista de la Alemania anterior a la Segunda Guerra Mundial que muestra al partido nazi como una peligrosa víbora (arriba derecha).

Viñeta política sobre los problemas del ejército de los Estados Unidos en Oriente Medio que muestra al tío Sam atrapado en un cubil de serpientes.

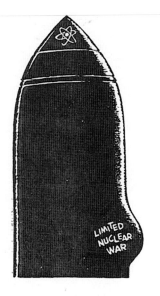

Viñeta política que se burla del concepto de «guerra nuclear limitada» comparándola con el embarazo (arriba).

Viñeta política que demuestra la asociación inconsciente que existe entre las armas atómicas y el embarazo: Saddam Hussein embarazado de armas atómicas.

Viñeta política en donde se ve al tío Sam invocando a un líder que pueda ayudarle a salir del atolladero en el que se ha metido (arriba).

Viñeta política que representa la victoria de Bill Clinton como un renacimiento (en medio).

Dibujo que representa el renacimiento y la salida triunfante del canal del nacimiento experimentado durante una sesión de respiración holotrópica (abajo).

Platón. 1986. *Symposium*. Chicago, IL: University of Chicago Press.
Platón. 1988. *Timaeus*. Salem, NH: Ayers Co. Publishers.
Sheldrake, R. 1981. *A New Science of Life*. Los Angeles, CA: J. P. Tarcher.
Tarnas, R. 1991. *The Passion of the Western Mind*. New York: Harmony Books.
Tarnas, R. 2006. *Cosmos and Psyche: Intimations of a New Worldview*. New York: Viking Press.
Wigner, E. 1960. «Unreasonable Effectiveness of Mathematics in Natural Sciences». En *Communications in Pure and Applied Mathematics*, vol. 13, No. I. New York: John Wiley & Sons.

XII. Las raíces de la violencia y la codicia: la investigación de la conciencia y la supervivencia humana

La tendencia desenfrenada a la violencia y la codicia han sido, desde tiempo inmemorial, dos fuerzas que han impulsado la historia de la humanidad. El número y naturaleza de las atrocidades cometidas por el ser humano –muchas de ellas en nombre de Dios– en todo tiempo y lugar son tan sorprendentes como escandalosos. Son incontables los millones de civiles y militares que han muerto en las guerras, las revoluciones y otras formas de derramamiento de sangre. Aunque, en el pasado, estos acontecimientos violentos tuvieron consecuencias terribles para las personas directamente implicadas y sus familias, no pusieron un peligro el futuro de la especie humana ni representaron amenaza alguna para el ecosistema y la biosfera del planeta. En esa época, la caza, la recolección y la agricultura eran actividades humanas sostenibles.

Aun después de las guerras más violentas, la naturaleza estuvo en condiciones de reciclar y recuperarse completamente, en unas pocas décadas, de las secuelas de esos lamentables acontecimientos. Pero esa situación cambió radicalmente en el siglo xx debido al rápido avance de la tecnología, el crecimiento exponencial de la producción y la consiguiente contaminación industrial, la explosión demográfica y, muy en especial, el desarrollo de las bombas atómica y de hidrógeno, la guerra química y bacteriológica y otras armas de destrucción masiva.

Hoy nos enfrentamos a una crisis global que no tiene precedentes y tenemos el dudoso privilegio de ser la primera especie de la historia en haber alcanzado la capacidad no solo de autodestruirse, sino de poner incluso en peligro la evolución de la vida en este planeta. Poco éxito han tenido la diplomacia, las medidas administrativas y legales, las sanciones económicas y sociales, las intervenciones militares y otros intentos de modificar esta situación que, en ocasiones, no solo no han solucionado nada, sino que han complicado aún más las cosas. Es evidente que el fracaso de todas esas medidas se debe a que las estrategias empleadas para tratar de resolver esta crisis hunden sus raíces en la misma ideología que la generó. No deberíamos olvidar que, como dijo Albert Einstein, es imposible resolver un problema desde el mismo nivel de pensamiento que lo creó. Cada vez es más evidente que la crisis a la que nos enfrentamos refleja el nivel evolutivo de la conciencia de nuestra especie y que su superación satisfactoria –o, cuanto menos, su alivio– debería incluir una profunda transformación interior de la humanidad. Los descubrimientos realizados por la investigación sobre los estados holotrópicos de conciencia no solo nos han ayudado a entender la naturaleza y raíces de la agresividad y la codicia, sino que también pueden ayudarnos a esbozar estrategias eficaces para contrarrestar las tendencias destructivas y autodestructivas de nuestra especie.

Anatomía de la destructividad humana

La comprensión científica de la agresividad humana comenzó con el libro de Darwin sobre la evolución de las especies que, a mediados del siglo XIX, marcó toda una época (Darwin, 1952). Los intentos de explicar la agresividad humana a partir de nuestros orígenes animales generaron conceptos teóricos como el «mono desnudo» de Desmond Morris (Morris, 1967), el «imperativo territorial» de Robert Ardrey (Ardrey, 1961), el «cerebro trino» de Paul MacLean (MacLean, 1973) y las explicaciones sociobiológicas de Richard Dawkins que interpretan la agresividad en términos de estrategias genéticas del «gen egoísta» (Dawkins, 1976).

Los modelos más refinados de conducta desarrollados por pioneros de la etología como los premios nobel Konrad Lorenz y Nikolaas Tinbergen complementaron el énfasis mecánico en los instintos agregando elementos rituales y motivacionales (Lorenz, 1963 y Tinbergen, 1965). Sin embargo, como demostró Erich Fromm en su innovador *Anatomía de la destructividad humana* (Fromm 1973), cualquier teoría que afirme que la tendencia humana hacia la violencia refleja simplemente nuestro origen animal resulta inadecuada y poco convincente, porque los animales solo se muestran agresivos cuando tienen hambre, compiten por el sexo o defienden su territorio. Exceptuando algunas incursiones grupales violentas de chimpancés contra grupos vecinos (Wrangham y Peterson, 1996), los animales no atacan a los miembros de su propia especie. La naturaleza y magnitud de la violencia humana –la «agresividad maligna» de la que hablaba Erich Fromm– no tienen parangón en el reino animal.

La constatación de que es imposible explicar adecuadamente la agresividad humana como simple resultado de la evolución filogenética llevó a la formulación de teorías psicodinámicas y psicosociales, según las cuales gran parte de la agresividad humana es una conducta aprendida. Esta tendencia comenzó a finales de la década de 1930 y se vio iniciada por el trabajo de Dollard y Miller (Dollard *et al.*, 1939). Los autores de las teorías psicodinámicas trataron de explicar la agresividad humana como una reacción a distintas situaciones psicotraumáticas experimentadas por el bebé y el niño durante el prolongado período de dependencia (como el abuso físico, emocional y sexual, la falta de amor, la sensación de inseguridad, la inadecuada satisfacción de las necesidades biológicas básicas, la privación emocional, el abandono y el rechazo).

Pero lo cierto es que este tipo de explicaciones se quedan muy cortas para explicar formas extremas de violencia individual, como los asesinatos en serie del estrangulador de Boston, Geoffrey Dahmer, el hijo de Sam o Ted Bundy. Tampoco sirven de gran cosa para dar cuenta de los asesinatos indiscriminados de múltiples personas en lugares públicos seguidos del suicidio (o asesinato) del autor, una conducta que, durante mucho tiempo, se consideró exclusivamente circunscrita a la cultura de Malasia (en donde se conocía con el nombre de *amok*), pero que, en las últimas décadas, ha ido observándose repetidamente en los países industriales occidentales incluyendo los asesinatos masivos de adolescentes que tienen lugar en los campus escolares.

Tampoco hay una explicación psicodinámica plausible para la combinación de violencia y suicidio por motivos religiosos. Durante la Segunda Guerra Mundial, los kamikazes japoneses llevaron a cabo misiones suicidas destinadas a destruir acorazados estadounidenses sacrificándose por su emperador, al que consideraban Dios, y, en las últimas décadas, los fundamentalistas musulmanes han cometido asesinatos en masa esperando obtener, como recompensa, una existencia beatífica en el paraíso musulmán (véase la página 289 del volumen 1).

Menos convincentes resultan aun las teorías psicodinámicas y psicosociales actuales en su intento de explicar las crueldades cometidas por grupos enteros, como los asesinatos de Sharon Tate y sus invitados provocados por la banda de Charles Manson, la masacre de My Lai de más de quinientos aldeanos vietnamitas desarmados a manos de soldados estadounidenses, la tortura y abuso de prisioneros en la prisión de Abu Ghraib y las atrocidades que se producen durante los motines carcelarios.

También fracasan miserablemente en su intento de explicar fenómenos sociales de masas en los que se ven involucradas naciones enteras, como el nazismo, el comunismo, las guerras y revoluciones sangrientas, el genocidio y los campos de concentración. De poco sirven las teorías psicoanalíticas para explicar el Holocausto de Hitler, el archipiélago Gulag de Stalin, los asesinatos en masa de millones de campesinos ucranianos y armenios, la Revolución Cultural de Mao en China y el genocidio del pueblo tibetano.

Raíces perinatales de la violencia

Aunque no cabe la menor duda de que las experiencias traumáticas y la frustración de las necesidades básicas durante la infancia y la niñez constituyen una fuente importante de agresividad, lo cierto es que la investigación psiquedélica y las psicoterapias experienciales profundas han puesto de relieve la existencia de otras fuentes de violencia –mucho más importantes– en rincones de la psique humana que se encuentran más allá (o por debajo) de la biografía postnatal. La sensación de amenaza vital, el dolor y la asfixia que experimenta el feto durante el paso por el canal del parto generan una ansiedad y agresividad extrema que, de algún modo, permanece reprimida y almacenada en el organismo.

Como señaló Sigmund Freud en su libro *Duelo y melancolía*, la agresividad reprimida se convierte en depresión e impulsos autodestructivos (Freud, 1917). Tengamos en cuenta que la naturaleza de las energías y emociones perinatales amalgama impulsos asesinos y suicidas. La reviviscencia del nacimiento a la que nos permiten acceder diferentes modalidades de psicoterapia experiencial no se limita a reproducir las emociones y sensaciones físicas experimentadas durante el paso por el canal del parto, sino que suele ir acompañada de una variedad de experiencias procedentes del inconsciente colectivo que reflejan escenas extraordinariamente violentas.

Entre ellas hay secuencias muy poderosas de guerras, revoluciones, conflictos raciales, campos de concentración, totalitarismo y genocidio. La emergencia espontánea de estas imágenes asociada a la reviviscencia del nacimiento sugiere que el nivel perinatal podría ser una fuente importante de formas extremas de violencia. Obviamente, las guerras y revoluciones son fenómenos muy complejos que tienen, entre otras, dimensiones históricas, económicas, políticas y religiosas. No es mi intención ofrecer aquí una explicación reduccionista que reemplace a todas las demás causas, sino simplemente añadir algunas ideas nuevas relativas a las dimensiones psicológicas y espirituales de estas formas de psicopatología social que se han visto descuidadas o han recibido una atención meramente superficial.

Las imágenes de acontecimientos sociopolíticos violentos que suelen acompañar a la reviviscencia del nacimiento biológico tienen mucho que ver con las cuatro matrices perinatales básicas (MPB) características de los cuatro estadios consecutivos del proceso de nacimiento (véase la pág. 154, volumen 1).

Las imágenes asociadas a la experiencia de revivir episodios de una existencia intrauterina tranquila (MPB-I) suelen reflejar sociedades humanas con una estructura social ideal, culturas que viven en completa armonía con la naturaleza, o sociedades utópicas futuras en donde los conflictos se resuelven pacíficamente. Los recuerdos de una existencia intrauterina problemática ligada, por ejemplo, a un útero tóxico, incompatibilidad entre el tipo de sangre del organismo materno y del feto o la inminencia de un aborto espontáneo o provocado van acompañados de imágenes de grupos humanos que viven en zonas industriales en las que la naturaleza se ha visto expoliada y está contaminada, o en sociedades sometidas a un orden social tóxico y en el que prevalece la paranoia.

Muy diferente es el paisaje que acompaña a las experiencias asociadas a la primera fase clínica del parto (MPB-II) en las que el útero se contrae periódicamente mientras el cuello uterino permanece cerrado. Las imágenes propias de este caso reflejan sociedades opresivas y totalitarias (como la Rusia zarista, el archipiélago Gulag de Stalin, el Tercer Reich de Hitler, los regímenes soviéticos de la Europa del Este, la China de Mao Tse-Tung, las dictaduras militares sudamericanas o el *apartheid* sudafricano), con fronteras cerradas que oprimen a sus ciudadanos y «asfixian» la libertad personal. Estas escenas van acompañadas de una auténtica tortura física y emocional, durante la cual nos identificamos exclusivamente con las víctimas y experimentamos una profunda empatía por los oprimidos y los desvalidos y en las que resulta imposible imaginar el final de esa pesadilla.

Las experiencias que acompañan a la reviviscencia del segundo estadio clínico del parto (MPB-III), en donde el cuello del útero está dilatado y las contracciones continuas obligan al feto a avanzar por el estrecho canal del parto, van acompañadas de un amplio abanico de escenas violentas (guerras y revoluciones sangrientas, matanzas humanas y animales, mutilaciones, abusos

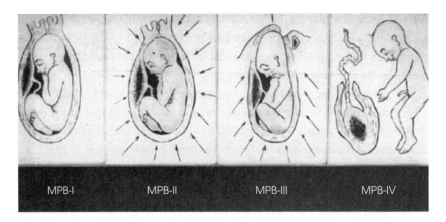

Esquema de Stanislav Grof de las *cuatro matrices perinatales básicas* empleado en su primera conferencia sobre la importancia del trauma del nacimiento. Congreso sobre la psicoterapia con LSD celebrada en Ámsterdam en 1966.

sexuales y asesinatos) que suelen incluir elementos demoníacos y motivos escatológicos repulsivos. También son habituales las visiones de ciudades en llamas, lanzamientos de cohetes y explosiones de bombas nucleares. Los roles que el sujeto puede asumir durante este estadio no se limitan exclusivamente al papel de víctima, sino que también es posible asumir los papeles de perpetrador y observador emocionalmente implicado.

La reviviscencia de la tercera fase clínica del parto (MPB-IV), momento en el que se produce el nacimiento y separación de la madre, está normalmente asociado a imágenes de victoria en guerras y revoluciones, liberación de prisioneros y logro de esfuerzos empeños colectivos como los movimientos patrióticos o nacionalistas. También es posible, en este punto, experimentar visiones de celebraciones, desfiles triunfales o emocionantes reconstrucciones de posguerra.

En mi libro *Realms of Human Unconscious*, escrito en 1975, presenté todas estas observaciones vinculando los acontecimientos sociopolíticos a los distintos estadios del proceso del nacimiento biológico (Grof, 1975). Poco después de su publicación recibí una entusiasta carta de Lloyd de Mause, psicoanalista y periodista neoyorquino y uno de los fundadores de la psicohistoria, una disciplina que trata de identificar el origen de los fenómenos históricos y políticos en los hallazgos de la psicología profunda. La psicohistoria se ocupa del estudio de cuestiones tales como la relación que existe entre la infancia de los líderes políticos, su sistema de valores y el proceso de toma de decisiones, o la influencia de las prácticas de crianza de los hijos en la naturaleza de las revoluciones propias de un determinado período histórico. Lloyd de Mause se mostró muy interesado en mis descubrimientos sobre el trauma del nacimiento y sus posibles implicaciones sociopolíticas, porque proporcionaban un apoyo independiente a su investigación. De Mause llevaba un tiempo estudiando la dinámica psicológica de los períodos inmediatamente anteriores a las guerras y revoluciones con la intención de entender el modo en que los líderes militares logran movilizar a masas de civiles pacíficos y convertirlos, prácticamente de la noche a las mañana, en máquinas de matar. Su modo de abordar este problema era muy original y creativo porque, además de analizar las fuentes históricas convencionales, se apoyaba en el estudio de datos de gran importancia psicológica, como caricaturas, chistes, sueños, imágenes personales, *lapsus linguae*, comentarios y hasta garabatos y dibujos al margen de los borradores de documentos políticos.

En la época en que se puso en contacto conmigo llevaba analizadas diecisiete situaciones que precedieron al estallido de guerras y levantamientos revolucionarios que abarcaban muchos siglos, desde la antigüedad hasta

Lloyd de Mause (1931-2020), psicoanalista, periodista y politólogo estadounidense, fundador de *The Journal of Psychohistory*.

tiempos recientes. En este sentido, le llamó mucho la atención la abundancia de figuras retóricas, metáforas e imágenes relacionadas con el nacimiento biológico que había descubierto en todo ese material. Los líderes militares y los políticos de todos los tiempos que describían una situación crítica o declaraban la guerra también solían emplear términos igualmente aplicables a la angustia perinatal (De Mause, 1975).

No era extraño, además, que acusaran al enemigo de asfixiar y estrangular a su pueblo, de exprimirle hasta arrancarle el último aliento de sus pulmones, de oprimirle y de no dejarle espacio siquiera para vivir (Hitler: «Wir haben nicht genug Lebensraum», que significa «no tenemos suficiente espacio vital»). Igualmente frecuentes eran las alusiones a cuevas, túneles y laberintos oscuros, peligrosos abismos a los que se veían arrojados y a la amenaza de verse devorados por remolinos aterradores o engullidos por traicioneras arenas movedizas.

Las alternativas propuestas para salir de la crisis también solían apelar a metáforas perinatales. El líder prometía sacar a su nación del laberinto ominoso en el que estaba atrapada, conducirla hasta la luz que hay al otro lado del túnel y promover una situación que derrotase al peligroso agresor y todo el mundo pudiese volver a respirar libremente. Los ejemplos históricos aportados en ese momento por Lloyd de Mause incluían personajes famosos como Alejandro Magno, Napoleón Bonaparte, Samuel Adams, el káiser Guillermo II, Adolf Hitler, Nikita Jruschov y John F. Kennedy.

Samuel Adams se refirió a la revolución estadounidense como «el niño de la Independencia que está luchando por nacer». En 1914, el káiser Guillermo afirmó que «tienen agarrada a la monarquía por la garganta por lo que, en consecuencia, se ve obligada a elegir entre dejarse estrangular o hacer un último y desesperado esfuerzo por defenderse del ataque». Durante la crisis de los misiles de Cuba, Jruschov escribió a Kennedy rogándole que sus dos naciones no «llegaran a un choque que les llevara a acabar como topos ciegos luchando a muerte en el interior de un túnel».

Más explícito aún fue el mensaje codificado utilizado por el embajador japonés Kurusu cuando llamó por teléfono a Tokio para anunciar que las negociaciones con Roosevelt se habían roto y debían seguir adelante con el bombardeo de Pearl Harbor. Entonces fue cuando dijo que «el nacimiento del niño es inminente» y, cuando le preguntaron cómo estaban las cosas en Japón, respondió: «Sí, el nacimiento del niño parece inminente». Resulta también curioso que el servicio de inteligencia estadounidense que escuchó este intercambio no tuvo problema alguno en descubrir la clave que permitía entender ese mensaje (en el que la guerra se equiparaba al parto). Ejemplos más recientes en este mismo sentido pueden encontrarse en la cinta de vídeo en la que Osama bin Laden amenaza con convertir Estados Unidos en un «infierno asfixiante» y en el discurso de la secretaria de Estado estadounidense Condoleezza Rice describiendo la aguda crisis del Líbano como «los dolores de parto del nuevo Oriente Medio». Especialmente escalofriante fue el lenguaje perinatal empleado para referirse a la explosión de la primera bomba atómica en Hiroshima. El avión destinado a lanzar la bomba fue bautizado como Enola Gay, el nombre de la madre del piloto, la bomba atómica llevaba pintado el apodo *Little boy* (que significa «Niño pequeño») y el mensaje acordado enviado a Washington para indicar el éxito del lanzamiento fue «el bebé ha nacido», y tampoco es exagerado ver la imagen de un recién nacido tras el apodo *Fat man* (que significa «El gordo») con el que se referían a la bomba lanzada sobre Nagasaki.

Desde el inicio de nuestra correspondencia, Lloyd de Mause ha recopilado muchos más ejemplos históricos y ha perfeccionado su tesis, que subraya el importante papel desempeñado por el trauma del nacimiento como motivador de la actividad social violenta. La relación entre la guerra nuclear y el nacimiento es tan importante que me gustaría explorarla más a fondo utilizando el material de un fascinante artículo de Carol Cohn titulado «Sexo y muerte en el mundo racional de los intelectuales de la defensa» (Cohn, 1987).

Los intelectuales de la defensa (ID) son funcionarios civiles de la administración que trabajan tanto dentro como fuera del gobierno en laboratorios de ideas o como asesores de alguna universidad. Ellos son quienes esbozan la teoría que configura y legitima la estrategia nuclear de los Estados Unidos (dónde colocar los misiles, cómo gestionar la carrera armamentística, cómo disuadir del empleo de armas nucleares, cómo emprender la guerra en el caso de que la disuasión fracase, cuál debe ser la estrategia del primer ataque y cómo explicar por qué no es seguro vivir sin armas nucleares).

El activista Daniel Ellsberg, autor del explosivo libro de 1971 *The Pentagon Papers* (Ellsberg, 1971), reveló la naturaleza diabólica y apocalíptica de los esquemas y escenarios contemplados por estos individuos en su reciente *The Doomsday Machine*. Según las estimaciones realizadas por los expertos, se esperaba que el primer ataque nuclear a la Unión Soviética acabase con 370 millones de personas en Europa que morirían de inmediato o debido a las secuelas de ese ataque, y que la supervivencia de países como Dinamarca y Suecia dependería de factores tan aleatorios como la dirección del viento en ese momento. Y tampoco cabe la menor duda de que, en el otro bando, hay grupos de intelectuales que desempeñan funciones parecidas. Resulta difícil creer que estemos hablando de nuestra especie.

Carol Cohn asistió a un seminario de verano de dos semanas sobre armas nucleares, doctrinas de estrategia nuclear y control armamentístico y quedó tan sorprendida con lo que allí vio que pasó el año siguiente inmersa en el mundo casi exclusivamente masculino de los intelectuales de la defensa (exceptuando a los secretarios) recopilando datos muy interesantes que confirman la dimensión manifiestamente perinatal de la guerra nuclear. Según sus propias palabras, este material confirma la importancia del «nacimiento masculino» y de la «creación masculina» como principales fuerzas psicológicas que subyacen a la psicología de la guerra nuclear.

Y Cohn ilustra su punto de vista empleando los siguientes ejemplos históricos. En 1942, Ernest Lawrence envió al grupo de físicos de Chicago que estaban desarrollando la bomba nuclear un telegrama en el que decía: «Enhorabuena a los nuevos padres. Estoy deseando conocer al recién nacido», porque, en Los Alamos, se referían a la bomba atómica como «el bebé de Oppenheimer». Richard Feynman escribió en su artículo «Los Alamos desde abajo» que, mientras se hallaba de permiso temporal después de la muerte de su esposa, recibió un telegrama que decía: «El bebé se espera para tal día».

En los laboratorios Lawrence Livermore se referían a la bomba de hidrógeno como «el bebé de Teller», aunque quienes querían desprestigiar el papel desempeñado por Edward Teller insistían en que él no era el padre de la bomba, sino su madre. Según decían, el verdadero padre había sido Stanislaw Ulam porque suyas habían sido todas las ideas importantes y fue él quien la «concibió» y que la única contribución de Teller fue la de «la adecuada implementación del programa». También se utilizaban, para referirse al mantenimiento de los misiles, otros términos relacionados con la maternidad, como, por ejemplo, «nutrición».

El General Grove envió al Secretario de Guerra Henry Stimson a la conferencia de Potsdam un exultante telegrama cifrado triunfante en el que se refería con las siguientes palabras al éxito de la primera prueba atómica: «El doctor acaba de regresar entusiasmado y seguro de que el pequeño será tan fuerte como su hermano mayor. El brillo de sus ojos se verá desde Highhold [la casa de campo de Stimson] y yo he podido escuchar sus gritos desde mi granja». Y Stimson, a su vez, escribió a Churchill una nota en la que decía: «El nacimiento de los bebés ha sido satisfactorio».

William L. Laurence, que presenció la prueba de la primera bomba atómica, dijo: «Unos cien segundos después del gran destello se produjo el gran estallido, el primer grito de un mundo recién nacido». El exultante telegrama de Edward Teller a Los Alamos anunciando el éxito de la prueba de la bomba de hidrógeno «Mike» en el atolón de Eniwetok, en las Islas Marshall, fue un escueto «Ha sido un niño».

En opinión de Carol Cohn, «los científicos varones alumbraron una progenie que aspira a dominar la naturaleza femenina». La sorprendente colección de carteles, caricaturas, dibujos y caricaturas procedentes de países y períodos históricos muy distintos que acompañan al excelente libro de Sam Keen titulado *The Faces of the Enemy* nos proporciona mucha información sobre el extraordinario papel que desempeña, en la psicología bélica, el dominio perinatal del inconsciente (Keen, 1998).

Keen demostró que el modo en que se describe y retrata al enemigo durante una guerra o una revolución es un estereotipo que presenta variaciones mínimas y tiene muy poco que ver con los verdaderos rasgos distintivos del país o la cultura a la que se refieren. Ese material también suele ignorar la diversidad y heterogeneidad que caracteriza a la población de cada país e incurre en generalizaciones flagrantes, como: «¡Así son los alemanes, los estadounidenses, los japoneses, los rusos, etcétera!».

Keen agrupó esas imágenes en varias categorías arquetípicas y, aunque no se refirió específicamente al dominio perinatal del inconsciente, el análisis de su material pictórico pone de relieve la preponderancia de imágenes simbólicas propias de las MPB-II y MPB-III. En esas imágenes, suele representarse al enemigo como un peligroso pulpo, un despiadado dragón, una hidra de varias cabezas, una tarántula venenosa gigantesca, un leviatán que todo lo devora, o serpientes venenosas, especialmente víboras y boas constrictor. También abundan, en las imágenes de épocas de guerras, revoluciones y crisis políticas, las escenas de estrangulamiento o aplastamiento, remolinos traicioneros y peligrosas arenas movedizas.

La comparación entre la documentación pictórica histórica recopilada por Lloyd de Mause y Sam Keen y las imágenes procedentes de estados holotrópicos de conciencia centradas en la reviviscencia del nacimiento evidencian su estrecha relación con las raíces perinatales de la violencia humana. Según los conocimientos aportados por los hallazgos de la psicohistoria y las observaciones realizadas por la investigación psicotrópica de la conciencia, todos tenemos, en nuestro inconsciente profundo, energías, emociones y sensaciones físicas asociadas al trauma del nacimiento que no han sido adecuadamente procesadas y asimiladas.

Este aspecto de la psique permanece completamente inconsciente si la persona no emprende algún tipo de autoexploración profunda mediante el uso de psiquedélicos u otras técnicas de psicoterapia experiencial, como la respiración holotrópica, la terapia primal o el renacimiento. Pero también hay quienes pueden tener diferentes grados de conciencia del nivel perinatal del inconsciente cuya activación puede provocar una grave psicopatología individual, incluida la violencia sin motivo.

Lloyd de Mause sugirió que, por razones desconocidas, la influencia de los elementos perinatales internos puede intensificarse simultáneamente en un gran número de personas generando un clima de tensión, ansiedad y anticipación general. El líder suele ser una persona más sometida a la influencia de la dinámica perinatal que el ser humano promedio y tiene la capacidad también de reprimir sus sentimientos inaceptables (es decir, lo que la terminología junguiana denomina sombra) y proyectarlos sobre la situación exterior. Así es como acaba culpando al enemigo del problema y abriendo la puerta para resolverlo militarmente.

En su revolucionario *Cosmos y psique,* Richard Tarnas presenta un material fascinante que puede arrojar luz sobre el problema del aumento de la tensión colectiva que, como afirma De Mause, precede a guerras y revoluciones (Tarnas, 2006). En su meticulosa investigación histórica que se prolongó durante más de treinta años, Tarnas ha demostrado la gran correlación existente, a lo largo de la historia, entre guerras y revoluciones y determinados tránsitos astrológicos. Sus conclusiones al respecto sugieren que las fuerzas arquetípicas han desempeñado un papel fundamental en la configuración de la historia de la humanidad.

Las guerras y revoluciones ofrecen la posibilidad de prescindir de las defensas psicológicas que habitualmente mantienen a raya las peligrosas fuerzas del inconsciente. El superego, una instancia psicológica que impone moderación y una conducta civilizada, se ve reemplazado entonces por lo que Freud denominó «un superego de guerra». Entonces recibimos elogios y medallas por conductas como la violencia, el asesinato, la destrucción indiscriminada y el pillaje que, en tiempo de paz, resultan inaceptables y, en el mejor de los casos, nos llevan a la cárcel. No es de extrañar que la violencia sexual sea, en tales circunstancias, una práctica común y hasta tolerada. Tampoco ha sido infrecuente, de hecho, que los líderes militares hayan motivado a sus soldados prometiéndoles acceso sexual indiscriminado a las mujeres de las ciudades asediadas y los territorios conquistados.

Después del estallido de la guerra, los impulsos perinatales destructivos y autodestructivos se expresan con toda libertad. Temas que habitualmente encontramos en determinados estadios del proceso de exploración y transformación interior (MPB-II y MPB-III) pasan entonces a formar parte de nuestra vida cotidiana, o directamente, o en forma de noticias de la televisión. Situaciones sin salida, orgías sadomasoquistas, violencia sexual, conducta cruel y diabólica, liberación de enormes cantidades de energía explosiva y escenas escatológicas que pertenecen a la imaginería perinatal irrumpen durante las guerras y las revoluciones con una intensidad y una potencia extraordinarias.

Dejarse llevar por impulsos violentos inconscientes o ser testigos, durante guerras o revoluciones, de escenas de destrucción individual o colectiva no facilita la curación y la transformación como lo hace la confrontación interior con esos mismos elementos dentro de un entorno terapéutico. Cuando la situación pierde el contacto con la dinámica profunda de la psique, la experiencia acaba exteriorizándose y no va acompañada de ninguna comprensión.

Y como tampoco hay, en tal caso, intención terapéutica ni deseo alguno de cambio y transformación, queda sin satisfacer, por más que se gane la guerra o la revolución, el objetivo de la fantasía subyacente asociada al nacimiento, que es la motivación más profunda de esos hechos violentos. Pero ni la más gloriosa de las victorias externas proporciona la esperada liberación emocional y el renacimiento psicoespiritual interior.

Como muchos de los clientes con los que trabajé en Praga habían vivido la ocupación nazi y el régimen estalinista, el trabajo con ellos me proporcionó algunas comprensiones fascinantes sobre la relación que existe entre la dinámica perinatal y la institución de los campos de concentración nazis y comunistas. Como tantas veces hemos visto a lo largo de la historia, tras la borrachera inicial de triunfo que acompaña a una revolución viene la resaca de un despertar que no tarda en verse reemplazado por un amargo desengaño.

Lo cierto es que no suele pasar mucho tiempo hasta que, de entre las ruinas del sueño muerto, resurja una copia del antiguo sistema opresor porque, al no haberse superado, las fuerzas destructivas y autodestructivas siguen operando en el inconsciente de los implicados. Esto es algo que hemos visto en numerosas ocasiones a lo largo de la historia de la humanidad, como bien ilustran los casos de las revoluciones francesa, bolchevique o comunista (en Francia, Rusia y China, respectivamente) o cualquiera de las otras convulsiones violentas asociadas a grandes esperanzas y expectativas.

En la fase del trabajo terapéutico en la que mis clientes se enfrentaban a energías y emociones perinatales solían presentarse ideas y cuestiones asociadas a la ideología comunista. Pronto me resultó evidente que la fuerza con la que los revolucionarios se enfrentan a los opresores y sus regímenes se ve reforzada por el respaldo psicológico que le proporciona su rebelión contra la prisión interior de sus propios recuerdos perinatales.

La necesidad de someter y dominar a los demás es una proyección al exterior de la necesidad de superar el miedo a verse desbordados por el propio inconsciente. La encrucijada en la que se hallan atrapados el tirano y el revolucionario es, pues, una reproducción exteriorizada de la situación vivida en el canal del parto. Y un conflicto emocional semejante parece existir también entre el delincuente y el policía.

La visión comunista encierra un elemento de verdad psicológica que la hace atractiva para muchas personas. La idea básica de que, para acabar con el sufrimiento y la opresión y establecer una situación más armónica, es necesario pasar por una experiencia violenta de naturaleza revolucionaria es muy cierta cuando se entiende asociada al proceso de reviviscencia del nacimiento y la consiguiente transformación interior, pero peligrosamente falsa cuando se proyecta en el mundo exterior como una ideología política que alienta una revolución violenta. La falacia reside en el hecho de que lo que, a un nivel más profundo, es una pauta arquetípica de muerte y renacimiento psicoespiritual acaba asumiendo la forma de un programa ateo y antiespiritual.

Son muchos, paradójicamente, los rasgos que comparte el comunismo con las religiones organizadas, en el sentido de que, aunque apela a las necesidades espirituales de la gente, no solo no las satisface, sino que erradica activamente cualquier búsqueda espiritual verdadera. El paralelismo entre el comunismo y las religiones organizadas llega hasta el punto de afirmar la infalibilidad, en el apogeo de su poder, de Stalin pese a expresar opiniones sobre cuestiones acerca de las cuales carecía de todo conocimiento.

Las revoluciones comunistas han tenido un gran éxito en su fase destructiva, pero sus victorias, en lugar de instaurar la prometida sociedad utópica ideal, han dado origen a regímenes que acabaron reproduciendo la opresión, la crueldad y la injusticia. Después de que la Unión Soviética, económicamente arruinada y políticamente corrupta, se desmoronase y, con ello, se derrumbase también el mundo comunista, resultó evidente para cualquier persona sensata que ese gigantesco experimento histórico, realizado a costa de un sufrimiento inimaginable y la vida de decenas de millones de seres humanos, había sido un colosal fracaso. Si estas observaciones son ciertas, ninguna intervención externa disociada de una transformación profunda del ser humano podrá conducirnos a un mundo mejor.

Las observaciones proporcionadas por el estudio de los estados holotrópicos arrojaron luz sobre la psicología del nazismo y los campos de concentración. Durante varios años, el profesor Jan Bastiaans, de Leyden (Países Bajos), llevó a cabo terapias con LSD con personas que padecían el «síndrome de los campos de concentración», un problema que afectaba a antiguos reclusos muchos años después de su encarcelamiento. Bastiaans también trabajó con los problemas de culpabilidad profunda que asediaban a los antiguos *kapos* (es decir, los prisioneros de los campos de concentración que los SS colocaban en posiciones de autoridad sobre otros prisioneros).

Podemos encontrar una descripción artística de este trabajo en el libro *Shivitti. Una visión*, escrito por Ka-Tzetnik 135633, una persona que había estado en un campo de concentración y se sometió a una serie de sesiones terapéuticas con Bastiaans (Ka-Tzetnik, 1989). El propio Bastiaans escribió un artículo titulado «El hombre en el campo de concentración y el campo de concentración en el hombre» describiendo su trabajo (Bastiaans, 1955), en el que señalaba, sin especificarlo, que los campos de concentración eran una proyección de cierto dominio del inconsciente humano, o, dicho de otro modo, que «antes de que hubiera un hombre en el campo de concentración, había un campo de concentración en el hombre».

El estudio de los estados holotrópicos de conciencia nos permite identificar el nivel de la psique al que Bastiaans se refiere, un nivel que cuadra perfectamente con el dominio perinatal del inconsciente. Un examen más detallado de las condiciones generales y específicas de los campos de concentración nazis pone de manifiesto que se trata de una representación diabólica y realista del clima de pesadilla característico de la reviviscencia del nacimiento biológico.

Las barreras de alambre de espino, las vallas electrificadas, las torretas de vigilancia con metralletas, los campos minados y las jaurías de perros amaestrados recrean perfectamente la imagen infernal y cuasiarquetípica de la situación de falta de salida desesperada y opresiva característica de la MPB-II. Al mismo tiempo, los elementos de violencia, crueldad, escatología y abuso sexual de mujeres y hombres, incluidas las violaciones y las prácticas sádicas, pertenecen también a la fenomenología propia de la MPB-III.

En los campos de concentración, los abusos sexuales se producían de manera aleatoria a nivel individual, así como en el contexto de las «casas de muñecas», instituciones que proporcionaban «entretenimiento» a los oficiales. La única salida posible de ese infierno era la muerte, ya fuese por bala, hambre, enfermedad o asfixia en las cámaras de gas. Los libros de Ka-Tzetnik 135633 *La casa de muñecas* y *Sunrise Over Hell* (Ka-Tzetnik, 1955 y 1977) nos brindan una descripción estremecedora de la vida en el interior de los campos de concentración.

La crueldad de los SS parece haberse centrado específicamente en las mujeres embarazadas y en los niños pequeños, lo que corrobora todavía más la hipótesis perinatal. El pasaje más impactante del libro de Terrence des Près *The Survivor* es, sin duda, la descripción de un camión lleno de bebés arrojados al fuego, seguido de una escena en la que las mujeres embarazadas se ven golpeadas con porras y látigos, atacadas por perros, arrastradas por los pelos, pateadas en los vientres y arrojadas aún vivas al crematorio (Des Près, 1976).

La naturaleza perinatal de los impulsos irracionales que se manifestaban en los campos de concentración resulta evidente también en la conducta escatológica de los SS. Arrojar cuencos de comida a las letrinas, pedir a los confinados que los recuperasen y obligar a los internos a orinar en la boca de otros eran prácticas que, además de su bestialidad, conllevaban el peligro de provocar una epidemia. Si los campos de concentración se hubiesen limitado a ser instituciones destinadas al aislamiento de enemigos políticos y al mantenimiento de mano de obra barata, una de las preocupaciones primordiales de los organizadores habría sido el cumplimiento de las normas de higiene higiénicas, como ocurre en cualquier instalación destinada a albergar a un gran número de personas. En Buchenwald, y como resultado de estas prácticas perversas, veintisiete reclusos perecieron ahogados en heces en el transcurso de un solo mes.

La intensidad y profundidad de muchos episodios de violencia colectiva que presentan estos rasgos perinatales sugieren su origen en un nivel profundo del inconsciente. Cuando nuestra autoexploración experiencial llega al nivel del recuerdo del trauma del nacimiento, conectamos con un inmenso pozo de recuerdos dolorosos de la especie humana y accedemos a las experiencias de quienes alguna vez se hallaron en una situación similar. No es difícil imaginar que el nivel perinatal del inconsciente, que tan íntimamente «conoce» la historia de la violencia humana, es, en realidad, parcialmente responsable de guerras, revoluciones, genocidios y atrocidades similares. La naturaleza y alcance de las brutalidades de la historia de la humanidad asociadas a las experiencias perinatales son realmente asombrosos. Después de haber analizado cuidadosamente diferentes aspectos de este fenómeno, Christopher Bache llegó a la interesante conclusión de sugerir que los recuerdos de la violencia perpetrada a lo largo de los tiempos de la historia de la humanidad han contaminado el campo del inconsciente colectivo tanto como los traumas de nuestra infancia y de nuestra niñez contaminan nuestro inconsciente individual. Según Bache, es posible que el efecto de la reviviscencia de estos recuerdos colectivos trascienda el marco de la terapia personal y nos permita participar en la limpieza y sanación del campo de conciencia de la especie humana (Bache, 2000).

El papel desempeñado por el trauma del nacimiento como fuente de violencia y tendencias autodestructivas se ha visto confirmado por estudios clínicos. Parece haber una gran correlación entre el nacimiento difícil y la criminalidad, (Litt, 1974; Kandel y Mednick, 1991 y Raine, Brennan y Mednick, 1995) y, de manera parecida, la agresividad dirigida hacia el interior, en particular el suicidio, parece estar psicogenéticamente asociada a dificultades durante el proceso del nacimiento (Appleby, 1998).

El investigador escandinavo Bertil Jacobson descubrió la existencia de una gran correlación entre determinadas formas de conducta autodestructiva y el tipo de parto. En este sentido, los suicidios por asfixia parecen estar asociados a la asfixia durante el parto,; los suicidios violentos a los traumatismos mecánicos del parto, y la drogadicción que conduce al suicidio a la administración, durante el parto, de opiáceos o barbitúricos (Jacobson *et al.*, 1987).

Raíces transpersonales de la violencia

La investigación de los estados holotrópicos ha puesto de relieve que las raíces de la violencia humana se asientan en un nivel de la psique que trasciende el estrato perinatal. Es posible encontrar importantes raíces de la agresividad en el ámbito transpersonal que incluyen escenas de tortura y asesinato en experiencias de vidas pasadas, figuras mitológicas de deidades iracundas y entidades demoníacas y grandes escenas destructivas arquetípicas, como el Ragnarok (la batalla del fin del mundo o el crepúsculo de los dioses de la mitología nórdica), ilustradas por la lucha del arcángel Miguel contra las hordas del demonio, la batalla zoroastriana de las fuerzas de la luz de Ahura Mazda contra las fuerzas de la oscuridad de Ahriman o el Apocalipsis del Nuevo Testamento.

C.G. Jung demostró la poderosa influencia que tienen los arquetipos del inconsciente colectivo no solo en la conducta individual, sino también en los acontecimientos de la historia humana (Jung, 1954). Desde este punto de vista, la conducta de naciones y grupos culturales podría estar reproduciendo importantes temas arquetípicos. Jung creía que muchos aspectos del movimiento nazi podían entenderse como la posesión de la nación alemana por el arquetipo de Wotan, el «antiguo dios de la tormenta y el frenesí» (Jung, 1947). En su brillante libro *Un terrible amor por la guerra*, James Hillman acumuló pruebas convincentes de que la guerra es una formidable fuerza arquetípica que tiene un poder irresistible sobre los individuos y las naciones (Hillman, 2004).

Son muchos los casos en los que los líderes militares, políticos y religiosos no se limitan, para el logro de sus objetivos, a emplear imágenes perinatales, sino que también apelan a imágenes arquetípicas y el simbolismo espiritual (Grof, 1985). A los cruzados medievales se les pidió que sacrificaran su vida por Jesús en una guerra destinada a recuperar Tierra Santa de las manos de los mahometanos. Adolf Hitler explotó los motivos mitológicos de la supremacía de la raza nórdica y de un imperio milenario, así como los antiguos símbolos védicos de la esvástica y el águila solar. El ayatolá Jomeini y Osama bin Laden enardecieron la imaginación de sus seguidores musulmanes con referencias a la *yihad*, la guerra santa contra los infieles. El presidente estadounidense Ronald Reagan se refirió a la Unión Soviética como el imperio del mal y algo parecido hizo George W. Bush al mencionar, en sus discursos políticos, al eje del mal y el Armagedón.

Carol Cohn no solo habló, en su artículo, del nivel perinatal, sino también del simbolismo transpersonal asociado al lenguaje utilizado en relación con el armamento y la doctrina nucleares (Cohn, 1987). Los autores de la doctrina estratégica se refieren a los miembros de su comunidad como una especie de «sacerdocio nuclear». La primera prueba atómica se denominó Trinidad, como la unidad del Padre, el Hijo y el Espíritu Santo, las fuerzas masculinas de la creación. Desde su perspectiva feminista, Cohn vio esto como un esfuerzo de los científicos masculinos por reclamar y apropiarse de la capacidad creativa. Los científicos que trabajaron en la bomba atómica y presenciaron la prueba la describieron diciendo «fue como si hubiésemos asistido al primer día de la creación» y Robert Oppenheimer pensó en las palabras de Krishna a Arjuna en la *Bhagavad Gita*: «Ahora me he convertido en la Muerte, el destructor de mundos».

Determinantes biográficos de la codicia

Sigmund Freud consideraba la codicia como un fenómeno asociado a problemas durante la lactancia. Según él, las dificultades ligadas a los defectos o excesos durante la fase oral del desarrollo libidinal pueden fijar hasta tal punto la primitiva necesidad infantil de incorporar objetos que, durante la edad adulta, se ve transferida en forma sublimada a una variedad de objetos y situaciones.

Cuando este impulso se centra en el dinero, los psicoanalistas lo atribuyen a una fijación al estadio anal del desarrollo libidinal, algo basado en el descubrimiento de Freud de la asociación simbólica que existe entre las heces y el oro. De igual modo, el apetito sexual insaciable se considera fruto de una fijación fálica y muchas otras búsquedas humanas se interpretan como sublimaciones de impulsos instintivos fálicos. La investigación moderna de la conciencia ha puesto de relieve la superficialidad e inadecuación de estas interpretaciones y ha descubierto importantes fuentes adicionales de la codicia y la avidez en los niveles perinatal y transpersonal del inconsciente.

Fuentes perinatales de la codicia

Son muchas las personas que, en el transcurso de una psicoterapia de orientación biográfica, descubren la falta de autenticidad de su vida en determinados aspectos de las relaciones interpersonales. Los problemas relacionados con la autoridad paterna, por ejemplo, pueden provocar problemas con las figuras de autoridad; las pautas disfuncionales en las relaciones sexuales pueden remontarse al modelo establecido por los padres; la fuerte rivalidad entre hermanos puede acabar tiñendo y distorsionando las futuras relaciones con los compañeros, etcétera.

Cuando el proceso de autoexploración experiencial llega al nivel perinatal, solemos descubrir que nuestra vida hasta ese momento no se ha limitado a ser parcialmente inauténtica, sino que es casi completamente inauténtica. Entonces no nos queda más remedio que reconocer asombrados que, como nuestra estrategia vital había seguido una dirección equivocada, es ahora incapaz de proporcionarnos una auténtica satisfacción. Y la razón para ello es que nuestras decisiones y conductas están fundamentalmente motivadas por el miedo a la muerte y a fuerzas inconscientes asociadas al nacimiento biológico que no habíamos procesado ni integrado adecuadamente.

Pues, aunque el parto biológico complete el proceso de nacimiento a nivel físico, no ocurre lo mismo a nivel emocional. Cuando nuestro campo de conciencia se halla fuertemente influido por el recuerdo subyacente de la lucha en el canal de parto, nos sentimos incómodos e insatisfechos con la situación actual. Este descontento puede centrarse en un amplio abanico de cuestiones, como la insatisfacción con nuestro aspecto físico, nuestros escasos recursos y posesiones materiales, nuestro bajo estatus e influencia social, nuestro insuficiente poder, fama, etcétera. Y, como le sucede al feto atascado en el canal de parto, sentimos el impulso y la urgencia de llegar a una situación mejor que, de algún modo, nos aguarda en el futuro.

Sean cuales fueren las circunstancias, nuestra realidad siempre nos parece inadecuada y nuestras fantasías seguirán esbozando imágenes de un futuro más satisfactorio. Parece que, mientras no lo logremos, nuestra vida no será «el tipo de vida que queremos o consideramos que deberíamos tener», sino que se limitará a ser la antesala de un futuro mejor, lo que da lugar a una pauta vital que las personas implicadas en la autoexploración experiencial han asimilado a una «carrera de ratas» o a una «cinta sin fin».

Esta es una situación a la que los filósofos existencialistas se refieren como una «proyección de uno mismo» hacia el futuro. Independientemente, sin embargo, de que logremos o no los objetivos fijados, esta es una estrategia perdedora y una falacia básica de la existencia humana, porque ningún objetivo externo podrá proporcionarnos la satisfacción interna que anhelamos.

Cuando el objetivo no se alcanza, solemos atribuir la insatisfacción al hecho de no haber logrado el ansiado estado correctivo, y, en el caso de que sí lo hayamos alcanzado, la insatisfacción se achaca a no haber elegido adecuadamente la meta, o a que no era lo suficientemente ambiciosa, lo que nos lleva a reemplazar el antiguo objetivo por otro nuevo o por una versión más intensa del antiguo.

Sea como fuere, el fracaso no se interpreta adecuadamente como el inevitable resultado de una estrategia vital equivocada e incapaz, por tanto, de proporcionarnos la adecuada satisfacción. La aplicación a gran escala de esta pauta falaz es precisamente la responsable de la búsqueda irracional de objetivos grandiosos que no hacen más que generar sufrimiento a la humanidad. Y esta interminable búsqueda de objetivos insatisfactorios es aplicable a cualquier nivel de riqueza, importancia y fama, porque jamás proporciona la verdadera satisfacción, una situación que Joseph Campbell describió perfectamente diciendo que era como «llegar al peldaño más alto de la escalera y darnos cuenta de que la habíamos apoyado en la pared equivocada». La única estrategia que puede aliviar de manera significativa este impulso irracional consiste en revivir e integrar conscientemente el trauma del nacimiento en una autoexploración sistemática interna que nos permita acceder a los recuerdos nutritivos del nacimiento (MPB-IV), el buen útero (MPB-I) y los estados transpersonales positivos.

Las raíces transpersonales de la codicia insaciable

La investigación moderna de la conciencia y la psicoterapia experiencial han puesto de relieve que las raíces más profundas de la insatisfacción y el deseo de perfección son, en última instancia, de naturaleza transpersonal. En palabras de Dante Alighieri «El [deseo de perfección] es ese deseo que siempre hace que todo placer parezca incompleto, pues no hay en esta vida alegría ni placer tan grande que pueda saciar la sed de nuestra alma» (Alighieri, 1990).

En un sentido más general, las raíces transpersonales más profundas de la codicia insaciable pueden entenderse mejor en términos del concepto de proyecto Atman esbozado por Ken Wilber (Wilber, 1980). Nuestra verdadera naturaleza es divina (Brahman, Buda, el Tao, Dios, Cristo Cósmico, Alá), algo que, por más que el proceso de encarnación nos separe y aliene de nuestra fuente, jamás erradicaremos completamente de nuestra conciencia.

Por eso, la fuerza motivadora más profunda de nuestra psique en todos los niveles de evolución de la conciencia consiste en recuperar la experiencia de nuestra divinidad. Sin embargo, las condiciones limitadoras que afectan a los diferentes estadios del desarrollo obstaculizan el logro de esta experiencia. La verdadera trascendencia exige la muerte de la sensación de identidad separada, la muerte del sujeto autónomo exclusivo, pero, debido a nuestra identificación con el ego y el miedo a su aniquilación, el individuo debe conformarse con sustitutos o sucedáneos del Atman propios de cada estadio concreto.

En el caso del feto y del recién nacido, se trata de la satisfacción experimentada en el buen vientre o el buen pecho. En el del bebé, se trata de la experiencia de satisfacción y seguridad fisiológica propia de su edad. En el caso del adulto, la gama de posibles proyectos Atman es más amplia e incluye también, además de la comida y el sexo, el dinero, la fama, el poder, la apariencia, el conocimiento, etcétera. Y, como nuestra sensación de identidad más profunda es que nuestra verdadera identidad es la totalidad de la creación cósmica y el principio creativo mismo, cualquier gratificación sustitutoria (es decir, cualquier proyecto Atman) será –independientemente de su grado y de su alcance– siempre insatisfactoria.

Solo la experiencia de nuestra divinidad alcanzada en un estado holotrópico de conciencia puede satisfacer nuestra necesidad más profunda. Es imposible que empeños mundanos satisfagan nuestra insaciable codicia, porque ese es un logro que solo puede alcanzarse en el mundo interior. Rumi, el gran místico y poeta persa del siglo XIII, lo dijo muy claro:

> El santo sabe que todas las esperanzas, deseos, amores y apegos que las personas tienen por diferentes cosas –padres, madres, amigos, cielos, tierra, jardines, palacios, ciencias, obras, comida, bebida– son meros velos tras de los cuales se esconde el verdadero anhelo de Dios. Cuando el ser humano abandone este mundo y se desvele el secreto sabrán que todos ellos eran capas y velos y que el verdadero objeto de su deseo era, en realidad, esa Única Cosa (Rumi, 1983).

Psicología de la supervivencia

El conocimiento proporcionado por la investigación sobre la conciencia y la psicología transpersonal pueden utilizarse para aliviar la crisis a la que actualmente nos enfrentamos. Ese trabajo ha demostrado que la violencia hunde sus raíces en niveles mucho más profundos y formidables de lo que nunca pudo imaginar la psicología tradicional. Sin embargo, también ha descubierto estrategias terapéuticas que pueden ayudarnos a aliviar y transformar la tendencia humana a la violencia.

Cualquier intento de cambiar la humanidad debería comenzar por la prevención psicológica a una edad muy temprana. Los datos proporcionados por las psicologías prenatal y perinatal nos indican lo mucho que podríamos lograr cambiando las condiciones del embarazo, el parto y los primeros cuidados postnatales. Y con ello me refiero a la preparación emocional de la madre durante el embarazo, la práctica del parto natural, la creación de un entorno psicoespiritual para el parto y el cultivo de un contacto emocionalmente nutritivo entre la madre y el niño durante el período postparto. Las circunstancias que rodean el nacimiento desempeñan un papel muy importante en el establecimiento de una tendencia a la violencia y las prácticas autodestructivas o, muy al contrario, de una conducta amorosa y el mantenimiento de relaciones interpersonales sanas.

El obstetra francés Michel Odent ha demostrado la importancia, en el establecimiento de esta impronta, del papel desempeñado por las hormonas implicadas en el proceso del parto, la lactancia y la conducta materna. Igualmente importante es el papel desempeñado por las catecolaminas (adrenalina y noradrenalina) en el estrés del parto que también desempeñan, en la evolución, el papel de mediadoras en la respuesta de lucha/huida de la madre cuando el parto tenía lugar en entornos naturales desprotegidos y expuestos a peligrosos depredadores.

Se sabe que la oxitocina, la prolactina y las endorfinas favorecen la conducta parental en los animales y facilitan la dependencia y el apego. Y, aunque el entorno en el que hoy dan a luz las madres es físicamente seguro, la atmósfera ruidosa, ajetreada y caótica de muchos hospitales provoca una ansiedad que activa, sin necesidad, el sistema catecolamínico. Y esto es algo que estampa en la mente del recién nacido la imagen de un mundo potencialmente peligroso que exige respuestas agresivas, lo que obstaculiza el establecimiento de vínculos interpersonales positivos e interfiere con el funcionamiento de las hormonas que facilitan la impronta. Resulta esencial, por tanto, que el parto se produzca en un entorno tranquilo, seguro y privado (Odent, 1995).

Son muchas las cosas que se han dicho sobre la importancia de la crianza de los niños y sobre las desastrosas consecuencias emocionales que tienen las situaciones traumáticas vividas durante la infancia y la niñez. Se trata de un entorno en el que son necesarias una educación y una orientación continuas. Sin embargo, para aplicar de manera adecuada los principios teóricamente conocidos, los padres deberían poseer la suficiente madurez y estabilidad emocional, porque es bien sabido que los problemas emocionales se transmiten como una maldición de una generación a la siguiente.

Las psicologías humanista y transpersonal han desarrollado métodos experienciales eficaces de autoexploración, sanación y transformación de la personalidad. Algunos de ellos se derivan de tradiciones terapéuticas occidentales, mientras que otros son adaptaciones modernas de prácticas espirituales antiguas y nativas. Pero estos enfoques no se limitan a alentar la sanación emocional, sino que también tienen la capacidad de superar la alienación de la humanidad moderna y restablecer la conexión de la cultura occidental con una espiritualidad realmente experiencial. Algunos de estos enfoques tienen una ratio muy favorable entre profesionales y clientes y otros se sirven del poder curativo de la dinámica de grupo.

El trabajo sistemático y responsable con psiquedélicos y otros tipos de estados holotrópicos de conciencia puede ir más allá de la mera curación de los trastornos emocionales y psicosomáticos. También puede provocar cambios en la jerarquía de valores y facilitar una profunda transformación psicoespiritual (que va, por ejemplo, desde la reducción significativa de la agresividad hasta el desarrollo de la compasión, la sensación de paz interior, la aceptación de los demás y de uno mismo y la mejora de la propia imagen). Algunos de estos cambios son idénticos a los observados por Abraham Maslow en personas que habían experimentado estados místicos espontáneos («experiencias cumbre»), como la autorrealización, la sensación genuina de verdad, belleza y bondad («metavalores») y la tendencia a integrar estas virtudes en la propia vida («metamotivaciones»).

Las personas implicadas en una psiconáutica responsable hablan también de un mayor entusiasmo, alegría de vivir y capacidad de disfrutar de las cosas sencillas de la vida (como los paseos por la naturaleza, escuchar música, relacionarse con los demás, hacer el amor y saborear la comida). La emergencia en la conciencia de los contenidos del nivel perinatal del inconsciente y su integración provocan cambios radicales en la personalidad. La experiencia de muerte y renacimiento psicoespiritual y el acceso consciente a los recuerdos postnatales y prenatales positivos reducen los impulsos y ambiciones irracionales y provocan un cambio de énfasis desde el pasado y el futuro hasta el momento presente.

Algunos de estos cambios tienen importantes repercusiones para la sociedad humana. El resultado más frecuente de una psiconáutica responsable consiste en el aumento de la tolerancia racial, sexual, política y religiosa. Las diferencias entre las personas dejan entonces de ser una amenaza y se tornan interesantes y enriquecedoras independientemente del género, la raza, el color, el idioma, la convicción política o la creencia religiosa. Otro cambio frecuente es el reemplazo de la competitividad por la sinergia y la cooperación.

Muchos psiconautas descubren el poder y la eficacia del *wu wei* taoísta (es decir, de la quietud creativa o del hacer siendo) cuando la vida deja de atenerse a impulsos ambiciosos y empieza a asemejarse, en cambio, a las artes marciales suaves o el surf. Esta estrategia nos ayuda a vivir con menos esfuerzo y sus resultados no solo sirven a la persona que los experimenta, sino que de ellos se beneficia toda la comunidad. Y esto es algo que, con mucha frecuencia, va acompañado de sincronizaciones interesantes y útiles, como la aparición inesperada de las personas, la información y los recursos que necesitamos.

Este proceso de apertura y transformación espiritual suele profundizarse como resultado de las experiencias transpersonales. Los cambios que se producen en las personas que las experimentan se asemejan a los que muestran los astronautas y cosmonautas al volver de un viaje espacial. El efecto considerable que provoca el espacio cósmico en los astronautas quedó patente en los relatos de los ocho estadounidenses que participaron en el extraordinario documental de Mickey Lemle titulado *The Other Side of the Moon* (Lemle, 1990), entre los que estaban Louis Armstrong, Edgar Mitchell, Buzz Aldrin y Rusty Schweickart. Como sucedió con los astronautas, los psiconautas empiezan a ver la Tierra como la «nave espacial Tierra» de Buckminster Fuller en la que se desplaza toda la humanidad y como una hermosa joya azul que resplandece en mitad de la noche en un Cosmos gigantesco, lo que les lleva a admitir que, antes que rusos, checos, alemanes o estadounidenses, todos somos ciudadanos del mismo planeta.

La identificación con otras personas, grupos humanos, animales y hasta la vida vegetal tiende a provocar una sensación de apertura y amor por la naturaleza y la totalidad de la creación. Esto se basa en una conciencia casi celular de que los límites del universo son arbitrarios y de que cada uno de nosotros es, en última instancia, idéntico a la totalidad de la existencia. Entonces resulta evidente que estamos profundamente unidos a la naturaleza y que no podemos dañar el entorno natural –contaminando indiscriminadamente el aire, el agua y el suelo en el que cultivamos nuestros alimentos– sin dañarnos a nosotros. Esta conciencia global intensifica nuestra sensibilidad ecológica y consolida la decisión de proteger la Naturaleza.

Por último –pero no, por ello, menos importante–, una psiconáutica responsable tiende a despertar una espiritualidad no confesional, no chovinista, universal, abarcadora y mística tan auténtica como convincente, porque se basa en una experiencia personal profunda que tiene el poder de socavar y superar tanto la visión atea, monista y materialista del mundo como los sistemas de creencias rígidos y fundamentalistas basados en una interpretación literal de las escrituras religiosas.

Es evidente que, en el caso de producirse a escala suficientemente grande, esta transformación interior aumentaría de manera considerable nuestras probabilidades de supervivencia. Muchas de las personas con las que hemos trabajado eran conscientes de que la humanidad se halla en una encrucijada crítica en la que nos enfrentamos a una aniquilación colectiva o a un salto evolutivo de conciencia de proporciones jamás vistas. El pionero de la psicodelia Terence McKenna lo dijo de forma tan clara como sucinta al afirmar que «de una u otra forma, el cuento del mono tonto ha pasado a la historia». Pues, si nuestra especie no experimenta una profunda transformación interior, corre el peligro de enfrentarse a su extinción.

Parece que estamos inmersos en una carrera contra reloj que carece de precedentes en la historia de la humanidad. Lo que está en juego es nada menos que el futuro de nuestra especie y de la vida en este planeta. No parece probable que, si seguimos con las viejas estrategias claramente destructivas y autodestructivas, la especie humana logre sobrevivir. Si, por el contrario, un número suficiente de personas experimenta un proceso de profunda transformación psicoespiritual interior, tal vez podamos alcanzar un nivel de evolución de la conciencia que haga justicia al nombre de *Homo sapiens sapiens* con el que tan orgullosamente bautizamos a nuestra especie.

Bibliografía

Alighieri, D. 1990. *Il Convivio*. (R.H. Lansing, trad.). New York: Garland.
Appleby, L. 1998. 8. «Violent Suicide and Obstetric Complications». *British Medical Journal* 14: 1333-1334.
Ardrey, R. 1961. *African Genesis*. New York: Atheneum.
Bache, C. 2000. *Dark Night, Early Dawn: Steps to a Deep Ecology of Mind*. Albany, NY: State University of New York (SUNY) Press.
Bastiaans, J. 1955. *Man in the Concentration Camp and the Concentration Camp in Man*. Manuscrito inédito. Leyden, Holland.
Cohn, C. 1987. Sex and Death in the Rational World of the Defense Intellectuals. *Journal of Women in Culture and Society*. 12, pp. 687-718.
Darwin, C. 1952. *The Origin of Species and the Descent of Man*. Chicago, IL: Encyclopaedia Britannica (publicado originalmente en 1859).

Dawkins, R. 1976. *The Selfish Gene*. New York: Oxford University Press.
Dollard, J. et al., 1939. *Frustration and Aggression*. New Haven, CN: Yale University Press.
Ellsberg, D. 1971. *The Pentagon Papers*.
Ellsberg, D. 2018. *The Doomsday Machine: Confessions of a Nuclear War Planner*. New York/London: Bloomsberry Publishing.
Freud, S. 1917. «Mourning and Melancholia». The *Standard Edition of the Complete Psychological Works of Sigmund Freud*, Volume XIV (19141916).
Fromm, E. 1973. *The Anatomy of Human Destructiveness*. New York: Holt, Rinehart & Winson.
Grof, S. 1975. *Realms of the Human Unconscious: Observations from LSD Research*. New York: Viking Press.
Grof, S. 1985. *Beyond the Brain: Birth, Death, and Transcendence in Psychotherapy*. Albany, NY: State University of New York (SUNY) Press.
Grof, S. 2000. *Psychology of the Future: Lessons from Modern Consciousness Research*. Albany, NY: State University of New York (SUNY) Press.
Hillman, J. 2004. *A Terrible Love of War*. New York: The Penguin Press.
Jacobson, B. et al., 1987. Perinatal Origin of Adult Self-Destructive Behavior. *Acta psychiat. Scand*. 6:364-371.
Jung, C.G. 1947. *Wotan: Essays on Contemporary Events*. London: Kegan Paul.
Jung, C.G. 1954. Archetypes of the Collective Unconscious. *Collected Works* IX.1. Princeton, NJ: Princeton University Press.
Kandel, E. y Mednik, S.A. 1991. Perinatal Complications Predict Violent Offending. *Criminology* 29 (3): 509-519.
Ka-Tzetnik 135633. 1955. *The House of Dolls*. New York: Pyramid Books.
Ka-Tzetnik 135633. 1977. *Sunrise Over Hell*. London: W. A. Allen.
Ka-Tzetnik 135633. 1989. *Shivitti: A Vision*. San Francisco, CA: Harper & Row.
Keen, S. 1998. *Faces of the Enemy: Reflections of the Hostile Imagination*. San Francisco: Harper.
Lemle, M. 1990. *The Other Side of the Moon*. Lemle Pictures, Inc.
Litt, S. 1974. «A Study Of Perinatal Complications As A Factor In Criminal Behavior». *Criminology* 12 (1), 125-126.
Lorenz, K. 1963. *On Aggression*. New York, Harcourt: Brace, & World, Inc.
MacLean, P. 1973. «A Triune Concept of the Brain and Behavior. Lecture 1. Man's Reptilian and Limbic Inheritance» en: T.J Boag & D. Campbell

(eds.), *The Hincks Memorial Lectures*. University of Toronto Press, Toronto, Ontario, pp. 6-66.

Mause, L. de. (ed.). 1975. *The Independence of Psychohistory*. New York: The New Psychohistory.

McKenna, T. 1992. *Food of the Gods: The Search for the Original Tree of Knowledge*. New York: Bantam.

Morris, D. 1967. *The Naked Ape: A Zoologist's Study of the Human Animal*. New York: McGraw-Hill.

Odent, M. 1995. «Prevention of Violence or Genesis of Love? Which Perspective?». Conferencia presentada en el decimocuarto congreso transpersonal internacional celebrado en Santa Clara, CA.

Près, T. Des. 1976. *The Survivor: An Anatomy of Life in the Death Camps*. Oxford: Oxford University Press.

Raine, A., Brennan, P. y Mednick, S. A. 1995. Birth Complications Combined with Early Maternal Rejection at Age 1 Predispose to Violent Crime at Age 18 Years. *Obstetrical and Gynecological Survey* 50 (11):775-776.

Rumi, 1983. Traducido por W. Chittick en *Sufi Path of Love*. Albany, NY: State University of New York (SUNY) Press.

Tarnas, R. 2006. *Cosmos and Psyche: Intimations of A New World View*. New York: Viking Press.

Tinbergen, N. 1965. *Animal Behavior*. New York: Time-Life.

Wilber, K. 1980. *The Atman Project: A Transpersonal View of Human Development*. Wheaton, IL Theosophical Publishing House.

Wrangham R., Peterson, D. 1996. *Demonic Males: Apes and the Origins of Human Violence*. New York: Houghton Mifflin Company.

XIII. Psique y tánatos: *las dimensiones psicoespirituales de la muerte y el proceso del morir*

Resulta difícil imaginar un tema más universal y de mayor relevancia personal para el ser humano que la muerte y el proceso del morir. Todos, a lo largo de la vida, perderemos familiares, amigos, profesores, conocidos y personajes públicos importantes y acabaremos enfrentándonos a nuestra extinción biológica. Resulta sorprendente que, a la vista de todo esto, la civilización industrial occidental haya mostrado, hasta finales de los años 60, tan poco interés en el tema de la muerte y el proceso del morir.

Y esta falta de interés no se ha limitado a la población general, sino que ha afectado también a científicos y profesionales de disciplinas que teóricamente deberían haberse mostrado mucho más interesados, como la medicina, la psiquiatría, la psicología, la filosofía y la teología. Esta es una situación que solo puede explicarse por el miedo y la negación de la muerte con los que la civilización industrial moderna aborda esta cuestión.

En su libro *La negación de la muerte*, el antropólogo cultural estadounidense Ernest Becker demostró que, en última instancia, la sociedad moderna es un elaborado mecanismo de defensa simbólico destinado a eludir la conciencia de nuestra mortalidad. En este sentido sugirió que el individuo trata de superar su miedo a la muerte esbozando «proyectos de inmortalidad» que le permitan imaginar que forma parte de algo más grande que sobrevive a la muerte. Según Becker, el choque entre los proyectos de inmortalidad esbozados por las distintas personas es el responsable de la mayor parte del mal que asola el mundo, es decir, de los conflictos interpersonales, las guerras, de la intolerancia, el genocidio y el racismo (Becker, 1973).

Y este desinterés con el que la sociedad moderna contempla la muerte resulta más sorprendente aún si lo comparamos con la actitud diametralmente opuesta con la que la contemplaban las culturas antiguas y preindustriales, que ocupaba un lugar central en sus cosmogonías, filosofías, vida espiritual, rituales y mitologías e impregnaba toda su vida cotidiana.

La importancia práctica de esta diferencia resulta evidente en las distintas actitudes con las que la persona se enfrenta a la muerte en estos dos contextos históricos y culturales. Quien muere en una sociedad industrial occidental suele tener una visión pragmática y materialista del mundo. Según la corriente principal de la ciencia académica occidental, la historia del universo es la historia del desarrollo de la materia, y la vida, la conciencia y la inteligencia son productos secundarios más o menos accidentales e insignificantes de este proceso. Aparecieron en escena después de miles de millones de años de evolución de la materia inerte y pasiva en un rincón de un universo inmenso. No cabe, en un mundo que solo considera real lo material, lo tangible y lo mensurable, espacio para ningún tipo de espiritualidad.

Aunque la sociedad apruebe y hasta fomente la práctica de las actividades religiosas, cualquier implicación con la espiritualidad se considera, desde un punto de vista estrictamente científico, como un indicio de irracionalidad e inmadurez emocional e intelectual derivada de la superstición, de la falta de educación o de una regresión a una modalidad primitiva del pensamiento mágico. En este mismo sentido, la experiencia directa de las realidades espirituales se considera y diagnostica como una forma de psicosis, una grave enfermedad mental. Despojada de su componente experiencial, la religión ha perdido la conexión con su fuente espiritual profunda y ha acabado convirtiéndose en una manifestación vacía, absurda y cada vez más irrelevante de la vida del occidental medio.

La capacidad de persuasión de la religión no puede competir con la de la ciencia materialista respaldada por los avances tecnológicos. Dadas estas circunstancias, la religión ha dejado de ser una fuerza vital tanto en nuestra vida como en nuestra muerte y en el proceso del morir. Sus referencias a la vida después de la muerte, a las aventuras póstumas del alma y a las moradas del más allá, como el cielo y el infierno, han quedado relegadas al ámbito de los manuales de psiquiatría y de los cuentos de hadas. Así es como ha acabado patologizándose la historia ritual y espiritual de la humanidad.

Las grandes religiones del mundo se originaron en las experiencias perinatales y transpersonales de sus fundadores, profetas y santos. Pensemos, por ejemplo, en la experiencia del Buda con Kama Mara y su ejército, o en su reviviscencia de distintos episodios de sus encarnaciones pasadas y la consiguiente «disolución de los lazos kármicos». El Antiguo Testamento menciona la visión de la zarza ardiente que tuvo Moisés y el Nuevo Testamento habla de la tentación a la que el diablo sometió a Jesús durante su estancia en el desierto, la visión cegadora de Jesús que Saulo tuvo camino de Damasco y la experiencia del Apocalipsis de san Juan. Las escrituras islámicas hablan igualmente del viaje de Mahoma por los siete cielos, el paraíso y el infierno de la mano del arcángel Gabriel. Pero, según la psiquiatría tradicional, todas estas experiencias son signos de una psicopatología, es decir, de una enfermedad mental grave de los individuos implicados.

Existe abundante literatura psiquiátrica dispersa en artículos y libros destinada a identificar el mejor diagnóstico clínico para figuras espirituales famosas como el Buda, Jesús, Mahoma, Ramakrishna o san Antonio. En este sentido, la psiquiatría atribuye las experiencias visionarias de los reinos transpersonales a psicosis graves como la esquizofrenia o la epilepsia, como ilustra el caso de Mahoma o diagnostica las experiencias de san Juan de la Cruz y santa Teresa de Ávila, fruto de una «degeneración hereditaria» y de una «psicosis histérica», respectivamente.

Los antropólogos convencionales no están de acuerdo en si los chamanes están aquejados de una esquizofrenia, de una psicosis fronteriza o de una epilepsia. Hay incluso un artículo titulado «Buddhist Training as Artificial Catatonia», escrito por Franz Alexander, el famoso psicoanalista fundador de la medicina psicosomática (Alexander, 1931), que llega a considerar la meditación como una forma de psicopatología.

Según la neurociencia occidental, la conciencia es un epifenómeno de la materia, es decir, un producto de los procesos fisiológicos que se producen en el cerebro y completamente dependiente, por tanto, del cuerpo. Desde esta perspectiva, la muerte del cuerpo –y, más concretamente, la muerte del cerebro– constituye el fin absoluto de cualquier forma de actividad consciente. Cualquier creencia en un viaje póstumo del alma, en la reencarnación o en una vida después de la muerte suele descartarse como producto de las ilusiones de personas incapaces de aceptar el evidente imperativo biológico de una muerte cuya naturaleza absoluta se ha visto científicamente demostrada más allá de toda duda razonable. Son muy pocas las personas, incluidos la mayoría de los científicos, que no solo reconocen que carecemos de evidencias que corroboren que la conciencia es un producto del cerebro, sino que ni siquiera tenemos la más remota idea de cómo puede ocurrir tal cosa. Pese a ello, sin embargo, este supuesto metafísico sigue siendo uno de los principales mitos de la ciencia materialista occidental y ejerce una profunda influencia en nuestra sociedad.

Hasta finales de la década de los 1960, esta actitud mantuvo el interés científico alejado de la experiencia de los pacientes terminales y de quienes habían vivido experiencias cercanas a la muerte. Los escasos informes publicados sobre este tema recibieron muy poca atención, ya sea en forma de libros para el público en general, como *The Vestibule* de Jess E. Weisse (Weisse, 1972) y *Glimpses of the Beyond* de Jean-Baptiste Delacour (Delacour, 1974), y de investigaciones científicas, como el estudio de las observaciones en el lecho de muerte de médicos y enfermeras realizado por Karlis Osis (Osis, 1961).

Desde la publicación, en 1975, del superventas internacional de Raymond Moody titulado *La vida después de la vida*, Elizabeth Kübler-Ross, Ken Ring, Michael Sabom y otros pioneros de la tanatología han acumulado una evidencia impresionante de experiencias cercanas a la muerte, desde percepciones extrasensoriales muy exactas durante las experiencias extracorporales hasta los profundos cambios de personalidad que suelen acompañarlas (Kübler-Ross, 1969; Moody, 1975; Ring, 1982 y Sabom, 1982).

El material de estos estudios se ha visto ampliamente utilizado y difundido por los medios de comunicación a través de todo tipo de programas, desde tertulias televisivas hasta películas de Hollywood. Sin embargo, la mayoría de los profesionales siguen desestimando como alucinaciones irrelevantes producidas por algún tipo de crisis biológica estos datos que podrían revolucionar nuestra comprensión de la naturaleza de la conciencia y su relación con el cerebro. Tampoco se registran ni examinan rutinariamente como parte importante del historial médico de los pacientes y la mayoría de los centros médicos no proporcionan apoyo psicológico que contribuya a la integración de estos difíciles acontecimientos.

Quienes mueren en las sociedades occidentales tampoco cuentan con apoyo humano eficaz que facilite su transición. Tratando de protegernos del malestar emocional provocado por la muerte, el mundo industrial tiende a relegar a los enfermos y moribundos a hospitales y residencias de ancianos y hace hincapié en los sistemas de apoyo vital y en la prolongación mecánica de la vida a menudo más allá de todo límite razonable y prestando muy poca atención a la calidad del entorno humano.

El sistema familiar se desintegra y los niños suelen vivir lejos de sus padres y de sus abuelos. En el momento de una crisis médica, el contacto suele ser mínimo y estrictamente formal. Además, los profesionales de la salud mental, que han desarrollado formas concretas de apoyo y asesoramiento psicológico para una gran variedad de crisis emocionales, apenas si prestan atención a los moribundos. Por eso, quienes se enfrentan a la más profunda de todas las crisis, una crisis que afecta simultáneamente a las dimensiones biológicas, emocionales, interpersonales, sociales, filosóficas y espirituales de la persona, siguen siendo los únicos que carecen de apoyo.

Y todo ello ocurre en el contexto de la gran negación colectiva de la impermanencia y la mortalidad que caracteriza a la civilización industrial occidental. La mayor parte de nuestro contacto con la muerte se produce de un modo completamente aséptico y los profesionales que se ocupan de ello se encargan de mitigar su impacto inmediato. Una expresión extrema de esta situación podemos verla en el Forest Lawn Memorial Park and Mortuaries de Los Angeles, en donde barberos, peluqueros, sastres, maquilladores y cirujanos plásticos *post mortem* llevan a cabo una amplia diversidad de arreglos cosméticos en el cadáver antes de mostrarlo a amigos y familiares.

Los medios de comunicación contribuyen a este distanciamiento diluyendo la muerte en estadísticas vacías al informar de forma objetiva de los miles de víctimas que mueren en guerras, revoluciones, genocidios y catástrofes naturales. Las películas y los programas de televisión banalizan aún más la muerte capitalizando la violencia, lo que inmuniza al público contra su relevancia emocional y acaba convirtiendo en espectáculo la muerte, el asesinato y la matanza indiscriminada. Matar y destruir es también un tema habitual en los videojuegos con los que se distraen millones de niños, adolescentes y adultos.

En términos generales, las condiciones de vida de los países tecnológicamente más avanzados no proporcionan apoyo ideológico y psicológico a quienes se enfrentan a la muerte, algo que contrasta mucho con la situación en que se encuentran los moribundos en las sociedades antiguas y preindustriales. Las cosmologías, filosofías y mitologías de estos, así como la vida espiritual y ritual, contienen el claro mensaje de que la muerte no es el final absoluto e irrevocable y que la vida y la existencia prosiguen, de algún modo, después del momento de la extinción biológica.

Otro rasgo característico de las culturas antiguas y preindustriales relativo a la experiencia del morir es su aceptación de la muerte como parte integral de la existencia. Las personas que viven en esas culturas suelen pasar tiempo cerca de los moribundos, manipulan los cadáveres, observan la cremación y conviven con sus restos. Una visita a un lugar como Benarés (India), en donde esta actitud alcanza su máxima expresión, puede suponer, para un occidental, un profundo choque cultural.

Además, las personas que mueren en las culturas preindustriales suelen hacerlo en el contexto de una familia extensa, un clan o una tribu que puede ofrecerles el apoyo emocional de quienes las conocen. También hay que decir que, en el momento de la muerte, suelen llevar a cabo poderosos rituales destinados a ayudar a quienes se enfrentan a la transición final y que también cuentan con una guía concreta para los moribundos como la descrita, por ejemplo, en el *Libro tibetano de los muertos* (*Bardo Thödol*). El budismo tibetano considera la muerte como una oportunidad para la liberación espiritual de los ciclos de muerte y renacimiento o, en el caso de no alcanzar la liberación, un período clave que determina nuestra próxima encarnación. Desde ese punto de vista, el estado intermedio entre una vida y la siguiente (*bardo*) es tanto o más importante que la existencia encarnada. Resulta esencial, por tanto, desde esa perspectiva, prepararse para este lapso mediante una práctica sistemática durante toda nuestra vida.

Un factor extraordinariamente importante que influye en la actitud hacia la muerte y la experiencia de morir de las culturas preindustriales ha sido el adiestramiento experiencial que implican los estados holotrópicos de conciencia. Ya hemos hablado del empleo de estos estados en el chamanismo, los ritos de paso, los antiguos misterios de muerte y renacimiento y el trabajo con las «tecnologías de lo sagrado» que se llevan a cabo en el contexto de las grandes religiones del mundo (pág. 38, volumen 1). Todas estas situaciones ofrecen prácticas para «morir antes de morir» que proporcionan al iniciado la oportunidad de experimentar una muerte y un renacimiento psicoespiritual que le liberan del miedo a la muerte y transforman su experiencia del proceso de morir.

Esto incluye varios tipos de yoga, la teoría y la práctica del budismo, el taoísmo, el vajrayana tibetano, el sufismo, el misticismo cristiano y la cábala, entre otros muchos. Todos esos sistemas han desarrollado formas eficaces de oración, meditación sedente, meditación en movimiento, ejercicios respiratorios, y muchas otras técnicas destinadas a inducir estados holotrópicos que tienen componentes profundamente espirituales. Como sucede con las experiencias de los chamanes, los iniciados en los ritos de paso y los neófitos en los antiguos misterios, estos procedimientos proporcionan al adepto la oportunidad de enfrentarse a la impermanencia y la mortalidad, trascender el miedo a la muerte y transformar radicalmente la calidad de su ser en el mundo.

Esta descripción de los recursos a los que tiene acceso el moribundo en las culturas preindustriales no estaría completa si no mencionásemos libros de los muertos como el *Bardo Thödol* tibetano, el *Pert em hru* egipcio, el *Codex Borgia* azteca o el *Ars moriendi* europeo. Cuando los eruditos occidentales descubrieron los antiguos libros de los muertos, los consideraron descripciones ficticias del viaje póstumo del alma y, como tales, especulaciones de personas incapaces de aceptar la cruda realidad de la muerte que, de ese modo, equiparaban a cuentos de hadas, es decir, creaciones imaginarias de la fantasía humana que, si bien podían poseer cierta belleza artística, carecían de toda relevancia para la realidad cotidiana.

Pero lo cierto es que el estudio más profundo de esos textos reveló que habían sido utilizados como guías en el contexto de misterios sagrados y prácticas espirituales y que muy probablemente describían las experiencias de los iniciados y de los practicantes. Desde esta perspectiva, considerar los libros de los muertos como manuales para ayudar al moribundo parece un adecuado disfraz inventado por los sacerdotes para ocultar su verdadera función y proteger así su significado y mensaje esotérico más profundo. Pero el problema consistía en descubrir la naturaleza exacta de los procedimientos empleados por los antiguos sistemas espirituales para inducir esos estados.

La investigación moderna de los estados holotrópicos nos ha proporcionado comprensiones nuevas e inesperadas a este respecto. El estudio sistemático de la experiencia de sesiones psiquedélicas, de modalidades de psicoterapia que no emplean substancias y de emergencias espirituales que afloran espontáneamente ha demostrado que, en todas estas situaciones, las personas pueden encontrarse con un amplio espectro de experiencias inusuales (incluyendo secuencias de agonía y muerte, paso por el infierno, verse sometido a un juicio divino, renacer, alcanzar los reinos celestiales y enfrentarse a recuerdos de encarnaciones anteriores). Y lo más curioso es que todos estos estados son sorprendentemente parecidos a los descritos en los textos escatológicos de las culturas antiguas y preindustriales.

Otra pieza que faltaba de ese puzle la aportó la tanatología, la nueva disciplina científica que se ocupa específicamente del estudio de la muerte y el proceso del morir. Los estudios tanatológicos de los estados cercanos a la muerte, como *Vida después de la vida*, de Raymond Moody (Moody, 1975), *Life at Death* y *Heading Toward Omega*, de Kenneth Ring (Ring, 1982 y 1985), *Consciousness Beyond Life*, de Pim van Lommel (van Lommel, 1919), *Recollections of Death*, de Michael Sabom (Sabom, 1982) y *The Near Death Experience*, de Bruce Greyson y Charles Flynn (Greyson y Flynn, 1984), han puesto de relieve la profunda semejanza que existe entre las experiencias asociadas a situaciones que ponen en peligro la vida, las descripciones de los antiguos libros de los muertos y las reportadas por los sujetos que han pasado por sesiones psiquedélicas o por la moderna psicoterapia experiencial.

Todo esto ha dejado muy claro que los antiguos textos escatológicos son verdaderos mapas de los territorios interiores de la psique a los que se accede en estados holotrópicos profundos, incluidos aquellos asociados a la muerte biológica. Las experiencias implicadas parecen trascender la raza y la cultura y originarse, como dijo C.G. Jung, en el inconsciente colectivo. Es posible pasar la vida sin experimentar esos reinos e incluso sin ser consciente de su existencia hasta que, en el momento de la muerte biológica, uno se ve catapultado a ellos.

Para algunas personas, sin embargo, estos dominios de la experiencia son accesibles durante la vida en situaciones muy diversas, como las sesiones psiquedélicas, o algunas otras formas poderosas de autoexploración, como la práctica espiritual seria, la participación en rituales chamánicos o las crisis psicoespirituales espontáneas. Esto abre la posibilidad de una exploración experiencial directa de esos territorios de la psique para que el encuentro con la muerte no sea una sorpresa absoluta en el momento de la extinción biológica. El monje agustino alemán Abraham de Santa Clara, que vivió en el siglo XVII, expresó de un modo tan claro como sucinto la importancia de la práctica vivencial de la muerte cuando dijo: «Quien muere antes de morir no muere al morir».

Pero, además de influir en la experiencia de la muerte, este «morir antes de morir» tiene dos consecuencias importantes: liberar al individuo del miedo a la muerte, y cambiar su actitud ante la muerte. La liberación del miedo a la muerte también modifica profundamente la forma de estar en el mundo del individuo. Por este motivo, no existe ninguna diferencia fundamental entre la preparación para la muerte y la práctica del morir, por una parte, y la práctica espiritual que conduce a la iluminación, por la otra. Y esta es también la razón que explica la importancia que, para ambas situaciones, tienen los antiguos libros de los muertos.

Son muchos, como ya hemos dicho, los aspectos de la vida de las culturas preindustriales que facilitan la situación psicológica en que se encuentra el moribundo comparado con la de quien muere en la civilización tecnológica occidental. Naturalmente, deberíamos preguntarnos si esa ventaja se debe a la falta de información fiable sobre la naturaleza de la realidad o al autoengaño de las ilusiones. Porque, si este fuera el caso, gran parte del problema que supone enfrentarnos a la muerte sería simplemente el peaje que debemos pagar por un conocimiento más profundo del esquema universal de las cosas y quizás prefiramos asumir las consecuencias de saber la verdad. Sin embargo, un examen más detallado de las evidencias con que contamos pone claramente de relieve que este no es el caso.

Psique y tánatos 199

El factor individual más importante de las diferencias entre la visión del mundo de los países industriales occidentales y el resto de los grupos humanos a lo largo de toda la historia no se debe tanto a la superioridad de la ciencia materialista sobre la superstición primitiva, sino a la profunda ignorancia que la humanidad moderna tiene de los estados holotrópicos de conciencia. El único modo de mantener la visión newtoniano-cartesiana del mundo propia de la ciencia occidental es mediante la eliminación sistemática o la interpretación inadecuada de los datos proporcionados por los estudios sobre la conciencia independientemente de que procedan de los campos de la historia, la antropología, las religiones comparadas o las distintas áreas de la moderna investigación, como la parapsicología, la tanatología, la terapia psiquedélica, la privación sensorial, las psicoterapias experienciales o la terapia con individuos que están atravesando crisis psicoespirituales («emergencias espirituales»).

El ejercicio sistemático de las distintas modalidades de estados holotrópicos de conciencia que caracterizan la vida ritual y espiritual de las culturas

La gran escalera del mundo: representación simbólica de la inevitable trayectoria de la vida humana. Todo empieza en el momento del nacimiento, culmina en la flor de la vida y concluye en la vejez y la muerte. La cuna de la izquierda constituye un claro reflejo especular de la tumba de la derecha. Isaac Jasparde, 1654.

antiguas y aborígenes conduce inevitablemente a una visión de la naturaleza de la realidad y de la relación que existe entre conciencia y materia fundamentalmente distinta al sistema de creencias propio de las sociedades tecnológicas. No conozco a un solo académico occidental que haya hecho un trabajo profundo con estados holotrópicos y siga suscribiendo la visión científica de la conciencia, la psique, la naturaleza humana y la naturaleza de la realidad que hoy se enseña en las universidades occidentales.

Y esto es algo completamente independiente de la formación académica, el coeficiente intelectual y el área concreta de experiencia del individuo en cuestión. Las diferencias de actitud con respecto a la posibilidad de una conciencia posterior a la muerte son una réplica exacta de las diferencias de actitud hacia los estados holotrópicos. Las culturas antiguas y preindustriales tenían en muy alta estima estos estados, los practicaban regularmente en entornos socialmente aceptados y dedicaban mucho tiempo y energía al desarrollo de técnicas seguras y eficaces para inducirlos.

Estas experiencias eran el principal vehículo de la vida ritual y espiritual y constituían una forma de comunicación directa con los reinos arquetípicos de los dioses, los demonios, las fuerzas de la naturaleza, los reinos animales y el cosmos. Otros empleos de los estados holotrópicos tenían que ver con el diagnóstico y la curación de enfermedades, el cultivo de la intuición y la percepción extrasensorial y el logro de la inspiración artística, así como también para fines prácticos, como seguir el movimiento de la caza y encontrar objetos y personas perdidas. Según el antropólogo británico Victor Turner, el hecho de compartir estados holotrópicos en grupo contribuye también al establecimiento de un sentimiento de conexión profunda y a la correspondiente cohesión tribal (*communitas*) (Turner, 2005).

La sociedad occidental patologiza todo tipo de estado holotrópico (con excepción de las pesadillas o los sueños que no son recurrentes), dedica mucho tiempo a desarrollar formas eficaces de suprimirlos cuando aparecen espontáneamente y tiende a proscribir las herramientas y contextos a ellos asociados. La psiquiatría occidental no distingue amalgama como manifestaciones de una enfermedad mental. En su rechazo de la religión, tampoco diferencia las creencias populares primitivas o la interpretación literal de las escrituras sostenidas por los fundamentalistas de las sofisticadas tradiciones místicas y filosofías espirituales orientales basadas en siglos de exploración introspectiva sistemática de la psique. Es lamentable que este enfoque equivocado haya acabado patologizando la historia espiritual de la humanidad.

Sin embargo, las observaciones procedentes del estudio de diferentes campos de investigación de la conciencia cuestionan la visión materialista según la cual la muerte biológica representa el destino último de la existencia y de cualquier tipo de actividad consciente. Es importante, en este tipo de exploraciones, centrarse en los hechos observados y tener la mente bien abierta. El compromiso inquebrantable *a priori* con el paradigma sostenido por la ciencia dominante a este respecto es una actitud propia de las religiones fundamentalistas. A diferencia de este cientificismo estrecho, la verdadera ciencia debe estar abierta a la investigación imparcial de cualquier fenómeno existente. Teniendo esto en cuenta, podemos clasificar las pruebas de que la conciencia sobrevive a la muerte biológica en dos grandes grupos:

1) Experiencias y observaciones que cuestionan la comprensión convencional sobre la naturaleza de la conciencia y su relación con la materia.
2) Experiencias y observaciones concretamente relacionadas con la posibilidad de supervivencia de la conciencia después de la muerte.

1) Experiencias y observaciones que cuestionan la comprensión convencional sobre la naturaleza de la conciencia y su relación con la materia

El trabajo con los estados holotrópicos nos ha proporcionado un amplio cuerpo de evidencias que cuestionan seriamente la visión de la ciencia materialista y monista y el paradigma newtoniano-cartesiano. La mayoría de estos datos proceden del estudio y la observación de las experiencias transpersonales (véase la página 175 del volumen 1) y sugieren la urgente necesidad de llevar a cabo una revisión profunda de nuestros conceptos acerca de la naturaleza de la conciencia y su relación con la materia y el cerebro. Y, como el paradigma materialista sostenido por la ciencia occidental ha sido el principal obstáculo para cualquier evaluación objetiva de los datos relativos a la muerte y el proceso del morir, el estudio de las experiencias transpersonales tiene una relevancia indirecta para el campo de la tanatología.

Como ya hemos visto, las experiencias transpersonales suelen trascender las limitaciones habituales del cuerpo/ego, el espacio tridimensional y el tiempo lineal. La desaparición de las fronteras espaciales puede llevar a una identificación auténtica y convincente con otras personas, animales de diferentes especies, la vida vegetal y hasta objetos materiales y procesos inorgánicos. También es posible trascender los límites temporales y llegar a experimentar episodios de la vida de antepasados humanos y animales, así como recuerdos colectivos, raciales y kármicos.

Las experiencias transpersonales también pueden conectarnos con los dominios arquetípicos del inconsciente colectivo y propiciar encuentros con deidades beatíficas y coléricas de diferentes culturas, así como visitas a esos reinos mitológicos. En todas estas experiencias es posible acceder a información completamente nueva que supera con mucho lo que hemos obtenido en esta vida a través de los canales convencionales. El estudio de una conciencia que se extiende más allá del cuerpo (la «conciencia theta» de William Roll o el «cuerpo largo» de los iroqueses) es muy importante para la cuestión de la supervivencia, porque es probable que esa sea la parte de la personalidad que trasciende a la muerte.

Según la ciencia materialista, todo recuerdo requiere de un sustrato material como, por ejemplo, la red neuronal del cerebro o las moléculas de ADN de los genes. Sin embargo, resulta imposible imaginar un soporte material para la información proporcionada por las distintas formas de experiencia transpersonal anteriormente descritas. Es evidente que esta información no ha sido adquirida durante la vida del individuo a través de los medios y canales convencionales, es decir, a través de la percepción sensorial, y que parece existir ajena a todo soporte material en algún dominio inaccesible a nuestros instrumentos científicos, o que quizás se halle dentro incluso del campo de la conciencia.

Las observaciones proporcionadas por el estudio de las experiencias transpersonales se han visto respaldadas por evidencias procedentes de otras ramas de la investigación. Desafiando los supuestos metafísicos básicos del pensamiento newtoniano-cartesiano, científicos como Heinz von Foerster, Rupert Sheldrake y Ervin Laszlo han explorado seriamente posibilidades como la «memoria sin sustrato material», los «campos morfogenéticos» y el registro de todos los acontecimientos del universo en el «campo psi» subcuántico o el «holocampo akásico» (Von Foerster, 1965,; Sheldrake, 1981 y Laszlo, 1994).

La ciencia académica convencional describe a los seres humanos como animales muy desarrollados y máquinas biológicas pensantes. Experimentados y estudiados desde el estado de conciencia ordinario parecemos objetos newtonianos compuestos de átomos, moléculas, células, tejidos y órganos. Sin embargo, las experiencias transpersonales a las que se accede desde un estado holotrópico dejan bien claro que cada uno de nosotros puede manifestar también las propiedades de un campo de conciencia que trasciende el espacio, el tiempo y la causalidad lineal. Esta definición del todo nueva que afirma que el ser humano es un ser paradójicamente compuesto por dos aspectos complementarios que, dependiendo de las circunstancias, presenta las propiedades de los objetos newtonianos o de los campos infinitos de conciencia recuerda vagamente a la paradoja onda-partícula de la física cuántica. La idoneidad de cada una de estas descripciones depende de las circunstancias y del estado de conciencia desde el que se lleve a cabo la observación. La muerte física pone fin a una de las mitades de esta definición y supone la máxima expresión de la otra.

2) Experiencias y observaciones concretamente relacionadas con la posibilidad de supervivencia de la conciencia después de la muerte

a) Fenómenos que se producen en el umbral de la muerte. Los investigadores han hablado de la existencia de una variedad de fenómenos interesantes que se producen en el momento de la muerte. Entre ellos, por ejemplo, están los informes de muchas personas que afirman haber tenido visiones de familiares, amigos o parientes recientemente fallecidos. Estas experiencias presentan una elevada correlación estadística con una ventana temporal de unas 12 horas después del momento de la muerte de la persona independientemente de la distancia a la que se hallaran (Sidgwick, 1889). También hay informes de hechos físicos inexplicables que suceden en casa de la persona en el momento de la muerte, como relojes que se detienen y vuelven a ponerse en marcha, timbres que suenan, cuadros o fotografías que caen y otros fenómenos que parecen anunciar la muerte de una persona (Bozzano, 1948).

Las personas que han tenido experiencias cercanas a la muerte afirman asimismo haberse encontrado con familiares difuntos que parecen darles la bienvenida al otro mundo. Estas visiones en el lecho de muerte son muy auténticas y vívidas y suelen ir seguidas de un estado de euforia que facilita la transición. También se ha informado de casos en los que un moribundo tiene la visión de una persona cuya muerte ignoraba (lo que la literatura parasicológica ha denominado «experiencia de pico de Darien»).

De especial interés son las experiencias cercanas a la muerte (ECM) que afectan a un tercio aproximado de las personas que se enfrentan a situaciones que ponen en peligro su vida, como accidentes de tráfico, estar a punto de ahogarse, infartos o paros cardíacos durante una operación. Este es un fenómeno ampliamente investigado por Raymond Moody, Kenneth Ring, Michael Sabom, Bruce Greyson y otros que han descrito la existencia de una pauta experiencial que suele incluir una revisión rápida de la vida, el paso por un túnel oscuro, un juicio personal que implica una suerte de evaluación ética de la vida, el encuentro con un ser divino resplandeciente y visitas a diferentes reinos trascendentes. Menos frecuentes son las ECM dolorosas y generadoras de ansiedad, como las experiencias de un vacío espantoso, imágenes infernales de paisajes espantosos, seres demoníacos y animales aterradores que hacen ruidos muy intensos y desagradables (Greyson y Bush, 1996).

En el programa de terapia psiquedélica con pacientes de cáncer terminal que llevamos a cabo en el Centro de Investigación Psiquiátrica de Maryland en Baltimore pudimos corroborar la existencia de cierta similitud entre las ECM y las experiencias inducidas por substancias psiquedélicas. Varios pacientes que habían tenido una experiencia psiquedélica y una ECM real como consecuencia de algún problema físico (como, por ejemplo, un paro cardíaco durante una operación) confirmaron la similitud entre ambas situaciones y se refirieron a las sesiones psiquedélicas como un entrenamiento vivencial de un valor incalculable para el momento de la muerte (Grof, 2006*b*).

El aspecto más extraordinario y fascinante de las ECM son las verdaderas experiencias extracorporales (EEC), expresión utilizada para referirse a experiencias de una conciencia desencarnada con una percepción extrasensorial exacta del entorno. Los estudios tanatológicos realizados al respecto han confirmado repetidamente que personas inconscientes y hasta clínicamente muertas pueden tener EEC durante las cuales observan desde arriba su cuerpo y los procedimientos de rescate y llegan incluso a percibir acontecimientos que suceden en lugares remotos.

Un amplio estudio llevado a cabo por Ken Ring y sus colegas ha añadido una interesante dimensión a estas observaciones, porque personas congénitamente ciegas pueden tener visiones cuya exactitud se ha visto corroborada por validación consensuada (Ring y Valarino, 1998 y Ring y Cooper, 1999). Y conviene decir que los aspectos del entorno percibido con precisión por la conciencia desencarnada de los sujetos ciegos iban desde detalles de las instalaciones eléctricas del techo del quirófano hasta los alrededores del hospital observados a vista de pájaro.

Las EEC verdaderas no están limitadas a situaciones cercanas a la muerte, emergencias vitales y episodios de muerte clínica, sino que pueden presentarse también en sesiones de algún tipo de psicoterapia experiencial poderosa (como la terapia primal, el renacimiento o la respiración holotrópica) y durante experiencias inducidas por psiquedélicos, en particular, el anestésico disociativo Ketalar (ketamina). También pueden presentarse de manera espontánea, ya sea en forma de episodios aislados de la vida del individuo, o repetidamente como parte de una crisis de apertura psíquica o algún otro tipo de emergencia espiritual. El mismo Robert Monroe, el principal investigador de las EEC, tuvo experiencias espontáneas de viajes extracorporales durante muchos años (Monroe, 1971, 1985 y 1994), desarrolló técnicas electrónicas de laboratorio para inducirlas y fundó en Faber (Virginia) un instituto especial destinado a su estudio sistemático.

La revisión de la vida, otro aspecto importante de las ECM, consiste en el repaso o incluso la reviviscencia rápida de la totalidad de la propia vida o como un mosaico de acontecimientos separados. Esta revisión se produce a una velocidad extraordinaria y puede llevarse a cabo en cuestión de segundos. Algunos de los sujetos de David Rosen que habían tratado de suicidarse saltando desde el Golden Gate experimentaron una revisión completa de su vida en los tres segundos aproximados que tarda un cuerpo en caer desde la plataforma del puente hasta la superficie del agua (Rosen, 1975).

La dirección de la secuencia de los acontecimientos varía. Hay casos en los que la repetición se inicia en el momento del nacimiento, sigue el curso de la vida y concluye en la situación de amenaza vital que el sujeto está atravesando. En otros casos, el tiempo parece discurrir en sentido contrario, desde la situación de amenaza vital hasta la infancia, la niñez y el momento del nacimiento. Y también hay ciertos indicios de que los individuos cuya revisión de la vida se despliega partiendo del momento del accidente sufren sorprendentemente pocos daños. Esta revisión también asume, en ocasiones, la forma de una especie de «panorámica vital» en la que la vida aparece en su totalidad fuera del tiempo lineal.

La literatura espiritual y los textos filosóficos de todas las épocas incluyen descripciones clásicas de las EEC. La investigación tanatológica moderna confirma las descripciones del *Libro tibetano de los muertos* (*Bardo Thödol*) según el cual el individuo asume, después de la muerte, un «cuerpo del bardo» que trasciende las limitaciones de tiempo y del espacio y con el cual puede desplazarse libremente por toda la Tierra. Especialmente importantes, para el problema de la conciencia después de la muerte, son las EEC con una percepción extrasensorial corroborada del entorno que constituyen una evidencia que confirma la posibilidad de que la conciencia opere independientemente del cuerpo.

Según la visión materialista y occidental del mundo, la conciencia es un producto de los procesos neurofisiológicos que se dan en el cerebro, razón por la cual es absurdo pensar que pueda desprenderse del cuerpo y seguir conservando sus capacidades sensoriales. Pero lo cierto es que esto es precisamente lo que ocurre en muchos casos bien documentados de EEC. Por supuesto, por más cerca de la muerte que hayan estado las personas que las han experimentado, realmente no han muerto, pero, aun en tal caso, parece razonable deducir que, si la conciencia puede funcionar independientemente del cuerpo durante la vida, también pueda hacerlo después de la muerte.

b)Experiencias de vidas pasadas. Hay una categoría de experiencias transpersonales que tiene una relevancia muy directa para el problema de la supervivencia de la conciencia después de la muerte. Se trata del recuerdo o la reviviscencia de episodios que suceden en otras partes del mundo o en otros períodos históricos. Esta universalidad geográfica e histórica sugiere que debe tratarse de fenómenos culturales muy importantes. También tienen importantes implicaciones para ayudarnos a entender la naturaleza de la conciencia y del ser humano y para la teoría y la práctica de la psiquiatría, la psicología y la psicoterapia.

Para los hindúes, los budistas y los investigadores de la conciencia de mente abierta, la reencarnación no es una creencia, sino una cuestión empírica basada en una gran cantidad de pruebas y datos de investigación. Según Christopher Bache, las pruebas de estas experiencias son tan extraordinarias y abundantes que los científicos que no creen que la reencarnación merece un estudio serio «están desinformados o son simplemente estúpidos» (Bache, 1988).

El siguiente pasaje escrito por Sholem Asch, un erudito jasídico del siglo xx, describe perfectamente en lenguaje mitológico la naturaleza de la evidencia existente con la que hay que familiarizarse antes de emitir cualquier juicio sobre la reencarnación:

Un rasgo necesario de nuestra existencia no es el poder de recordar sino, muy al contrario, el poder de olvidar. Si es cierto lo que dice la sabiduría popular acerca de la transmigración de las almas, durante el lapso comprendido entre el paso de un cuerpo a otro, esas almas deben atravesar el *océano* del olvido. Y esta es una transición que, desde el punto de vista judío, se lleva a cabo bajo la supervisión del Ángel del Olvido. Pero hay veces en que este ángel se olvida de despojarnos de los recuerdos registrados en la vida anterior y nuestros sentidos se ven entonces acosados por fragmentos de recuerdos de otra vida que se desplazan como nubes desgarradas a la deriva sobre las colinas y valles de la mente entremezclándose con los incidentes de nuestra existencia actual (Asch, 1967).

Obviamente no basta con una referencia poética a la mitología antigua para corroborar la realidad de este tipo de experiencias, sino que necesitamos algo más. Para llegar a una conclusión válida en este sentido es absolutamente necesario llevar a cabo un estudio detallado de los datos acumulados. Este, como veremos más adelante, es un asunto de gran importancia, porque las creencias relativas a la reencarnación tienen un gran impacto ético en la vida humana y una gran relevancia no solo para la situación actual del mundo, sino también para su futuro.

c) *Recuerdos espontáneos de vidas pasadas en niños.* Hay muchos casos de niños pequeños que parecen recordar y describir su vida anterior en otro cuerpo, en otro lugar y con otras personas. Dichos recuerdos suelen aparecer espontáneamente poco después de que empiezan a hablar. Estos niños suelen presentar complicaciones y hasta «patologías de arrastre» como fobias y reacciones extrañas ante ciertas personas o idiosincrasias de distinto tipo. Estos casos han sido descritos por psiquiatras infantiles y el acceso a esos recuerdos suele desaparecer entre los cinco y los ocho años.

Ian Stevenson, profesor de psicología de la Universidad de Virginia en Charlottesville (Virginia), ha realizado estudios detallados sobre más de 3.000 casos de este tipo –aunque solo ha informado de varios centenares de ellos, porque el resto no cumplían con los requisitos exigidos por la investigación– y los ha recopilado en sus libros *Veinte casos que hacen pensar en la reencarnación*, *Unlearned Languages* y *Children Who Remember Previous Lives* (Stevenson, 1966, 1984 y 1987). Algunos de los casos rechazados lo fueron porque la familia podía beneficiarse de algún modo (económicamente, en términos de prestigio social o de atención pública) y otros porque Stevenson descubrió la existencia de una persona que podría desempeñar el papel de intermediario psíquico. También se vieron descartados los testimonios incoherentes, la criptomnesia, los testigos de carácter cuestionable o cualquier indicio de fraude. Sea como fuere, el hecho es que su investigación final solo tuvo en cuenta los casos más sólidos.

Los resultados de la investigación llevada a cabo por Stevenson fueron muy interesantes y pudo confirmar mediante una investigación independiente las historias que contaban los niños sobre sus vidas anteriores a menudo con extraordinario detalle. En ninguno de los casos incluidos en la investigación era posible que el sujeto hubiese obtenido la información a través de canales convencionales. En algunos casos, llevó a los niños al pueblo o ciudad que recordaban de su vida anterior y, aunque jamás habían estado allí en su vida actual, parecían tan familiarizados con el lugar que pudieron identificar la casa en la que supuestamente habían vivido, reconocieron a los miembros de su «familia» y a sus vecinos y sabían sus nombres.

Veamos ahora, para ilustrar la naturaleza del material recopilado por Stevenson, una versión condensada de la historia de Parmod Sharma, uno de los veinte sujetos descritos en su primera publicación.

Parmod Sharma nació el 11 de octubre de 1944 en Bisauli (India). Su padre era Bankeybehary Lal Sharma, profesor de sánscrito en una universidad cercana. Cuando Parmod tenía dos años y medio le dijo a su madre que no le cocinara más porque su esposa, que vivía en Moradabad, una ciudad que se hallaba a unos noventa kilómetros al noreste, sabía cocinar. Entre los tres y los cuatro años, empezó a hablar detalladamente de su vida anterior, describiendo varios negocios que había tenido y explotado con otros miembros de su familia. Habló en particular de una tienda llamada «Hermanos Mohan» destinada a la fabricación y venta de galletas y agua de seltz. Insistió en que él era uno de los hermanos Mohan y que también tenía un negocio en Saharanpur, una ciudad ubicada a unos cien kilómetros al norte de Moradabad.

Parmod no solía jugar con los demás niños de Bisauli, sino que prefería hacerlo solo, construyendo maquetas de tiendas con cableado eléctrico. Le gustaba especialmente hacer galletas de barro, que servía a su familia con té o agua de seltz. Durante este tiempo, dio muchos detalles sobre su tienda, incluyendo su tamaño y ubicación en Moradabad, lo que vendía y otras actividades relacionadas, como sus viajes de negocios a Delhi, llegando incluso a quejarse a sus padres de la situación económica menos próspera de su hogar en comparación con la que estaba acostumbrado como comerciante de éxito.

Parmod sentía una gran aversión por la cuajada, algo bastante inusual en un niño indio, y en una ocasión llegó incluso a aconsejar a su padre que no la comiera, advirtiéndole de su peligrosidad porque, según dijo, en su otra vida había enfermado gravemente después de comer un día demasiada cuajada. También tenía una fuerte aversión a sumergirse en el agua, lo que podría relacionarse con su informe de que anteriormente había «muerto en una bañera». Parmod afirmó haber estado casado y tener cinco hijos (cuatro varones y una chica). Estaba ansioso por volver a ver a su familia y a menudo rogaba a sus padres que le llevaran a Moradabad para poder visitarlos, una petición que su familia siempre rechazaba hasta el momento en que, para conseguir que fuese a la escuela, su madre le prometió llevarlo a Moradabad cuando aprendiese a leer.

Los padres de Parmod nunca investigaron ni trataron de verificar las afirmaciones de su hijo, quizá debido a la creencia india de que los niños que recordaban sus vidas anteriores morían pronto. Sin embargo, la noticia de las declaraciones de Parmod acabó llegando a oídos de una familia de Moradabad llamada Mehra cuya vida cuadraba con muchos de los detalles de su historia. Los hermanos de esta familia poseían varios negocios en Moradabad, entre ellos una tienda de galletas y refrescos llamada «Hermanos Mohan». La tienda había sido bautizada con el nombre del hermano mayor, Mohan Mehra y originalmente se había llamado «Mohan y Hermanos», que finalmente se convirtió en «Hermanos Mohan». Esta tienda había sido creada y dirigida por Parmanand Mehra hasta su muerte prematura el 9 de mayo de 1943, dieciocho meses antes del nacimiento de Parmod.

Parmanand se había atiborrado de cuajada, una de sus comidas favoritas, en un banquete de bodas y posteriormente había desarrollado una enfermedad gastrointestinal crónica a la que le siguieron una apendicitis y una posterior peritonitis, de las que murió. Dos o tres días antes de su muerte había insistido, en contra del consejo de su familia, en comer cuajada, diciendo que quizás ya no tendría más ocasiones para disfrutarla. Parmanand había culpado de su enfermedad y su posterior muerte al exceso de cuajada. Como parte de su terapia durante la apendicitis, Parmanand había probado una serie de tratamientos de baños naturistas. Y aunque, en realidad, no había muerto en una bañera, sí que le habían dado un baño inmediatamente antes de su muerte. Parmanand dejó una viuda y cinco hijos, cuatro varones y una mujer.

En el verano de 1949, la familia Mehra decidió hacer el viaje a Bisauli para conocer a Parmod, que entonces aún no había cumplido los cinco años. Sin embargo, cuando llegaron, Parmod no estaba en casa y no llegaron a establecer contacto. Poco después, el padre de Parmod le llevó a Moradabad para corroborar de primera mano los convincentes recuerdos de su hijo. Entre los que se reunieron con Parmod en la estación de tren estaba el primo de Parmanand, Sri Karam Chand Mehra, que había sido una persona muy cercana a Parmanand. Parmod le rodeó con su brazo llorando, llamándole «hermano mayor» y diciendo «yo soy Parmanand». Parmod no había utilizado el nombre de Parmanand antes de este encuentro. Es habitual que los indios llamen «hermano» a un primo si la relación es estrecha, como sucedía en el caso de Parmanand y Karam.

La intensidad y autenticidad de las emociones generadas durante este reencuentro parecían, en sí mismas, una prueba tan importante como la verificación e información de objetos y acontecimientos externos. Parmod procedió entonces a encontrar por su cuenta el camino a la tienda «Hermanos Mohan», dando instrucciones al conductor del carruaje que los llevó desde la estación. Al entrar en la tienda, se quejó de que le habían cambiado «su» asiento especial. Hay que decir que, en la India, es costumbre que el propietario de un negocio tenga un asiento, llamado *gaddi*, ubicado cerca de la parte delantera de la tienda, desde donde puede saludar a los clientes y dirigir el negocio. De hecho, la ubicación del *gaddi* de Parmanand había sido cambiada poco después de su muerte.

Una vez dentro, Parmod preguntó: «¿Quién está a cargo de la panadería y de la fábrica de agua de seltz?», una de las responsabilidades que había tenido Parmanand. La complicada máquina que fabricaba el agua de seltz se había desactivado en secreto para poner a prueba a Parmod, pero, cuando se la mostraron, supo exactamente cómo funcionaba y, sin ayuda alguna, descubrió la ubicación de la manguera desconectada y dio instrucciones muy concretas para su reparación.

Cuando la madre de Parmanand entró en la habitación, la reconoció inmediatamente llamándola «madre» antes de que cualquiera de los presentes abriese la boca. También identificó correctamente a la esposa de Parmanand, actuando con cierta vergüenza frente a ella. Después de todo, ella era una mujer adulta y él, aunque parecía poseer algunos de los sentimientos de un marido adulto, solo tenía cinco años. Cuando se quedaron solos, le dijo: «He venido, pero no te has colocado el *bindi*», refiriéndose al punto rojo que llevan en la frente las esposas hindúes. También le reprochó que llevara un sari blanco, el vestido apropiado para una viuda hindú, en lugar del sari de color que llevan las esposas.

Parmod también reconoció a la hija de Parmanand y al único hijo que estaba en la casa cuando llegó. Cuando el hijo menor de Parmanand, que había estado en la escuela, apareció más tarde, Parmod lo identificó correctamente y le llamó con su nombre familiar, Gordhan. Durante su conversación, Parmod no permitió que el mayor de los Gordhan se dirigiera a él por su nombre de pila, sino que insistió en que le llamara «padre», algo que justificó diciéndole «solo me he hecho pequeño». Durante esta visita, Parmod también identificó correctamente a uno de los hermanos de Parmanand y a un sobrino.

Parmod demostró un sorprendente conocimiento de los detalles del mundo de Parmanand. Mientras visitaba el Hotel Victory que los hermanos Mehra poseían en Moradabad, Parmod señaló las nuevas cabañas que, desde la muerte de Parmanand, se habían construido en la propiedad, algo confirmado por familia Mehra. Al entrar en el hotel, Parmod señaló unos armarios y dijo: «Estos son los *almirahs* que hice construir en Churchill House», el nombre de un segundo hotel que los hermanos Mehra poseían en Saharanpur, una ciudad ubicada unos cien kilómetros al norte de Moradabad. De hecho, poco después de la muerte de Parmanand, la familia había decidido trasladar esos mismos armarios, que Parmanand había construido para Churchill House, al Hotel Victory.

Quizás la razón que explique que los niños recuerden una vida anterior pueda atribuirse a circunstancias de la muerte, en particular las que implican un *shock* que «pueda atravesar la amnesia» ya que los recuerdos más vívidos suelen referirse a los acontecimientos que la rodearon. Normalmente, estos niños no saben nada de los acontecimientos que acontecieron durante la vida de la personalidad anterior, un punto decisivo para determinar si se trata de auténticos recuerdos o de una reconstrucción inconsciente de detalles de esa vida partiendo de la lectura telepática de la mente de quienes conocieron al fallecido. Es posible que la prueba más clara en apoyo de la hipótesis de la reencarnación sea la existencia de defectos físicos o marcas de nacimiento que reflejen lesiones y otros acontecimientos de la vida recordada. Son muchos los casos de este tipo descritos y documentados por Ian Stevenson en su última obra *Where Reincarnation and Biology Intersect* (Stevenson, 1997). Debemos subrayar también, para evaluar de manera adecuada estas pruebas, que los casos de Stevenson no eran únicamente originarios de culturas «primitivas y exóticas» con creencias en la reencarnación, sino también de países occidentales como Gran Bretaña y los Estados Unidos. Las investigaciones realizadas al respecto por Stevenson han superado un alto nivel de exigencia y han recibido una buena acogida. En 1977, el *Journal of Nervous and Mental Diseases* dedicó un número casi monográfico al tema y el trabajo fue reseñado en la revista *JAMA* [*Journal of the American Medical Association*] (Stevenson, 1977).

d) Recuerdos espontáneos de otras vidas en adultos. Aunque el recuerdo espontáneo y vívido de vidas pasadas se produce con mayor frecuencia durante episodios de estados puntuales de conciencia holotrópica (emergencias espirituales), también pueden presentarse recuerdos más superficiales en estados de conciencia más o menos ordinarios en medio de la vida cotidiana. Pues, aunque la psiquiatría académica y las teorías actuales de la personalidad descarten indiscriminadamente las experiencias de vidas anteriores como indicadores de una grave psicopatología, los profesionales tradicionales son muy conscientes de la realidad de este tipo de experiencias.

e) Recuerdos evocados de vidas pasadas en adultos. Las experiencias de vidas pasadas pueden verse provocadas por una amplia variedad de técnicas que facilitan el acceso a niveles profundos de la psique, como la meditación, la hipnosis, las substancias psiquedélicas, el aislamiento sensorial, el trabajo corporal y psicoterapias experienciales muy potentes (como la terapia primal, el *rebirthing* o la respiración holotrópica). Este tipo de experiencias pueden presentarse sin que se las busque en sesiones con terapeutas que ni siquiera creen en la reencarnación y de un modo ajeno también al sistema de creencias filosóficas y religiosas sustentadas por el individuo que las experimenta. Además, las experiencias de vidas pasadas se producen en el mismo continuo que los recuerdos de la adolescencia, la infancia, el nacimiento y hasta prenatales que pueden corroborarse de manera regular y fiable (y con los que a veces coexisten o se alternan) (Grof, 1988, 1992 y 2006).

Hay razones para creer que las experiencias de vidas pasadas son fenómenos *sui generis* cuyo potencial heurístico y terapéutico las hace muy importantes para la psicología y la psicoterapia:

- Se experimentan de un modo muy real y auténtico y suelen facilitar el acceso a información muy concreta sobre acontecimientos históricos, culturas o períodos históricos a los que el individuo no puede acceder a través de los canales ordinarios.
- Hay casos en los que es posible corroborar objetivamente la exactitud de estos recuerdos con una precisión extraordinaria.
- Estas experiencias forman parte de sistemas COEX que subyacen a diferentes problemas emocionales, psicosomáticos e interpersonales.
- Tienen un gran potencial terapéutico, a menudo más poderoso que los recuerdos de la vida presente.
- Suelen ir acompañadas de sincronicidades extraordinarias (Grof, 2006*a* y 2996*b*).

Poco importa que las fuerzas patógenas estén relacionadas con acontecimientos del antiguo Egipto, la Revolución francesa, la Alemania nazi, la vida prenatal, el nacimiento, la infancia o la niñez de la vida actual del individuo, porque los criterios para la corroboración de los recuerdos de vidas pasadas son los mismos que los que utilizamos para determinar lo que ocurrió el año pasado o hace veinte años y pasa, en todos los casos, por identificar con el mayor detalle posible los recuerdos concretos y conseguir el mayor número posible de evidencias independientes que corroboren su veracidad.

Obviamente resulta más difícil comprobar los recuerdos de vidas pasadas que los recuerdos de la vida presente porque no siempre incluyen información concreta que podamos someter a un procedimiento de verificación. Las pruebas son, en este caso, más difíciles de conseguir, porque son mucho más antiguas y a menudo tienen que ver con países y culturas extrañas. Pero también hay que decir que no siempre podemos verificar la exactitud de los recuerdos de la vida actual y que solo podemos hacerlo con algunos de ellos. La mayoría de los recuerdos evocados no permiten el mismo grado de verificación que los recuerdos espontáneos de Stevenson, que suelen ser más recientes. Sin embargo, yo mismo he observado y publicado varios casos notables con aspectos sumamente inusuales que la investigación histórica independiente pudo acabar corroborando (Grof, 2006a y 2006b).

Un caso que ilustra la naturaleza extraordinaria de estas observaciones es el de Karl, un joven arquitecto estadounidense que participó en uno de nuestros talleres de un mes de duración en el Instituto Esalen de Big Sur (California). En una etapa temprana de su autoexploración y mientras estaba reviviendo diferentes aspectos de su nacimiento biológico, Karl empezó a experimentar fragmentos de escenas dramáticas que parecían suceder en otro siglo y en un país extranjero. Esas imágenes estaban asociadas a emociones y sensaciones físicas muy poderosas y estaban relacionadas con diferentes aspectos de su vida actual.

Karl tuvo visiones de túneles, almacenes subterráneos, cuarteles, paredes y gruesas murallas que parecían formar parte de una fortaleza ubicada en una montaña rocosa con vistas a un acantilado, todo ello combinado con imágenes de soldados luchando por su vida, imágenes que le desconcertaron porque, aunque el paisaje parecía escocés o irlandés, los soldados eran indudablemente españoles.

A medida que el proceso avanzaba, las escenas representaban feroces combates y matanzas cada vez más sangrientas. Y, aunque todos los personajes eran soldados, Karl se veía a sí mismo como un sacerdote. En un determinado momento vio su mano sosteniendo una Biblia y una cruz y advirtió, en uno de sus dedos, la presencia de un gran anillo de sello. La visión era muy clara y, siendo un artista de talento, no tuvo problema en documentar el extraño proceso esbozando una serie de detallados dibujos que representaban recintos diferentes de la fortaleza, como la despensa, el polvorín, los dormitorios, la cocina y pasajes y túneles subterráneos. Entre esos dibujos destacaba el de una mano en cuyo dedo anular estaba el mencionado anillo de sello. Karl esbozó pinturas muy expresivas de escenas de matanzas, incluida una secuencia en la que aparecía atravesado por una espada, arrojado por las murallas de la fortaleza y agonizando en la playa.

Es interesante constatar que el esternón de Karl mostraba una profunda y llamativa hendidura en el mismo lugar en el que, según el recuerdo de esa vida pasada, su pecho se había visto atravesado por una espada. Este es un episodio semejante a los casos descritos por Ian Stevenson en su última obra importante, *Where Reincarnation and Biology Intersect*, casos en los que el autor se ocupa del estudio de marcas de nacimiento, defectos congénitos y otras anomalías en diferentes partes del cuerpo de niños de personas que supuestamente se habían visto gravemente lesionadas en vidas pasadas (Stevenson, 1997). A medida que recuperaba fragmentos de esa historia, Karl fue dándose cuenta de la existencia de algunas relaciones significativas entre esos recuerdos y su vida actual. Fue así como descubrió que muchos de los sentimientos y síntomas psicosomáticos que experimentaba estaban claramente ligados a su proceso interior y que guardaban una evidente conexión con ese misterioso acontecimiento. Pero el punto de inflexión llegó cuando decidió pasar unas vacaciones en el oeste de Irlanda y, al mostrar a su familia las diapositivas de la costa occidental de Irlanda, se dio cuenta de que había tomado once fotos consecutivas de un paraje que no parecía tener nada especialmente interesante.

Cuando trató de ubicar en un mapa el lugar en el que estaba cuando hizo esas fotos se dio cuenta de que se trataba de las ruinas de una antigua fortaleza llamada Dún an Óir (Fuerte del Oro). Sospechando la existencia de una conexión con las experiencias de su exploración interior, Karl se dedicó entonces a estudiar la historia de Dún an Óir y descubrió que, en 1580, en la época de la guerra hispano-británica, una pequeña avanzadilla de soldados españoles desembarcó en el cercano puerto de Smerwick para ayudar a los irlandeses en la Rebelión de Desmond. Así fue como, después de reclutar a unos cuantos efectivos irlandeses, seiscientas personas acabaron rodeadas y asediadas por una fuerza inglesa más numerosa comandada por lord Grey.

Conocido por ser uno de los primeros exploradores que llevaron el tabaco de las colonias del Nuevo Mundo a Inglaterra, sir Walter Raleigh negoció con los españoles y les prometió que, si se rendían y abrían la puerta del fuerte, quedarían en libertad. Pero, por más que los españoles aceptaron estas condiciones, los británicos no cumplieron su promesa y, una vez dentro, masacraron sin piedad a los españoles y los arrojaron por las murallas dejándolos morir en la playa.

Pese a esta asombrosa confirmación de la historia que laboriosamente había ido reconstruyéndose en sus sesiones, Karl no estaba satisfecho y prosiguió su investigación en la biblioteca hasta descubrir un documento especialmente centrado en la batalla de Dún an Óir. Entonces se enteró de que los soldados españoles iban acompañados de un sacerdote que acabó como ellos y cuyas iniciales coincidían con las que había visto en su visión del anillo del sello y había pintado en uno de sus dibujos.

Veamos ahora otro ejemplo de una de las coincidencias más inusuales con las que me he encontrado durante mi trabajo con el LSD y que ilustra también la complejidad de este tipo de investigaciones. En este caso, la evidencia posee una cualidad ambigua porque las experiencias implicadas combinan rasgos de recuerdos ancestrales y de vidas pasadas. Se trata de un episodio del tratamiento de Renata, una paciente que padecía una grave oncofobia. En un estadio avanzado de su terapia tropezamos con una secuencia de sucesos sin precedentes. Cuatro de sus sesiones consecutivas de LSD habían girado casi exclusivamente en torno a escenas de un período concreto de la historia checa.

Renata tuvo, durante esas sesiones, una serie de experiencias que se desarrollaban en la Praga del siglo XVII, un período histórico crucial de la historia checa: después de la desastrosa batalla de la Montaña Blanca en 1621, un episodio que acabó sumiendo a Europa en una guerra que duró treinta años y en la que Bohemia desapareció como reino independiente y quedó bajo la tutela de los Austrias. En un esfuerzo por derrotar a las fuerzas de la resistencia y destruir el sentimiento de orgullo nacional, los Austrias enviaron mercenarios destinados a capturar a los nobles más destacados del país, arrestando a veintisiete miembros destacados de la nobleza checa que fueron llevados a Praga y decapitados en una ejecución pública en un cadalso erigido para ello en la plaza central de la ciudad.

Muchas de las experiencias de Renata tenían que ver con diferentes escenas de la vida de un joven noble, uno de los veintisiete miembros de la aristocracia decapitados en esa ocasión. Resultaba sorprendente la amplitud de conocimientos e imágenes relativos a la arquitectura, las armaduras, las armas y la indumentaria típicas de la época, así como de diferentes utensilios utilizados en la vida cotidiana que poseía Renata. También ilustraba perfectamente las relaciones que existían en aquella época entre la familia real y sus súbditos. Aunque Renata carecía de información previa acerca de ese período histórico y yo tuve que consultar diferentes fuentes para verificar la autenticidad de los detalles proporcionados, la información que presentó era inusitadamente precisa.

En una secuencia especialmente dramática, Renata revivió, por último, con considerable detalle y emociones muy intensas los acontecimientos concretos de la ejecución, incluyendo la angustia y agonía de ese noble con el que Renata parecía hallarse tan identificada. No tenía muy claro el vínculo entre esas distintas secuencias y su personalidad actual, tampoco sabía lo que significaban y, aunque contradijese sus creencias personales y su filosofía, llegó a la conclusión de que debían tratarse de recuerdos de la vida de alguno de sus antepasados.

Como testigo presencial de la conmoción emocional que esa situación provocó en Renata, compartí su desconcierto y confusión y, para tratar de descifrar este enigma, opté por dos enfoques diferentes. Por una parte, dediqué un tiempo a tratar de corroborar la información histórica que me proporcionó y cuya exactitud me resultaba cada vez más impresionante. Por otra parte, apelé a un enfoque psicoanalítico, solicitándole asociaciones libres sobre el contenido de sus experiencias con la esperanza de poder entenderlas como representaciones simbólicas de sus experiencias infantiles o de elementos de su situación vital actual. Por mucho que me esforcé, sin embargo, las secuencias vivenciales seguían sin tener sentido.

Cuando las experiencias psiquedélicas de Renata se desplazaron a otras áreas dejé de darle vueltas a este peculiar incidente y me centré en otras cuestiones más inmediatas. Dos años más tarde, estando ya en los Estados Unidos, recibí una larga carta de Renata con la siguiente introducción inusual: «Querido doctor Grof, es probable que, cuando le cuente los resultados de mi reciente búsqueda, crea que me he vuelto loca». En el texto que seguía, Renata comentaba cómo se había encontrado casualmente con su padre, al que no había visto desde el divorcio de sus padres cuando ella tenía tres años y que, tras una breve conversación, la invitó a cenar con su segunda esposa y sus hijos.

Después de la cena, su padre le dijo que quería mostrarle los resultados de su pasatiempo favorito, que tal vez le resultaran interesantes. Durante la ocupación nazi de la Segunda Guerra Mundial, las autoridades alemanas habían emitido una orden obligando a las familias de los países ocupados a presentar su genealogía para demostrar la ausencia de personas de origen judío en las últimas cinco generaciones. Obligado por la necesidad a emprender esa indagación, el padre de Renata se sumergió en ella.

Completado el árbol genealógico de cinco generaciones requerido por las autoridades, el padre de Renata siguió rastreando la historia de su familia a través de los siglos, algo que fue posible gracias al meticuloso sistema de registros de nacimientos que se guarda en los archivos de las parroquias de los países europeos. Orgulloso de su hazaña, el padre de Renata le señaló un gran árbol genealógico de su familia y le mostró que eran descendientes de uno de los veintisiete nobles ejecutados después de la batalla de la Montaña Blanca.

Después de relatar este episodio, la carta de Renata comentaba lo feliz que se sentía por haber obtenido esa corroboración adicional de su «presentimiento» sobre la autenticidad de su recuerdo ancestral. Consideraba que se trataba de una evidente confirmación de que los recuerdos emocionalmente cargados pueden quedar grabados en el código genético y transmitirse a las generaciones venideras. Cuando salí de mi asombro inicial por esa insólita coincidencia, descubrí una incoherencia lógica bastante grave en el relato de Renata. Una de las experiencias que había tenido en sus históricas sesiones de LSD era la de revivir la angustia terminal del noble durante su propia ejecución. Y, naturalmente, la muerte física pone fin a la posibilidad de una transferencia genética porque destruye la línea biológica hereditaria.

Mal puede una persona muerta procrear y transmitir «genéticamente» a las generaciones futuras el recuerdo de su angustia terminal. Pero, antes de descartar sin más la información contenida en la carta de Renata como prueba en apoyo de sus experiencias, conviene considerar seriamente varios puntos. Ese fue el único caso, de un total de más de 2.000 sesiones que dirigí con pacientes checos, que mencionaba este período histórico. En el caso de Renata, cuatro sesiones consecutivas de LSD contenían de forma casi exclusiva secuencias históricas de esta época, lo que parece descartar que se trate de una mera coincidencia despojada de todo sentido. Y también resulta difícil esgrimir otra explicación plausible para esta asombrosa coincidencia sin transgredir algunos de los supuestos básicos de la ciencia occidental tradicional.

Prácticas tibetanas relevantes para el problema de la reencarnación

La literatura espiritual tibetana menciona fenómenos que sugieren la posibilidad de que ciertos maestros espiritualmente muy avanzados obtengan conocimientos relacionados con el proceso de la reencarnación. Entre ellos cabe destacar la posibilidad de influir en el momento de la muerte, permanecer consciente durante los estados intermedios (*bardos*) entre la muerte y la siguiente encarnación y predecir o hasta dirigir el momento y lugar de la siguiente encarnación.

Por otro lado, los monjes tibetanos expertos parecen poder, a través de pistas recibidas en sueños, meditación y otros canales, localizar e identificar al niño en el que se ha reencarnado el Dalái Lama, el Panchen Lama, el Karmapa u otro *tulku*. Ese niño se ve sometido a una prueba durante la cual debe identificar correctamente, de entre trece conjuntos de objetos similares, el perteneciente al difunto. Al menos algunos aspectos de esta práctica parecen superar las exigentes pruebas establecidas por los estándares occidentales. Si los informes de este procedimiento son ciertos, la probabilidad estadística de identificar el objeto correcto en los trece grupos sería astronómicamente baja.

Apariciones de los muertos y comunicación con ellos

La experiencia directa del encuentro y comunicación con una persona fallecida no solo sucede en torno al momento del deceso o como parte de una ECM, sino también de manera espontánea en fechas posteriores o en el contexto de estados holotrópicos inducidos por psiquedélicos, psicoterapias experienciales o meditación. Naturalmente, estos datos deben ser evaluados con un espíritu muy cuidadoso y crítico. Poco significado tiene una experiencia aislada de este tipo y bien podemos descartarla como el fruto de una ilusión o de una alucinación. Para que estas experiencias constituyan un material de investigación válido deben concurrir otros factores adicionales. Obviamente también debemos distinguir las apariciones que parecen satisfacer alguna necesidad del perceptor de aquellas otras en las que no cabe obtener beneficio alguno de ningún tipo.

Es importante señalar que algunas de estas apariciones poseen ciertos rasgos que las hacen muy interesantes y complejas para los investigadores. Hay casos que describen apariciones de personas que, pese a ser desconocidas para el perceptor, son identificadas posteriormente a través de fotografías y descripciones verbales. Tampoco es de extrañar que esas apariciones sean atestiguadas colectivamente o por muchos individuos diferentes durante largos períodos de tiempo, como ilustra el caso de las casas o los castillos «encantados».

Hay casos en los que las apariciones pueden tener marcas corporales distintivas relativas al momento de la muerte de las que la persona carece de todo conocimiento. Especialmente interesantes son aquellos casos en los que el fallecido proporciona información nueva y concreta que puede verificarse o está asociada a una sincronización extraordinaria. Yo mismo he observado, en la terapia con LSD y en la respiración holotrópica, algunos casos sorprendentes de este tipo. Un ejemplo de ello es un acontecimiento que ocurrió durante la terapia con LSD de Richard, un joven paciente deprimido que había intentado suicidarse en varias ocasiones.

En una de sus sesiones de LSD, Richard tuvo una experiencia muy insólita relacionada con un extraño y misterioso reino astral. Ese dominio tenía una luminiscencia inquietante, estaba lleno de seres incorpóreos que parecían empeñados en comunicarse con él y, aunque no podía verlos ni oírlos, recibía sus mensajes telepáticos y percibía su presencia de un modo casi palpable. Anoté uno de esos mensajes que era muy concreto y podía verse sometido a verificación posterior. Se trataba de una petición para que conectase con un matrimonio de la ciudad morava de Kroměříž y les hiciera saber que su hijo Ladislav estaba bien y se encontraba en buenas manos.

El mensaje incluía el nombre de la pareja, la dirección y su número de teléfono, detalles todos ellos desconocidos tanto por mí como por el paciente. Esta experiencia resultó muy desconcertante y parecía tratarse de algo completamente ajeno a la experiencia de Richard y que no tenía relación alguna con sus problemas ni con el resto del tratamiento. Después de algunas dudas y con sentimientos encontrados acabé tomando la decisión de algo que, de haberse enterado, me habría convertido sin la menor duda en el hazmerreír de mis colegas. Fui al teléfono, marqué el número de Kroměříž y pregunté si podía hablar con Ladislav. Para mi sorpresa, la mujer que respondió al otro lado de la línea rompió a llorar y, cuando se calmó, me dijo con la voz entrecortada por el llanto: «Nuestro hijo ya no está con nosotros; ha fallecido. Lo perdimos hace tres semanas».

Otro ejemplo en este mismo sentido es el de un amigo cercano y antiguo colega, Walter N. Pahnke, que fue miembro de nuestro equipo de investigación psiquedélica en el Centro de Investigación Psiquiátrica de Maryland, en Baltimore (Maryland). Walter estaba profundamente interesado en la parapsicología, especialmente en el problema de la conciencia después de la muerte y había trabajado con muchos médiums y psíquicos famosos, incluyendo a nuestra amiga común Eileen Garrett, presidenta de la Asociación Americana de Parapsicología. También fue la persona que puso en marcha nuestro programa de LSD para el tratamiento de pacientes terminales de cáncer.

En el verano de 1971, Walter se fue de vacaciones con su mujer Eva y sus hijos a su cabaña de Maine, ubicada junto al océano. Un buen día, salió a bucear antes del almuerzo y no regresó. Después de una búsqueda sistemática y exhaustiva en la que participaron los guardacostas y varios videntes famosos, no pudo encontrarse su cuerpo ni parte alguna de su equipo de buceo, circunstancias que dificultaron a Eva la aceptación e integración de su muerte. Su último recuerdo de Walter cuando salió de la cabaña era la de una persona llena de energía y en perfecto estado de salud. Le resultaba difícil asumir que había dejado de formar parte de su vida y no podía empezar un nuevo capítulo de su vida sin tener la sensación de haber cerrado el anterior.

Como psicóloga, Eva estaba cualificada para asistir a una sesión de formación en LSD para profesionales de la salud mental ofrecida por nuestro instituto a través de un programa especial y decidió someterse a una experiencia psiquedélica con la esperanza de obtener alguna idea de lo ocurrido y me pidió que fuese su acompañante. Durante la segunda mitad de la sesión, Eva tuvo una visión muy clara de Walter y mantuvo con él un largo y provechoso diálogo en el que recibió instrucciones concretas sobre cada uno de sus tres hijos, la animó a que no se viese obligada a guardar su memoria y se sintiera libre para emprender una nueva vida. Fue, en suma, una experiencia tan profunda como liberadora.

Cuando Eva empezaba a preguntarse si todo el episodio no habría sido más que un producto de su imaginación, Walter se le presentó de nuevo brevemente pidiéndole que le devolviera un libro al amigo que se lo había prestado, dándole el título del libro y la habitación, estantería y orden secuencial en el que se hallaba, algo muy del estilo de Walter y que proporcionó a Eva una confirmación de su autenticidad. A lo largo de su vida, Walter había tenido muchos contactos con parapsicólogos de diferentes partes del mundo y le había fascinado el intento del famoso mago Harry Houdini de demostrar la existencia del más allá. Así fue como, siguiendo sus instrucciones, Eva pudo encontrar y devolver un libro de cuya existencia no tenía la menor noticia.

Uno de los psicólogos que participaba en nuestra formación profesional de tres años que había tenido, durante nuestras sesiones de respiración holotrópica, varias experiencias transpersonales y había sido testigo de muchas otras seguía mostrándose, pese a ello, muy escéptico sobre su autenticidad, cuestionando de continuo si merecían alguna atención especial. Después de una de sus sesiones de respiración holotrópica, experimentó la siguiente sincronización inusual que le convenció de que su visión de las experiencias transpersonales y de los fenómenos de percepción extrasensorial había sido demasiado escéptica y conservadora.

Hacia el final de la sesión, tuvo una experiencia muy vívida de encuentro con su abuela, que llevaba muchos años muerta y con la que, durante su infancia, había estado muy unido, y se sintió profundamente conmovido ante la posibilidad de volver a comunicarse con ella. Pese a su profunda implicación emocional en la experiencia, siguió manteniendo una actitud profesionalmente escéptica al respecto. Sabía que había tenido muchas interacciones reales con su abuela mientras estaba viva y que su mente podría haber fabricado ese encuentro imaginario empleando viejos recuerdos.

Sin embargo, este encuentro con su abuela muerta fue tan profundo y emocionalmente convincente que no pudo seguir descartándolo como el mero fruto de su fantasía. Cuando, decidido a buscar pruebas de la autenticidad de la experiencia, solicitó a su abuela algún tipo de confirmación, recibió el siguiente mensaje: «Visita a la tía Anna y busca rosas cortadas». Escéptico, decidió ir a ver a su tía Anna el fin de semana siguiente y ver qué pasaba. Y cuando, al llegar, encontró a su tía en el jardín rodeada de rosas cortadas, se quedó perplejo. Ese día fue el único día del año en que su tía había decidido podar los rosales.

Aunque este tipo de experiencias están, por supuesto, lejos de ser una prueba definitiva de la realidad de los reinos astrales y de seres incorpóreos, estas sorprendentes sincronizaciones ponen claramente de relieve que se trata de un área fascinante que merece la atención seria de los investigadores de la conciencia. Como hemos visto en el volumen 1, de especial interés en este sentido es la evidencia cuasiexperimental sugerida por la supervivencia de la conciencia después de la muerte proporcionada por el área controvertida y altamente cargada de las sesiones espiritistas y de la mediumnidad y el trance. Aunque algunos médiums profesionales fueron, en ocasiones, descubiertos haciendo trampas, otros –como las señoras Piper, Leonard y Verrall, por ejemplo– superaron con éxito toda clase de pruebas (Grosso, 1994).

Una innovación interesante en este sentido es el procedimiento descrito en el libro de Raymond Moody titulado *Reunions* (Moody 1993) que, utilizando la ambigüedad perceptiva de la mirada a través de un espejo, indujo en sus sujetos encuentros visionarios convincentes con seres queridos fallecidos. Algunos de los informes espiritistas incluyen experiencias de «mediumnidad física» (como la telequinesis y la materialización, la levitación de objetos y personas, la proyección de objetos por el aire, la manifestación de formaciones ectoplasmáticas y la aparición de escritos u objetos sin explicación alguna [los llamados «aportes»]) que ponen a prueba la mente del occidental medio, por no hablar del científico con formación tradicional.

En el movimiento espiritista brasileño, los médiums realizan operaciones psíquicas utilizando sus manos o cuchillos bajo la supuesta guía de los espíritus de personas fallecidas. Son operaciones que no requieren anestesia y cuyas heridas cierran sin necesidad de sutura. Este tipo de sucesos han sido estudiados y filmados en repetidas ocasiones por investigadores occidentales de la talla de Walter Pahnke, Stanley Krippner y Andrija Puharich. Un avance relativamente reciente en el esfuerzo por comunicarse con los espíritus de las personas fallecidas es la llamada transcomunicación instrumental [ITC, por sus siglas en inglés] que emplea, para este fin, la tecnología electrónica moderna.

Esta vía de investigación comenzó en 1959, cuando el cineasta escandinavo Friedrich Jurgensen registró en una cinta de audio, mientras grababa los sonidos de aves cantoras en un bosque tranquilo, voces humanas de personas supuestamente fallecidas. Inspirado por este suceso, el parapsicólogo letón Konstantin Raudive llevó a cabo una investigación sistemática de este fenómeno en la que captó más de 100.000 voces paranormales en multitud de idiomas que, por lo visto, comunicaban mensajes del más allá (Raudive, 1971).

Más recientemente, una red mundial de investigadores, entre los que se encuentran Ernst Senkowski, George Meek, Mark Macy, Scott Rogo, Raymond Bayless y otros, han participado en un esfuerzo grupal para investigar la «transcomunicación interdimensional», un estudio cuya conclusión afirma haber recibido mensajes verbales e imágenes de personas fallecidas a través de aparatos electrónicos como grabadoras, teléfonos, faxes, ordenadores y pantallas de televisión. Entre los espíritus que se comunican desde el más allá se encuentran supuestamente algunos de los antiguos investigadores en este campo, como Jurgensen y Raudive (Senkowski, 1994).

Implicaciones individuales y sociales de la investigación sobre la muerte y el proceso del morir

La investigación de los aspectos psicológicos, filosóficos y espirituales de la muerte y el proceso del morir que hemos abordado en el presente capítulo tiene importantes repercusiones tanto teóricas como prácticas. Es cierto que las experiencias y observaciones presentadas no constituyen una «prueba» inequívoca de la supervivencia de la conciencia después de la muerte, de la existencia de reinos astrales habitados por seres desencarnados, de la reencarnación de la conciencia individual o de la continuación de la existencia física en otro cuerpo y en otra vida. Ciertamente cabría pensar en interpretaciones alternativas de los mismos datos, como las extraordinarias y asombrosas capacidades paranormales de la conciencia humana (*superpsi*) o el concepto hindú del universo como *lila*, es decir, el juego divino de la conciencia del principio creativo cósmico.

Lo que sí es evidente es que ninguna de las interpretaciones basadas en un cuidadoso análisis de estos datos es compatible con el paradigma newtoniano-cartesiano sostenido por la ciencia materialista occidental. El examen sistemático e imparcial de este material necesariamente nos proporcionaría una visión nueva de la naturaleza de la conciencia, de su papel en el esquema universal de las cosas y de su relación con la materia o, más en concreto, con el cerebro.

La ciencia académica dominante ha defendido, de un modo manifiestamente agresivo y autoritario, su creencia metafísica básica de que la conciencia humana está contenida en el interior del cráneo y es el producto de procesos neurofisiológicos que tienen lugar en el cerebro. Esta actitud, heredada de la filosofía y la ciencia del siglo XVII, se ha mostrado hasta el momento refractaria a los descubrimientos modernos proporcionados por la psicología transpersonal, por las diferentes áreas de investigación de la conciencia y por la física cuántico-relativista. Solo puede sostenerse descartando sistemáticamente gran cantidad de datos procedentes de disciplinas muy distintas, una estrategia más propia, dicho sea de paso, de una religión fundamentalista que de la ciencia.

Pero es que, además de su relevancia teórica, las cuestiones que hemos abordado en este capítulo tienen una gran importancia práctica. En otras publicaciones he explorado con más detenimiento la importancia de la muerte para la psiquiatría, la psicología y la psicoterapia (Grof, 1985 y 2006*b*). Los encuentros pasados con la muerte en forma de amenazas vitales durante nuestra historia postnatal, el trauma del nacimiento y la existencia embrionaria se hallan profundamente arraigados en nuestro inconsciente. Además, el tema de la muerte desempeña también un papel muy importante en el ámbito transpersonal de la psique humana en relación con un poderoso material arquetípico y kármico. En todas estas cuestiones, la muerte y el proceso del morir influyen directamente en el desarrollo de trastornos emocionales y psicosomáticos.

Afrontar, por el contrario, este material aceptando el miedo a la muerte facilita la sanación, la transformación positiva de la personalidad y la evolución de la conciencia. Como ya hemos dicho cuando hablábamos de la relación con los antiguos misterios de muerte y renacimiento, el hecho de «morir antes de morir» influye profundamente en la calidad de vida y en la estrategia básica de la existencia. En este sentido, reduce los impulsos irracionales (la modalidad de existencia tipo «carrera de ratas» o «cinta de correr») y aumenta la capacidad de vivir en el presente y de disfrutar de las actividades de la vida cotidiana. Otra consecuencia importante de la liberación del miedo a la muerte es una apertura radical a una espiritualidad universal y no confesional. Esto suele ocurrir tanto si el encuentro con la muerte tiene lugar durante una experiencia ECM real o de un modo puramente psicológico, como sucede, en ocasiones, durante la meditación, una terapia experiencial, una sesión psiquedélica o una crisis psicoespiritual espontánea (emergencia espiritual).

Quisiera concluir esta sección añadiendo algunas de las implicaciones más amplias de este material. El hecho de creer o no en la supervivencia de la conciencia después de la muerte, la reencarnación y el karma influye muy poderosamente en nuestra conducta. La idea de que la creencia en la inmortalidad tiene profundas implicaciones morales puede encontrarse ya en Platón que, en *Leyes*, hace decir a Sócrates que despreocuparse por las consecuencias de nuestros propios actos supondría «hacer un favor a los malvados». Autores modernos, como Alan Harrington y Ernest Becker, han dejado bien claro que la negación de la muerte conduce a patologías sociales que tienen consecuencias peligrosas para la humanidad (Harrington, 1969 y Becker, 1973), una afirmación corroborada por la moderna investigación de la conciencia (Grof, 1985).

En un momento como el actual en el que la combinación entre la codicia desmedida, la agresividad malvada y la existencia de armas de destrucción masiva pone en peligro la supervivencia de la humanidad y hasta la vida en este planeta, convendría tener muy en cuenta cualquier vía que nos ofrezca el menor atisbo de esperanza. Y, si no bastara con ello para tener presentes las observaciones que sugieren la supervivencia de la conciencia después de la muerte, debería ser al menos un incentivo adicional para reconsiderar, con una mente más abierta, los datos que existen al respecto en el espíritu de la verdadera ciencia. Y lo mismo podríamos decir con respecto a los métodos experienciales que nos permiten acceder a estados holotrópicos de conciencia, nos ayudan a afrontar el miedo a la muerte y facilitan la apertura espiritual y la transformación profunda y positiva de la personalidad. A fin de cuentas, la transformación interior y la emergencia de un nuevo nivel de conciencia quizás sean la única esperanza con que contamos para superar la crisis global a la que nos enfrentamos.

Bibliografía

Alexander, F. 1931. «Buddhist Training As Artificial Catatonia». *Psychoanalyt. Review* 18:129.
Asch, S. 1967. *The Nazarene*. New York: Carroll and Graf.
Bache, C. 1988. *Lifecycles: Reincarnation and the Web of Life*. New York: Paragon House.
Becker, E. 1973. *The Denial of Death*. New York: Simon & Schuster.
Bozzano, E. 1948. *Dei Fenomeni di Telekinesia in Rapporto con Eventi di Morti*. Casa Editrice Europa.
Delacour, J. B. 1974. *Glimpses of the Beyond*. New York: Delacorte Press.
Foerster, H. von. 1965. «Memory Without A Record». En *The Anatomy of Memory* (D.P. Kimble, ed.). Palo Alto: Science and Behavior Books.
Flynn, C. P. 1986. *After the Beyond: Human Transformation and the Near-Death Experience*. Englewood-Cliffs, NJ: Prentice-Hall.
Greyson, B. y Flynn, C.P. (eds.) 1984. *The Near-Death Experience: Problems, Prospects, Perspectives*. Springfield, IL: Charles C. Thomas.
Grof, S. y Grof, C. 1980. *Beyond Death: Gates of Consciousness*. London: Thames & Hudson.
Grof, S. 1985. *Beyond the Brain: Birth, Death, and Transcendence in Psychotherapy*. Albany, NY: State University New York (SUNY) Press.
Grof, S. 1988. *The Adventure of Self-Discovery*. Albany, NY: State University New York (SUNY) Press.
Grof, S. 1992. *The Holotropic Mind*. San Francisco, CA: Harper.
Grof, S. 2006a. *The Ultimate Journey: Consciousness Research and the Mystery of Death*. Santa Cruz, CA: MAPS Publications.
Grof, S. 2006b. *When the Impossible Happens: Adventures in Non-Ordinary Realities*. Louisville, CO: Sounds True.
Grof, S. 1994. *Books of the Dead: Manuals for Living and Dying*. London: Thames and Hudson.
Grosso, M. 1994. «The Status of Survival Research: Evidence, Problems,

Paradigms». Artículo presentado en el congreso The Survival of Consciousness After Death celebrado en julio en el Institute of Noetic Sciences Symposium, Chicago (IL).
Harrington, A. 1969. *The Immortalist*. Milbrae, CA: Celestial Arts.
Laszlo, E. 1994. *The Creative Cosmos*. Edinburgh: Floris Books.
Lommel, P. van. 2010. *Consciousness Beyond Life: The Science of the Near-Death Experience*. New York: Harper Collins.
Macy, M. 2005. «The Miraculous Side of Instrumental Transcommunication». Conferencia pronunciada en el séptimo congreso sobre Science and Consciousness en La Fonda Hotel, Santa Fe (New Mexico).
Monroe, R.A. 1971. *Journeys Out of the Body*. New York: Doubleday and Co.
Monroe, R.A. 1985. *Far Journeys*. New York: Doubleday and Co.
Monroe, R.A. 1994. *Ultimate Journey*. New York: Doubleday and Co.
Moody, R.A. 1975. *Life After Life*. New York: Bantam Books.
Moody, R.A. 1993. *Reunions*. New York: Villard Books.
Osis, K. 1961. *Deathbed Observations of Physicians and Nurses*. New York: Parapsychology Foundation.
Osis, K. y McCormick, D. 1980. Kinetic Effects at the Ostensible Location of an Out-of-Body Projection During Perceptual Testing. *Journal of the American Society for Psychical Research*. 74:319-24.
Raudive, K. 1971. *Breakthrough*. New York: Lancer Books.
Ring, K. 1982. *Life at Death A Scientific Investigation of the Near-Death Experience*. New York: Quill.
Ring, K. 1985. *Heading Toward Omega: In Search of the Meaning of the Near-Death Experience*. New York: Quill.
Ring, K. y Valarino, E.E. 1998. *Lessons from the Light: What We Can Learn from the Near-Death Experience*. New York: Plenum Press.
Ring, K. y Cooper, S. 1999. *Mindsight: Near-Death and Out-of-Body Experiences in the Blind*. Palo Alto (CA): William James Center for Consciousness Studies.
Rogo, G.S. 1990. *The Return from Silence: A Study of Near-Death Experiences*. New York: Harper and Row.
Sabom, M. 1982. *Recollections of Death: A Medical Investigation*. New York: Harper & Row.
Senkowski, E. 1994. «Instrumental Transcommunication» (ITC). Conferencia pronunciada en julio en el Institute for Noetic Sciences celebrado en Corte Madera Inn, Corte Madera (CA).

Sheldrake, R. 1981. *A New Science of Life*. Los Angeles, CA: J. P. Tarcher.
Sidgwick, H. *et al.* 1889. «Report on the Census of Hallucinations». *Proc. S.P.R.*, vol. 10, 245-51.
Stevenson, I. 1966. *Twenty Cases Suggestive of Reincarnation*. Charlottesville, VA: University of Virginia Press.
Stevenson, I. 1984. *Unlearned Languages*. Charlottesville, VA: University of Virginia Press.
Stevenson, I. 1987. *Children Who Remember Previous Lives*. Charlottesville, VA: University of Virginia Press.
Stevenson, I. 1997. *Where Reincarnation and Biology Intersect*. Santa Barbara, CA: Praeger Publications.
Turner, V. 2005. «Rituals and Communitas». *Creative Resistance*, 26 de noviembre.
Weisse, J.E.: 1972. *The Vestibule*. Port Washington, NY: Ashley Books.

XIV. El juego cósmico: *la exploración de los límites más alejados de la conciencia humana*

En esta enciclopedia hemos centrado básicamente nuestra atención en las implicaciones que la investigación de los estados holotrópicos de conciencia tiene en los campos de la psiquiatría, la psicología y la psicoterapia. Sin embargo, también esperamos proporcionar interesantes consideraciones filosóficas, metafísicas y espirituales. Independientemente de la motivación inicial de la persona implicada en la autoexploración sistemática y disciplinada de los estados holotrópicos, este tipo de sesiones no tarda en abocar a una profunda búsqueda filosófica y espiritual. Son muchas las personas cuyo interés inicial en las sesiones psiquedélicas o en la respiración holotrópica era fundamentalmente terapéutico, profesional o artístico y que, cuando su proceso interior alcanza los niveles perinatal y transpersonal del inconsciente, empiezan a formularse y tratar de responder las preguntas fundamentales de la existencia.

¿Cómo se creó el universo? ¿Es el mundo en el que vivimos el mero producto de procesos mecánicos de la materia inanimada, inerte y reactiva? ¿Puede explicarse la realidad material apelando exclusivamente a sus elementos compositivos fundamentales y a las leyes objetivas que rigen su interacción? ¿Cuál es el origen del orden, la forma y el significado del universo? ¿Es posible que la creación de un universo como el nuestro y su evolución hayan ocurrido sin la intervención de una inteligencia cósmica superior? ¿Cuál es, en el caso de que exista un principio creador supremo, nuestra relación con él? ¿Cómo podemos resolver dilemas relativos a la naturaleza del universo en el que vivimos como la finitud del tiempo y del espacio frente a la eternidad y el infinito? ¿Cuál es la relación que existe entre la vida y la materia y entre la conciencia y el cerebro? ¿Cómo explicar la existencia del mal y su abrumadora presencia en el esquema universal de las cosas? ¿Se limita nuestra existencia a una sola vida que va desde la concepción hasta la muerte, o sobrevive acaso a la extinción biológica y atraviesa una larga serie de encarnaciones sucesivas? ¿Y cuáles son las implicaciones para nuestra vida cotidiana de la respuesta que demos a todas esas preguntas? ¿Quiénes somos, en fin, de dónde venimos y a dónde vamos?

A finales de la década de 1960, decidí analizar los registros de más de 5.000 sesiones psiquedélicas de mis pacientes y de los pacientes de mis colegas, centrándome en sus experiencias y comprensiones metafísicas, hallazgos que resumí en un artículo titulado «LSD and the Cosmic Game: Outline of Psychedelic Ontology and Cosmology» (Grof, 1972). Para mi sorpresa, descubrí la existencia de un amplio acuerdo entre mis clientes y mis discípulos en lo que respecta a la comprensión de cuestiones metafísicas básicas. La visión de la realidad derivada de ese estudio no nos proporciona una imagen del universo como una supermáquina newtoniana, sino como una realidad virtual extraordinariamente compleja creada e impregnada de una inteligencia cósmica superior, la Conciencia Absoluta, el Anima mundi o la Mente Universal.

Las comprensiones metafísicas proporcionadas por las sesiones psiquedélicas y las respuestas a las cuestiones ontológicas y cosmológicas básicas derivadas de ese trabajo eran muy distintas a las proporcionadas por la visión materialista del mundo y el paradigma newtoniano-cartesiano sustentado por la ciencia occidental y mostraban un gran paralelismo con el corpus de las grandes tradiciones místicas, al que Aldous Huxley se refirió con la expresión filosofía perenne (Huxley, 1945), y también eran sorprendentemente compatibles con los revolucionarios avances de la ciencia moderna a los que suele conocerse globalmente como *nuevo paradigma* o *paradigma emergente* (Grof, 1998).

A medida que, en los años siguientes, fui adquiriendo experiencia en el trabajo con la respiración holotrópica y los episodios holotrópicos espontáneos («emergencias espirituales»), advertí que las comprensiones metafísicas descritas en mi artículo no se limitaban a las experiencias psiquedélicas, sino que afectaban a todo tipo de estados holotrópicos. En este capítulo esbozaré brevemente los rasgos básicos de la fascinante visión de la realidad a la que suelen acceder de manera espontánea quienes trabajan sistemáticamente con los estados holotrópicos de conciencia. Los lectores interesados en este tema pueden encontrar un tratamiento más completo al respecto en mi libro *El juego cósmico. Exploraciones en las fronteras de la conciencia humana* (Grof, 1998).

He escuchado repetidamente a pacientes y discípulos implicados en la autoexploración a través de una serie de sesiones psiquedélicas o de respiración holotrópica asimilar este proceso a un viaje espiritual continuo. Fueron precisamente estas afirmaciones las que me llevaron a estudiar las experiencias espirituales que se producían durante los estados holotrópicos de conciencia y a averiguar si alguno de ellos proporcionaba a mis clientes y alumnos la sensación de haber alcanzado la meta de su viaje espiritual. ¿Habían encontrado y alcanzado, dicho en otras palabras, lo que estaban buscando?

La experiencia inmanente de lo divino y el universo animado

Si permanecemos con los ojos abiertos durante un estado holotrópico de conciencia, podemos tener una experiencia *inmanente de lo divino*, es decir, una percepción profundamente transformada de la realidad cotidiana. Quien tiene este tipo de experiencia espiritual ve a las demás personas, a los animales y a los objetos inanimados como manifestaciones resplandecientes de la energía creativa cósmica y se da cuenta de que los límites que nos separan son ilusorios e irreales. Esta es una experiencia directa de la naturaleza como Dios, el *Deus sive Natura* [es decir, Dios o la naturaleza] de Baruch Spinoza. También descubrimos que, bajo el mundo de la separación, hay un campo unificado e indiviso de energía cósmica creativa.

Utilizando una analogía de la televisión podríamos comparar esta experiencia a una situación en la que una imagen en blanco y negro se convierte súbitamente en una imagen en color. En ambos casos, muchos de los elementos que componían el mundo antiguo siguen siendo los mismos –es decir, podemos seguir reconociendo a las personas, los animales y los árboles–, pero, al añadirle una nueva dimensión, la forma en que los percibimos experimenta una transformación completa. En el caso de la televisión, esta nueva dimensión es el color, mientras que, en la experiencia inmanente de lo divino, se trata de la sensación de numinosidad (término que C.G. Jung tomó prestado del teólogo y religioso alemán Rudolf Otto), es decir, de sacralidad, un término que prefirió a otros empleados en contextos muy diferentes como religioso, místico, espiritual, sagrado o mágico que, por manidos, pueden ser fácilmente malinterpretados.

Como ya hemos dicho, en los estados holotrópicos podemos tener experiencias convincentes de identificación consciente con animales, plantas y hasta materiales inorgánicos. La experiencia inmanente de lo divino expande nuestra visión del mundo y nos permite empezar a entender las creencias de culturas que consideran el universo como algo consciente y animado. La conciencia no se limita, desde esta perspectiva, a los animales, sino que también son conscientes los árboles, los ríos, las montañas, el sol, la luna y las estrellas. Y también hay que decir que el hecho de tener esa experiencia no nos obliga a olvidar e ignorar los hallazgos proporcionados por la ciencia occidental y suscribir y aceptar la visión del mundo sostenida por esas culturas.

A nuestra visión del mundo hay que añadir un hecho empírico muy importante, porque todo lo que, desde un estado holotrópico de conciencia, experimentamos como objeto tiene, en un estado holotrópico, su correlato experiencial subjetivo. Las personas que tienen una experiencia inmanente de lo divino descubren que pueden experimentarse como otras personas, animales y aspectos distintos del universo y entienden también el principio básico de las grandes filosofías espirituales orientales, según el cual el universo entero es una manifestación de la Conciencia Cósmica y del Principio Creativo Universal que ellos llaman Brahman, Tao o Buda.

En lo que respecta a la búsqueda de lo Último, las personas que han tenido este tipo de experiencias saben que han dado un paso importante en su viaje espiritual, pero, siendo conscientes de que todavía les queda mucho por descubrir, no creen haber alcanzado su objetivo último.

La experiencia trascendente de lo divino y el reino arquetípico

La experiencia *trascendente de lo divino* trae a la conciencia visiones y encuentros con personajes y criaturas de mitologías de diferentes culturas, complejas secuencias arquetípicas y visitas a moradas del más allá descritas en esas tradiciones (como cielos, paraísos, infiernos y otros escenarios míticos fantásticos). Durante este tipo de experiencia espiritual parecen «desplegarse» o «explicarse» (en terminología de David Bohm) en nuestro campo perceptual mundos completamente nuevos de niveles u órdenes de realidad que trascienden la realidad cotidiana (Bohm, 1980). Empleando la analogía de la televisión antes mencionada, esto se asemejaría al sorprendente descubrimiento de la existencia de canales diferentes al que habitualmente vemos y experimentamos.

Este tipo de experiencias pone de relieve que nuestra psique puede acceder a panteones enteros de figuras mitológicas, así como a los dominios en los que moran esas figuras. Una prueba fehaciente de la autenticidad de estas experiencias es el hecho de que, como sucede con otros fenómenos transpersonales, pueden proporcionarnos información nueva y detallada sobre figuras y reinos cuya naturaleza, alcance y calidad superan con creces nuestro conocimiento intelectual previo de esas mitologías. Fueron precisamente este tipo de observaciones las que llevaron a C.G. Jung a concluir que, además del inconsciente individual descrito por Freud, contamos también con un inconsciente colectivo que nos conecta con el patrimonio cultural de toda la humanidad. Según Jung, se trata de manifestaciones de los arquetipos, pautas universales primordiales que representan los componentes básicos del inconsciente colectivo (Jung, 1959).

El primer encuentro con las dimensiones sagradas de la existencia tiene lugar, en muchas personas, en el contexto de un proceso de muerte y renacimiento en donde el recuerdo de los distintos estadios del proceso del nacimiento va acompañado de visiones de escenas análogas procedentes del dominio arquetípico del inconsciente colectivo. Sin embargo, la conexión plena con el ámbito espiritual solo tiene lugar cuando este proceso alcanza el nivel transpersonal de la psique. Entonces es cuando, independientemente de las secuencias fetales, afloran experiencias espirituales en su forma pura. Pues hay casos en los que el proceso holotrópico elude los niveles biográfico y perinatal y posibilita un acceso directo al dominio transpersonal.

Los estados holotrópicos de conciencia pueden proporcionarnos una comprensión profunda de visiones del mundo de culturas antiguas y nativas que creen que el cosmos está poblado y gobernado por deidades beatíficas y airadas. La imaginería de esas experiencias procede del inconsciente colectivo e incluye figuras y temas mitológicos de cualquiera de las culturas de la historia de la humanidad, incluidas aquellas de las que carecíamos de todo conocimiento intelectual. Si nos resulta difícil aceptar la visión del mundo de las culturas antiguas y nativas, tal vez prefiramos emplear términos como *numinoso*, en lugar de *sagrado*, y *figuras arquetípicas*, en lugar de *dioses y demonios*, pero lo cierto es que ya no podremos seguir descartando esas experiencias como simples fantasías o alucinaciones.

La experiencia personal profunda de este dominio nos ayuda a entender que la visión del mundo de las sociedades preindustriales no se basa en la ignorancia, la superstición, el «pensamiento mágico» primitivo o las alucinaciones psicóticas, sino en una experiencia verdadera de realidades alternativas. Para diferenciar estos fenómenos de las experiencias alucinatorias o imaginarias que carecen de todo fundamento objetivo, los psicólogos junguianos se refieren a estas realidades transfenoménicas como «imaginales».

La expresión *mundus imaginalis* fue utilizada por vez primera por el erudito, filósofo y místico francés Henri Corbin, que se inspiró en su estudio de la literatura mística islámica (Corbin, 2000). Los teólogos islámicos llaman al mundo imaginal –donde tiene su análogo todo lo que existe en el mundo sensorial– *alam al mithal* u «octavo clima», para distinguirlo de los «siete climas» o regiones de la geografía islámica tradicional. El mundo imaginal posee dimensiones espaciales y temporales, formas y colores que no son perceptibles a nuestros sentidos como propiedades de los objetos físicos. Pero este reino es, en todos los aspectos, tan ontológicamente real como el mundo material percibido por nuestros órganos sensoriales y sus experiencias pueden verse corroboradas mediante validación consensual.

Aunque las experiencias arquetípicas ocupan un espacio tridimensional propio y se desarrollan en un tiempo lineal carecen, no obstante, de la cohesión espacial y temporal que caracteriza al mundo material. Podemos evaluar, por ejemplo, la distancia que hay entre Praga y Baltimore y determinar en qué dirección se encuentra Praga, pero no podemos hacer lo mismo con el cielo de Shiva o el Valhalla, el lugar de descanso construido por el dios Wotan para los guerreros nórdicos muertos en el campo de batalla. De la misma manera, podemos determinar los años que transcurrieron entre la guerra civil estadounidense y la revolución bolchevique rusa, pero no podríamos responder a la misma pregunta si nos preguntásemos por el tiempo transcurrido desde la batalla entre los Titanes y los dioses olímpicos y el Ragnarok (es decir, el crepúsculo de los dioses), la batalla última de la mitología nórdica.

Como ya hemos dicho, existen diferentes categorías de figuras arquetípicas. La primera categoría incluye personajes que encarnan roles y principios universales como la Gran Diosa Madre, la Diosa Madre Terrible, el Anciano Sabio, los Jóvenes Eternos, los Enamorados, la Muerte, el Embaucador, el *Ánima*, el *Animus* y la Sombra. La segunda gran categoría de figuras arquetípicas se refiere a dioses y demonios relacionados con una determinada cultura, zona geográfica o período histórico concreto. En lugar de tratarse, por ejemplo, de una personificación generalizada de la Gran Diosa Madre, podemos experimentar una de sus formas culturales concretas como la Virgen María cristiana, la Inanna sumeria, la Isis egipcia, la Hera griega y la Lakshmi o Parvati hindúes. También hay que recordar que el abanico de encuentros arquetípicos a los que puede acceder el individuo en un estado holotrópico no se hallan limitados por sus creencias, conocimientos o herencia cultural. Bien podríamos considerar estas experiencias como una prueba de laboratorio que confirma la teoría del inconsciente colectivo de Jung que afirma que su procedencia se deriva de la mitología de cualquier cultura de la historia de la humanidad.

Conviene, para los propósitos de nuestra discusión, distinguir entre la religión y la forma universal de espiritualidad que aparece de manera espontánea en los estados holotrópicos de conciencia. La espiritualidad es una cuestión estrictamente personal y privada y que implica un tipo especial de relación entre el individuo y el cosmos, mientras que la religión organizada, por su parte, implica una actividad grupal institucionalizada que sucede en un determinado lugar y que implica a funcionarios que no siempre han tenido una experiencia personal de las realidades espirituales.

El encuentro con las figuras arquetípicas puede ser emocionalmente desbordante y proporcionar una información nueva y detallada independiente de los antecedentes raciales, culturales y educativos de la persona que los experimenta, así como de su conocimiento previo de las mitologías implicadas. Las experiencias de deidades beatíficas y airadas suelen ir acompañadas de emociones muy intensas que van desde el éxtasis hasta el terror metafísico paralizante. Las personas que experimentan estos encuentros suelen mostrarse muy impresionadas y respetuosas con esas figuras arquetípicas como seres que pertenecen a un orden superior, están dotados de energías y poderes extraordinarios y son capaces de determinar los acontecimientos del mundo material, una actitud semejante a la de los habitantes de muchas culturas preindustriales que creían en la existencia de dioses y demonios.

Pero las personas que tienen este tipo de experiencias no suelen confundir las figuras arquetípicas con el principio supremo del universo ni afirman haber alcanzado la comprensión última de la existencia. Muy al contrario, suelen considerar a esas deidades como creaciones de un poder superior que les trasciende, una comprensión que se hace eco de la idea de Joseph Campbell según la cual «las deidades útiles deben ser transparentes a lo trascendente» o, dicho en otras palabras, deben apuntar y servir de puente al Absoluto, pero sin llegar a confundirse con él. Por ello es importante, cuando estamos implicados en un camino de autoconocimiento o en una práctica espiritual sistemática, evitar el escollo de oscurecer una determinada deidad y considerarla como la fuerza cósmica suprema en lugar de una mera ventana al Absoluto.

Campbell advirtió que el hecho de confundir una imagen arquetípica con la fuente última de la creación o su única representación verdadera desemboca en la idolatría, un error tan divisivo como peligroso y extendido en la historia de la religión. Porque, si bien une a quienes comparten la misma creencia y están dispuestos a rendir culto de una determinada manera, también enfrenta a ese grupo con quienes se decantan por una representación distinta. Por ello muestran tanto empeño en convertir a los demás y no tienen empacho alguno, en caso de no conseguirlo, en tratar de eliminarlos. La verdadera religión, por su parte, es universal, inclusiva y abarcadora; trasciende las imágenes arquetípicas asociadas a una determinada cultura y se centra en la fuente última de todas las formas. La cuestión más importante en el mundo de la religión es, pues, la naturaleza del Principio Supremo del universo.

La experiencia del Principio Cósmico Supremo

Los individuos implicados en la autoexploración sistemática mediante el empleo de estados holotrópicos de conciencia se refieren repetidamente a este proceso como una búsqueda filosófica y espiritual. Como ya he dicho, esto me llevó a buscar, entre las grabaciones de sesiones psiquedélicas, de respiración holotrópica y los informes de quienes estaban atravesando una emergencia espiritual, experiencias que transmitieran la sensación de que la búsqueda había llegado a su último destino. Entonces fue cuando descubrí que las personas cuya experiencia del Absoluto satisface plenamente su anhelo espiritual no suelen ver ninguna imagen concreta y que, cuando creen haber alcanzado el objetivo de su búsqueda filosófica y mística, sus descripciones del Principio Supremo son muy abstractas y sorprendentemente parecidas.

La información transmitida por las personas que informaron de este tipo de revelación última se referían a la experiencia de ese estado de un modo notablemente parecido. Afirmaban que la experiencia de lo Supremo implica la trascendencia de todas las limitaciones de la mente analítica, todas las categorías racionales y todas las restricciones de la lógica ordinaria. Esta experiencia no se halla circunscrita a las limitaciones habituales del espacio tridimensional y del tiempo lineal como solemos concebirlos y contiene asimismo todas las polaridades concebibles en una amalgama inseparable que trasciende toda dualidad.

Una y otra vez, mis clientes y alumnos asimilaban el Absoluto a una fuente de luz resplandeciente de una intensidad inimaginable, aunque también destacaban que difería fundamentalmente de cualquier tipo de luz conocida del mundo material. Por más apropiado que, en algún sentido, parezca, soslaya también algunos de sus rasgos esenciales. En particular, soslaya el hecho de que es un inmenso e insondable campo de conciencia dotado de una creatividad profunda y de una inteligencia infinita. Otro atributo habitual mencionado es que tiene rasgos decididamente personales y un exquisito sentido del humor («humor cósmico»).

Hay dos modos diferentes de experimentar el Principio Cósmico Supremo: a veces se desvanecen o disuelven completamente todos los límites personales y nos fundimos y tornamos indistinguibles de la fuente divina, y otras veces mantenemos la sensación de identidad separada y asumimos el papel de un observador que atestigua atónito desde fuera el *mysterium tremendum* de la existencia. Y en este último caso podemos experimentar lo divino como un padre o una madre (como sucede en el caso de algunos místicos que asumen una actitud filial ante lo divino), o experimentar el éxtasis de un amante embelesado y referirnos a la Divinidad como el Amado (como ilustran los casos de santa Teresa de Ávila, de los *bhaktas* o de místicos como Rumi, el trascendental poeta persa del siglo XIII).

La literatura espiritual de todas las épocas abunda en descripciones de ambas formas de experimentar lo divino. Un buen ejemplo de ello es el intercambio entre el sabio hindú y maestro de Advaita Vedanta y de meditación no dual Sri Ramana Maharshi y Sri Ramakrishna, un *bhakta* adorador de la diosa Kali. Sri Ramana Maharshi ilustró la experiencia no dual con la parábola de la muñeca de azúcar que, queriendo experimentar la profundidad del océano, acabó disolviéndose en sus aguas, a lo que Sri Ramakrishna replicó: «¡Yo solo quiero probar el azúcar, no quiero convertirme en azúcar!». La moderna investigación sobre la conciencia sugiere que ambas formas de experimentar el Absoluto implican un revolucionario avance espiritual que produce cambios muy positivos en la estructura de la personalidad, sentimientos extáticos de paz y seguridad y el acceso a un significado más elevado.

El Abismo Cósmico: un Vacío Supracósmico y Metacósmico

Pero el encuentro o la identificación con la Conciencia Absoluta no es el único modo de experimentar la Realidad Última o el Principio Creativo Supremo del Cosmos. Otro tipo de experiencia que parece satisfacer a quienes buscan respuestas últimas resulta especialmente sorprendente, porque carece de todo contenido. Se trata de la identificación con el Vacío Cósmico, con la Nada que la literatura mística suele describir como el Vacío. Pero es importante destacar que no toda experiencia de vacío que podemos encontrar en los estados holotrópicos merece este nombre, porque ese es un término que también suele utilizarse para referirse a una desagradable ausencia de sentimiento, iniciativa, contenido o significado.

Para merecer el nombre de Vacío ese estado debe cumplir con requisitos muy concretos. Cuando nos encontramos con el Vacío sentimos que se trata de un vacío primordial de proporciones y relevancia cósmicas. Somos conciencia pura de un vacío absoluto que va simultánea y paradójicamente acompañado de una extraña sensación de plenitud esencial. Este *vacuum* cósmico es también un *plenun* cósmico porque, aunque no contenga nada manifiesto y concreto, tampoco carece absolutamente de nada y lo contiene potencialmente todo. Este Vacío trasciende las categorías habituales de tiempo y espacio, es inmutable y se encuentra más allá de toda dicotomía y polaridad (como luz y oscuridad, bien y mal, estabilidad y movimiento, microcosmos y macrocosmos, agonía y éxtasis, singularidad y pluralidad, forma y vacío y hasta existencia e inexistencia).

Hay quienes le llaman Vacío Supracósmico y Metacósmico queriendo decir con ello que ese vacío, esa nada primordial, parece ser el principio que subyace al mundo fenoménico tal como lo conocemos; lo crea y al mismo tiempo ocupa, con respecto a él, un nivel supraordenado. Este vacío metafísico preñado de potencialidades parece ser la fuente última de la existencia, la cuna de todo lo que es. El Abismo Cósmico posee la inteligencia, la creatividad y la energía necesarias para crear universos, una creación que implica la concreción y actualización de sus potencialidades inherentes preexistentes. Es imposible transmitir en palabras lo lógicas y convincentes que son estas respuestas paradójicas a las cuestiones más fundamentales y profundas de la existencia cuya plena comprensión solo es posible a través de la experiencia personal directa.

El investigador húngaro-italiano Ervin László, filósofo de la ciencia y principal teórico de sistemas, denominó holocampo akásico a este misterioso dominio que se encuentra más allá del espacio y del tiempo. En uno de sus últimos libros, titulado *What Is Reality: The New Map of Cosmos, Consciousness, and Existence*, László unifica un rico conjunto de campos científicos, filosóficos y metafísicos y esboza un nuevo y brillante paradigma (László, 2016). La hipótesis de la conectividad de László proporciona un puente entre la ciencia y la espiritualidad y resuelve muchas paradojas que afectan a diferentes disciplinas de la moderna ciencia occidental (László, 2003).

El más allá interior

El ejercicio espiritual sistemático de los estados holotrópicos de conciencia nos ayuda a trascender los límites ordinarios del cuerpo-ego. En este proceso, también descubrimos que las fronteras del universo material y de otras realidades son, en última instancia, arbitrarias y negociables. La trascendencia de las limitaciones de la mente racional y la liberación de la camisa de fuerza impuesta por el sentido común y la lógica ordinaria nos ayudan a romper muchas barreras de separación, expandir nuestra conciencia hasta dimensiones habitualmente inimaginables y llegar a experimentar, por último, una unión e identidad con la fuente trascendente de todo que la literatura espiritual conoce con nombres muy diferentes.

Esta experiencia de identificación experiencial con el Absoluto nos permite darnos cuenta de que, en última instancia, nuestro ser es semejante al campo de la energía cósmica creativa y a la totalidad de la existencia. El reconocimiento de nuestra naturaleza divina y de nuestra identidad con la fuente cósmica es el descubrimiento más importante que podemos hacer durante el proceso de autoexploración profunda. Esta es la esencia de la famosa respuesta a la pregunta sobre nuestra verdadera identidad que nos ofrece el antiguo *Chandogya Upanishad* de la India cuando dice: *Tat tvam asi*, una frase cuya traducción literal es «Tú eres Eso», es decir, que «tú eres de naturaleza divina» o «tú eres la Divinidad», lo que revela la ilusoriedad de nuestra identificación cotidiana con el «ego encapsulado en la piel», la conciencia individual encarnada o el «nombre y la forma» (*namarupa*), y que nuestra verdadera naturaleza es la identidad con el campo entero de la energía cósmica creativa (Atman-Brahman).

Al comienzo de esta enciclopedia hemos dicho que la revelación relativa a la identidad del individuo con lo divino es el secreto último que se encuentra en el núcleo de todas las grandes tradiciones espirituales y lo hemos ilustrado con numerosos ejemplos procedentes de las grandes religiones (pág. 39, volumen 1).

Palabras para lo inefable

Aunque, en un estado holotrópico de conciencia, podamos experimentar directamente el Principio Cósmico Supremo, lo cierto es que este elude cualquier intento de descripción o explicación. El lenguaje que solemos utilizar para hablar de cuestiones de la vida cotidiana resulta inadecuado para referirnos a este tipo de cuestiones. Las personas que han tenido esta experiencia parecen coincidir en su inefabilidad, porque las palabras y la estructura de nuestro lenguaje son sumamente limitadas para describir su naturaleza y dimensiones, sobre todo para quienes no las han experimentado. Esto es algo que el legendario filósofo taoísta chino Lao-tzu expresó de forma muy sucinta en su clásico *Tao-Te-King* cuando dijo que «El Tao del que puede hablarse no es el Tao eterno; el nombre que puede nombrarse no es el nombre eterno».

Cualquier intento de describir las experiencias trascendentes depende necesariamente de las palabras que el lenguaje cotidiano ha desarrollado para hablar de los objetos y actividades que experimentamos en el estado ordinario de conciencia. Por eso, el lenguaje resulta inapropiado para hablar de experiencias y comprensiones que se encuentran en estados holotrópicos de conciencia. Y esto resulta especialmente cierto cuando nuestra experiencia se ocupa de dimensiones últimas de la existencia, como el Vacío, la Conciencia Absoluta y la creación.

Quienes están familiarizados con las filosofías espirituales orientales suelen recurrir, para describir sus experiencias y comprensiones espirituales, a expresiones procedentes de idiomas orientales y no resulta extraño verles emplear, para ello, términos sánscritos, tibetanos, chinos y japoneses. Estos idiomas se desarrollaron en culturas muy sofisticadas en lo que respecta a los estados holotrópicos y las experiencias espirituales y, a diferencia de lo que sucede con los idiomas occidentales, contienen muchos términos técnicos que describen sutilezas de la experiencia mística y cuestiones relacionadas, como *nirvikalpa* y *savikalpa samadhi*, *sunyata*, *kenshō*, *satori*, *Tao*, *nirvana*, *kundalini*, energía *chi* o *ki*, *bardo*, *anatta*, *samsāra*, *maya* y *avidyā*, que, en última instancia, solo pueden ser entendidos por quienes hayan tenido este tipo de experiencias.

Aunque sigue siendo una herramienta muy imperfecta, la poesía parece más adecuada para hablar de las realidades trascendentes y transmitir mejor la esencia de las experiencias espirituales. Por este motivo, muchos de los grandes videntes y maestros religiosos recurrieron a la poesía para compartir sus percepciones metafísicas. Y también por ello son muchas las personas que han experimentado estados trascendentales que recuerdan y citan pasajes de la obra de poetas visionarios como Omar Khayyam, Rumi, Kahlil Gibran, Kabir, la princesa Mirabai, Sri Aurobindo, William Blake, D.H. Lawrence, Rainer Maria Rilke, Walt Whitman o William Butler Yeats.

El proceso de la creación

Las personas que, en un estado holotrópico de conciencia, experimentan el principio creativo cósmico suelen tener alguna comprensión sobre el proceso de la creación y se quedan fascinadas por su extraordinario diseño y su inmensa escala. En su intento de entender la naturaleza del impulso que lleva a la Divinidad a abandonar su estado prístino y asumir la formidable tarea de crear lo que parece ser un número infinito de mundos fenoménicos, parecen coincidir en que estos mundos se crean a través de una orquestación de experiencias más virtuales que materiales. Pese a ello, sin embargo, cualquier intento de entender el origen de la creación y la «motivación» de la Divinidad para generar innumerables realidades fenoménicas dentro y a partir de sí pone de manifiesto varias contradicciones interesantes.

Una categoría muy importante de estas explicaciones subraya la extraordinaria riqueza interior de la Conciencia Absoluta y su inconcebible potencial creativo. Desde esta perspectiva, la fuente cósmica es tan exuberante y desbordante que no le queda más remedio que expresarse a través del acto creativo. Otro tipo de explicaciones afirma que lo que mueve el proceso creativo es la búsqueda de la Conciencia Absoluta de algo de lo que, en su estado prístino, carece y echa de menos. Y aunque, desde nuestro punto de vista ordinario, estas dos categorías de explicaciones parezcan contradictorias, desde la perspectiva proporcionada por un estado holotrópico el conflicto se desvanece y no hay problema alguno en que los aparentes opuestos coexistan y se complementen.

Reflexionando sobre el modo en que, en una sesión de LSD, había experimentado la motivación a crear de la Divinidad, un biólogo que participaba en nuestro programa de formación descubrió una extraña similitud entre este proceso y lo que había observado en los huevos fecundados. El extraordinario potencial creativo del óvulo fecundado permanece latente desde el mismo comienzo hasta que un impulso ondicular rompe bruscamente la aparente inercia del protoplasma y pone en marcha el proceso de división celular y desarrollo embrionario. Otro de mis clientes comparó el proceso de la creación cósmica al estado mental del artista que, en un momento de inspiración, concibe una gran obra de arte que acaba cobrando vida.

Otras descripciones subrayaban el inmenso deseo de la Divinidad de conocerse a sí misma y descubrir, explorar y experimentar todo su potencial oculto, algo que solo puede hacer exteriorizándose y manifestando, en un acto creativo, su potencialidad latente, lo que exige su polarización en sujeto y objeto, experimentador y experimentado y observador y observado. Esta es una idea semejante a aquella de las escrituras cabalísticas medievales según la cual el motivo de Dios para la creación es «Rostro quiere contemplar a Rostro» o «Dios quiere ver a Dios».

Otros rasgos importantes del proceso creativo que suelen subrayarse son el disfrute, el carácter lúdico y el humor cósmico del Creador, elementos que suelen describirse en los antiguos textos hindúes, que consideran el universo y la existencia como *lila*, el juego divino. Desde este punto de vista, la creación es un extraordinario juego cósmico infinitamente complejo que Brahman, es decir, la Divinidad, crea, a partir de sí y en su interior.

La creación también ha sido considerada como un colosal experimento que refleja la inmensa curiosidad de la Conciencia Absoluta, una pasión semejante a la que lleva al científico a entregar su vida al estudio y la investigación. Por ello, hay quienes, después de haber intuido los «motivos» de la creación, subrayan, como ya hemos dicho, su dimensión estética. Desde esta perspectiva, el universo en que vivimos y todas las realidades experienciales de sus múltiples dimensiones son obras de arte supremas fruto de un impulso creativo parecida a la inspiración y pasión que mueve al artista.

También hemos visto que, en algunas ocasiones, la explicación de los motivos subyacentes de la creación no se centra tanto en la abundancia, riqueza y maestría desbordante del Principio Creativo Cósmico como en cierta sensación de ausencia, de falta, de carencia, de necesidad o de anhelo de algo importante. Desde esta perspectiva, por ejemplo, se concibe que, pese a la inmensidad y perfección de su estado, la Conciencia Absoluta se da cuenta de que está sola, una soledad que solo puede expresarse en el anhelo infinito –una especie de Anhelo Divino– de compartir, de comunicarse y de dar y recibir amor.

Otra importante fuerza motivadora del proceso creativo que a veces se ha señalado dentro de esta categoría es el deseo primordial de la Fuente Divina de las experiencias características del mundo material. Desde esta perspectiva, el Espíritu tiene un profundo deseo de experimentar lo que es opuesto y contrario a su naturaleza. Quiere explorar todas las cualidades de las que, en su naturaleza prístina, carece y convertirse en todo lo que no es. Así es como, siendo eterno, infinito, ilimitado y etéreo, anhela lo efímero, lo provisional, lo transitorio, lo circunscrito al tiempo y el espacio, lo sólido, lo tangible, lo concreto y lo corpóreo. Este aspecto del proceso creativo está perfectamente ilustrado en una pintura del *Códice Borgia* azteca (*náhuatl*) que muestra la danza dinámica complementaria de dos figuras, Quetzalcóatl (la Serpiente Emplumada, que representa el espíritu) y Tezcatlipoca (Espejo Humeante, que representa la materia).

Otro «motivo» importante para la creación que ocasionalmente se menciona es una suerte de monotonía. Pues, por más inmensa y gloriosa que, desde la perspectiva humana, pueda parecer la experiencia de lo divino, para la divinidad es siempre igual y, por ello mismo, monótona. Desde este punto de vista, la creación puede considerarse un esfuerzo titánico que expresa un anhelo trascendente de cambio, acción, movimiento, drama y sorpresa. No en vano, la literatura cabalística medieval nos cuenta que uno de los motivos que tiene Dios para la creación es el Tedio Divino.

Quienes han tenido la suerte de haber experimentado una comprensión profunda del laboratorio cósmico de la creación parecen coincidir en que nada de lo que puedan decir acerca de este nivel de la realidad hace justicia a lo que acaban de presenciar. Por más paradójico que pueda parecer a nuestro sentido común, el monumental impulso de proporciones inimaginables responsable de la creación de los mundos fenoménicos parece contener todos los elementos mencionados y muchos más. Es evidente que, pese a todos nuestros esfuerzos por tratar de entender y describir la creación, la naturaleza del principio creador y del proceso de la creación seguirá envuelta en un misterio insondable.

También conviene recordar que el lenguaje que habitualmente utilizamos resulta especialmente problemático para expresar la experiencia de los reinos trascendentes. Lo mejor que podemos hacer es buscar paralelismos y aproximaciones en las situaciones conocidas de la vida cotidiana. Una práctica habitualmente utilizada por los pacientes psiquiátricos para tratar de describir sus experiencias transpersonales consiste en poner en mayúsculas la primera letra de las palabras elegidas para subrayar así su alejamiento de la banalidad de su significado cotidiano y enfatizar la magnitud cósmica de las sensaciones y estados que tratan de describir. Esta es precisamente la práctica que he adoptado en esta sección al referirme a la Soledad, el Amor, el Anhelo, el Deseo o el Tedio Divinos.

Pero es que, además de ayudarnos a poner de relieve los motivos o razones de la creación (es decir, el «porqué» de la creación), la experiencia de los estados holotrópicos también suele ser muy esclarecedora para ayudarnos a entender la dinámica y los mecanismos concretos del proceso creativo (es decir, el «cómo» de la creación). Esto está relacionado con la «tecnología de la conciencia» que, partiendo de datos procedentes de la información sensorial, genera experiencias que, orquestadas de un modo sistemático y coherente, crean realidades virtuales. Aunque las descripciones de estas comprensiones varíen en cuanto a los detalles, el lenguaje y metáforas utilizados suelen señalar la intervención, en la creación de los mundos fenoménicos, de dos procesos interrelacionados y mutuamente complementarios.

El primero de ellos es una actividad que rompe la unidad indiferenciada original de la Conciencia Absoluta en un número infinito de unidades de conciencia derivadas. En este sentido, la Divinidad se implica en un juego creativo de complejas secuencias de divisiones, fragmentaciones y diferenciaciones. Fruto de esta actividad es la aparición de mundos experienciales que contienen innumerables entidades separadas dotadas de formas concretas de conciencia que poseen una convincente sensación de autonomía y autoconciencia. Parece haber un acuerdo general en que estas llegan a la existencia a lo largo de un proceso de múltiples divisiones y subdivisiones del campo originalmente indiviso de la Conciencia Cósmica. En este sentido, la Divinidad no crea nada fuera de sí, sino que, a través de una larga secuencia de divisiones y transformaciones, crea algo dentro del campo de su propio ser.

El segundo factor importante del proceso creativo es una especie de partición, disociación u olvido, mediante la cual las entidades conscientes filiales van alejándose gradual y progresivamente de su fuente original, una desconexión que va acompañada de la pérdida de conciencia de su naturaleza prístina. También desarrollan una sensación de identidad individual y de separación absoluta entre todas ellas. Durante los últimos estadios de este proceso se generan separaciones intangibles, aunque relativamente impermeables, entre las diferentes unidades escindidas y entre cada una de ellas y el trasfondo indiferenciado original de la Conciencia Absoluta.

La relación entre la Conciencia Absoluta y sus partes es única y compleja y queda muy lejos de la comprensión del pensamiento convencional. La lógica aristotélica y el sentido común nos dicen que una parte no puede ser simultáneamente totalidad y que la totalidad, al estar compuesta de partes, debe ser mayor que cualquiera de los elementos que la componen y no puede, en consecuencia, ser una parte. Pero, en la estructura universal, las unidades de conciencia separadas, pese a su individualidad y diferencias específicas, siguen siendo, a otro nivel, esencialmente idénticas entre sí y a su fuente y comparten así la paradójica naturaleza de ser, al mismo tiempo, totalidades y partes.

Una cita de la misteriosa *Tabla Esmeralda* (*Tabula Smaragdina*), atribuida a Hermes Trismegisto, afirma que: «lo que está abajo es como lo que está arriba y lo que está arriba es como lo que está abajo para realizar los milagros del Uno» y se convirtió en la inspiración de muchas escuelas esotéricas, como el hermetismo, la alquimia, la astrología, la cábala y el tantra. Su principio básico es que cada ser humano es un microcosmos que contiene el macrocosmos: «como arriba es abajo» y «como afuera es adentro».

Un hermoso ejemplo de la relación que existe entre la naturaleza de Buda y la totalidad de las creaciones se encuentra en las enseñanzas del budismo Avatamsaka (Hwa Yen) relativas a la Interpenetración Mutua. Su idea básica se expresa muy sucintamente en cuatro frases: «Uno en Uno», «Uno en Muchos», «Muchos en Muchos» y «Muchos en Uno». La famosa imagen utilizada para ilustrar esta situación es el collar de Indra compuesto de diferentes perlas dispuestas de tal modo que cada una de ellas refleja a todas las demás, algo que quizás quede más claro y gráfico en la siguiente historia.

Como la emperatriz china Wu tenía dificultades para entender las complejas enseñanzas del budismo Hwa Yen, le pidió al maestro zen Fatsang que se lo explicara. Fatsang la llevó entonces a una sala en la que paredes, techo y suelo estaban cubiertos de espejos. A continuación, encendió una vela que colgaba del centro de la sala y, al momento siguiente, se hallaron rodeados por un número infinito de velas, momento en el que Fatsang comentó: «Así es como el Uno está contenido en todas sus creaciones».

Metiendo luego la mano en un bolsillo, sacó una bola de cristal en la que se reflejaban todas esas velas y agregó: «Y así es como los Muchos están contenidos en el Uno. Advierte cómo, en la Realidad Última, lo infinitamente pequeño contiene lo infinitamente grande y lo infinitamente grande contiene –¡sin problema alguno!– lo infinitamente pequeño», y finalizó su enseñanza disculpándose por emplear un modelo estático para explicar lo que sucede en un sistema dinámico tan inmenso como complejo.

Como ya hemos visto en el capítulo 8, la invención de la holografía óptica proporcionó un inesperado apoyo científico al principio básico de las escuelas esotéricas sobre la relación que existe entre el microcosmos y el macrocosmos que, en el pasado, parecía absurdo e incomprensible.

Las comprensiones proporcionadas por la investigación de los estados holotrópicos de conciencia describen la existencia como un asombroso juego del principio creativo cósmico que trasciende el tiempo, el espacio, la causalidad lineal y toda clase de polaridades. Desde esta perspectiva, los mundos fenoménicos, incluido el mundo material, parecen «realidades virtuales» generadas por una tecnología de la conciencia mediante una orquestación infinitamente compleja de experiencias que se despliegan en niveles muy diferentes de la realidad, desde la Conciencia Absoluta indiferenciada, pasando por ricos panteones de seres arquetípicos, hasta los innumerables seres humanos, animales y plantas que pueblan el universo material.

Los caminos del reencuentro

Pero este proceso de divisiones y subdivisiones sucesivas que conlleva su separación y alienación creciente solo representa la mitad del ciclo cósmico. La comprensión proporcionada por los estados holotrópicos pone reiteradamente de relieve la otra mitad de este proceso que consiste en el movimiento de la conciencia en la dirección opuesta, es decir, desde los mundos de la pluralidad y la separación hasta la disolución de barreras y fusión en unidades cada vez mayores.

Esta visión cuadra con las descripciones y discusiones de los dos movimientos cósmicos mencionados por distintos sistemas espirituales y filosóficos a los que Plotino, por ejemplo, el fundador de la escuela neoplatónica, se refería como *flujo* y *reflujo* (Plotino, 1991). Conceptos similares encontraron una expresión más articulada en los escritos del místico y filósofo indio Sri Aurobindo con los nombres de *involución* y *evolución* de la conciencia (Aurobindo, 1965). En los escritos de Ken Wilber (Wilber, 1980 y 1995) puede encontrarse una presentación moderna de estas dinámicas de *descenso* y *ascenso* del proceso cósmico. Yo mismo he utilizado los términos *hilotrópico* y *holotrópico* [expresiones compuestas por los términos griegos *hyle* (que significa «materia»), *holo* (que significa «totalidad») y *trepo/trepein* (que significa «movimiento hacia»)] que se refieren, respectivamente, al movimiento hacia la materia y el movimiento hacia la totalidad.

Desde la perspectiva de las comprensiones proporcionadas por los estados holotrópicos, el proceso universal no solo nos ofrece un número infinito de oportunidades para convertirnos en individuos separados, sino también un abanico igualmente rico e ingenioso de posibilidades para la disolución de los límites y la fusión que caracterizan el retorno experiencial a la fuente. Estas experiencias unitivas permiten que las mónadas de la conciencia individual se liberen del engaño de separatividad y superen su alienación. Esta trascendencia de lo que antaño parecían límites insalvables y la resultante fusión progresiva originan unidades experienciales cada vez mayores de un proceso que, en sus logros más elevados, acaba desembocando en una fusión con la Conciencia Absoluta que disuelve todas las fronteras y trasciende todas las polaridades. Esta es una secuencia de fusiones que se produce en niveles muy distintos, asume formas muy diferentes y completa la pauta cíclica global de la danza cósmica.

Ken Wilber (1949), autor estadounidense de psicología transpersonal y creador de la teoría integral, una filosofía sistemática que propone una síntesis de todo el conocimiento y experiencia de la humanidad.

Uno de los desencadenantes más frecuentes de las experiencias unitivas espontáneas es la exposición a maravillas de la naturaleza como el Gran Cañón del Colorado, las islas del trópico, las auroras boreales o las puestas de sol del océano Pacífico. Algo parecido pueden lograr las creaciones artísticas de extraordinaria belleza independientemente de que se trate de obras maestras de la música, de la pintura, de la escultura u obras arquitectónicas monumentales. Otras fuentes habituales de las experiencias unitivas son el ejercicio físico, la unión sexual y, en el caso de la mujer, el embarazo, el parto y la lactancia. Su ocurrencia puede facilitarse a través de una amplia diversidad de «tecnologías de lo sagrado» antiguas, aborígenes y modernas de las que hablamos en la introducción de esta enciclopedia.

Aunque es más probable que las experiencias unitivas se produzcan en situaciones positivas y emocionalmente muy cargadas, también pueden presentarse en circunstancias desfavorables, amenazadoras y críticas. Pero, en este caso, la conciencia del ego no se disuelve y trasciende, sino que se ve disgregada y desbordada. Esto es algo que ocurre, por ejemplo, en situaciones de estrés agudo o crónico, en momentos de gran sufrimiento físico o emocional, o cuando la integridad o la supervivencia del cuerpo se ven seriamente amenazadas. No son pocas las personas que han descubierto la existencia de los reinos místicos en medio de una experiencia cercana a la muerte o en caso de accidentes, lesiones, enfermedades peligrosas o intervenciones quirúrgicas.

La psiquiatría tradicional, que no reconoce la singularidad de las experiencias místicas, considera la experiencia unitiva como un síntoma de la psicosis. El mérito de haber demostrado que este es un grave error le corresponde a Abraham Maslow, fundador de la psicología humanista y transpersonal que, en un estudio que incluía a varios centenares de individuos, concluyó que estas «experiencias cumbre» no son fenómenos anormales, sino, por el contrario, supranormales y que, en circunstancias favorables, pueden mejorar la salud emocional y física y conducir a lo que denominó «autorrealización» o «autoactualización» (Maslow, 1964).

El tabú de conocerse uno mismo

¿Cómo se explica, si es cierto que nuestra naturaleza más profunda es divina y que somos idénticos al principio creador del universo, la certidumbre que suele acompañar a nuestra convicción de que somos cuerpos físicos que existen en un mundo material? ¿Cuál es la naturaleza de esta ignorancia fundamental relativa a nuestra verdadera identidad, este misterioso velo de olvido que Alan Watts bautizó como «el tabú de conocerse uno mismo»? (Watts, 1973) ¿Cómo puede una entidad espiritual atemporal e infinita crear en su interior el facsímil virtual de una realidad tangible poblada de seres sensibles que se experimentan separados de su origen y entre sí? ¿Y cómo es posible que los actores de este drama global caigan en el engaño de acabar creyendo en la existencia objetiva de su realidad ilusoria?

La mejor explicación que he escuchado al respecto de las personas con las que he trabajado es que el principio creativo cósmico se queda fascinado ante su propia perfección. La intención creativa que alienta el juego divino consiste en crear realidades experienciales que proporcionen las mejores oportunidades para los aventureros de la conciencia, incluida la ilusión del mundo material. Sin embargo, para poder satisfacer este requisito, estas realidades deben ser verosímiles y convincentes en todos sus detalles. Baste con señalar que, en ciertas ocasiones, obras de arte, piezas de teatro o películas son interpretaciones o representaciones tan perfectas que nos hacen olvidar la ilusoriedad del acontecimiento que estamos presenciando y reaccionamos ante ellos como si fuesen reales. Y, del mismo modo, los buenos actores o actrices pueden llegar a fundirse tanto con el personaje que están interpretando que llegan a olvidar temporalmente su verdadera identidad.

El mundo en que vivimos contiene muchos rasgos de los que, en su forma pura, carece el principio supremo (como la polaridad, la multiplicidad, la densidad, la materialidad, el cambio y la provisionalidad). El proyecto de creación del facsímil de una realidad material dotada de estas propiedades alcanza tal perfección artística y científica que las unidades escindidas de la Mente Universal lo encuentran tan convincente que acaban confundiéndolo con la realidad misma. En este sentido, el ateo es la expresión más sublime del arte de la Divinidad, que no solo esgrime argumentos en contra de su participación en la creación, sino en contra incluso de su misma existencia. No en vano, la definición que daba Sri Aurobindo de un ateo era «Dios jugando al escondite consigo mismo».

Una de las estrategias que más contribuyen a crear la ilusión de una realidad material ordinaria es la existencia de la fealdad y la trivialidad. Si todos fuéramos seres resplandecientes y etéreos que extrajésemos nuestra energía directamente del Sol y viviéramos en un mundo en el que todos los paisajes se asemejaran al Himalaya, el Gran Cañón, las auroras boreales del Ártico o las islas vírgenes del Pacífico, sería demasiado evidente que vivimos en un mundo divino. Y, si todos los edificios del mundo se parecieran a la Alhambra, el Taj Mahal, Xanadú o la catedral de Chartres, estuviésemos rodeados de esculturas de Miguel Ángel y escucháramos la música de Beethoven o Bach, la naturaleza divina de nuestro mundo sería fácilmente perceptible.

El hecho de que tengamos cuerpos físicos que exuden secreciones, excrecencias, malos olores, imperfecciones y patologías, así como un sistema gastrointestinal lleno de contenidos repugnantes, puede ensombrecer las cosas y hacernos dudar de nuestra divinidad. Las funciones fisiológicas como vomitar, eructar, expulsar gases, defecar y orinar, junto a la descomposición final del cuerpo humano, ensombrecen aún más el cuadro. Del mismo modo, la existencia de escenarios naturales poco atractivos, como vertederos, zonas contaminadas por la industria, aseos malolientes llenos de grafitis obscenos, guetos urbanos y millones de alojamientos miserables, obstaculizan el reconocimiento de que nuestra vida es una obra divina. La existencia del mal y la naturaleza predadora de la vida convierten este intento en una tarea casi imposible para la persona normal y corriente. La visión del mundo esbozada por la ciencia materialista supone un obstáculo adicional para las personas educadas en el mundo occidental.

Otra razón importante por la que resulta tan difícil liberarse de la ilusión de ser individuos separados que viven en un mundo material es que los caminos de regreso a nuestro origen divino están llenos de obstáculos, riesgos y desafíos. El juego divino no es un sistema completamente cerrado, sino que ofrece a los participantes la posibilidad de descubrir la verdadera naturaleza de la creación, incluida su propia condición cósmica. Sin embargo, los caminos que conducen del autoengaño a la iluminación y el reencuentro con la fuente presentan serios problemas y la mayoría de las posibles lagunas de la creación están cuidadosamente ocultas. Esto es absolutamente necesario para mantener la estabilidad y el equilibrio del esquema cósmico. Estas vicisitudes y escollos del camino espiritual constituyen una parte importante de lo que se denomina «el tabú de conocerse uno mismo».

Todas las situaciones que proporcionan una oportunidad para la apertura espiritual están ligadas a una variedad de fuerzas opuestas. Algunos de los problemas que obstaculizan el camino que conduce a la iluminación y la liberación son de naturaleza intrapsíquica. Los momentos más importantes, como la muerte y el renacimiento psicoespiritual, suelen ir precedidos de encuentros aterradores con fuerzas malignas, el miedo a la muerte y el fantasma de la locura, experiencias que pueden disuadir a los buscadores más pusilánimes y menos decididos. Esta es una situación que se ve perfectamente ilustrada en el templo Tōdai-ji de Nara en el que, antes de entrar en la sala del Gran Buda que alberga la gigantesca e impresionante escultura de Buda Vairochana (Daibutsu), la mayor estatua de bronce del Buda que hay en el mundo, los visitantes deben atravesar una puerta flanqueada por colosales figuras de aterradores custodios del templo.

Más problemáticas aún son las interferencias e intervenciones procedentes del mundo exterior. En la Edad Media, muchas personas que tenían experiencias místicas espontáneas se arriesgaban a verse torturadas, juzgadas y ejecutadas por la Santa Inquisición. En nuestra época, las acusaciones de brujería, las torturas y los autos de fe se han visto reemplazadas por etiquetas psiquiátricas estigmatizadoras y drásticas medidas terapéuticas. El cientificismo materialista del siglo xx ha ridiculizado y patologizado cualquier esfuerzo espiritual, por más fundamentado y sofisticado que este sea. La autoridad y el prestigio de los que, hasta no hace mucho, gozaba la ciencia materialista en la sociedad moderna debido a sus logros tecnológicos impidieron que se tomaran seriamente en cuenta el misticismo y la búsqueda espiritual.

Además, los dogmas y actividades de las religiones dominantes tienden a soslayar el hecho de que el único lugar en el que se puede encontrar la verdadera espiritualidad es en el interior de la psique individual. En su aspecto más negativo, la religión organizada puede convertirse en un verdadero problema para cualquier búsqueda seria de lo divino. Al denigrar a sus miembros e inculcarles la culpa, les impide creer en la posibilidad de encontrar la divinidad en su interior. También suele alentar la falsa creencia de que la asistencia regular al servicio divino, la oración y la contribución económica a la Iglesia son actividades espirituales que hacen innecesaria una búsqueda más seria.

Occidente ha desdeñado las tecnologías de lo sagrado desarrolladas por distintas culturas nativas como productos del pensamiento mágico y supersticiones propias de primitivos incultos. El acceso al potencial espiritual de la sexualidad que encuentra su expresión en el tantra también se ha visto obstaculizado por las trampas del sexo como poderoso instinto animal. La aparición de psiquedélicos que tienen la capacidad de abrir de par en par las puertas de la dimensión trascendental no tardó en verse reemplazada por el abuso secular irresponsable de estas substancias y la amenaza de malos viajes, *flashbacks*, locura, supuestos daños cromosómicos y, cómo no, sanciones legales muy graves.

El problema del bien y del mal

Uno de los retos más difíciles del viaje espiritual consiste en aceptar la existencia del mal. La aceptación y comprensión filosófica del mal implica el reconocimiento del papel –tan importante como necesario– que desempeña en el proceso cósmico. Las profundas comprensiones experienciales de las realidades últimas a las que puede accederse en los estados holotrópicos podrían revelar por ejemplo que, *creatio ex nihilo*, la creación cósmica debe ser simétrica, porque todo lo que adviene a la existencia debe verse contrarrestado por su opuesto. Desde esta perspectiva, la existencia de las polaridades es un requisito indispensable para la existencia misma del mundo fenoménico.

Ya hemos dicho que uno de los motivos de la creación parece ser la «necesidad» del principio creador de conocerse a sí mismo para que «Dios pueda ver a Dios» o «el Rostro pueda contemplar al Rostro». Y el hecho de que la Divinidad no expresara el amplio repertorio de sus potencialidades supondría una forma incompleta de autoconocimiento. Si la Conciencia Absoluta es también el Artista, el Experimentador y el Explorador por excelencia, cualquier creación que dejase fuera algunas de esas opciones sería incompleta. El artista no limita su arte a las cuestiones hermosas, éticas y edificantes, sino que reproduce cualquier aspecto de la vida que pueda proporcionar imágenes interesantes o prometer historias fascinantes.

La existencia de los aspectos oscuros de la creación proporciona también un contraste que realza su lado más luminoso proporcionando una riqueza y una profundidad extraordinarias al drama universal. El conflicto entre el bien y el mal, en todos los ámbitos y niveles de la existencia, es una fuente inagotable de inspiración de historias fascinantes. En cierta ocasión, un discípulo preguntó a Sri Ramakrishna, el gran visionario, santo y maestro espiritual indio: «Swamiji, ¿por qué existe el mal en el mundo» a lo que, tras una breve deliberación, respondió escuetamente: «Para complicar la trama».

Teniendo en cuenta la naturaleza y el alcance del sufrimiento en el mundo, esta respuesta podría parecer cínica si pensamos en los millones de niños que mueren de hambre o de diferentes enfermedades, la locura de las guerras que salpican la historia de la humanidad, las innumerables víctimas torturadas y sacrificadas y la desolación que dejan tras de sí los desastres naturales. Pero, si realizamos el experimento mental de erradicar del esquema universal todo lo que se nos antoja malo o negativo, como las enfermedades y la violencia, veremos una imagen completamente diferente. Entonces no tardaremos en darnos cuenta de que ese acto de higiene ética eliminaría también del mundo muchos aspectos de la existencia que valoramos y apreciamos enormemente (como, por ejemplo, la historia de la medicina, los sanadores de todas las épocas, la invención de medicamentos e intervenciones quirúrgicas que salvan vidas, y todos los buenos samaritanos que han dedicado su vida a aliviar el sufrimiento como Florence Nightingale o la Madre Teresa).

Tampoco cabría, en un mundo despojado de violencia y guerras, la posibilidad de victoria alguna sobre los tiranos, los dictadores y los regímenes opresivos, el heroísmo de los luchadores por la libertad, la inteligencia creativa, los avances tecnológicos desarrollados durante la fabricación de armas, invención de defensas y formas de protección (como las fortalezas, los castillos, las armaduras de los guerreros samuráis y los caballeros medievales, el colorido de los desfiles, los libros, las películas, la música, las pinturas y esculturas inspiradas en la guerra y en los conflictos entre el bien y el mal, ni la posibilidad de trascender nuestros impulsos violentos resolviéndolos internamente mediante la autoexploración profunda y la correspondiente posibilidad de poner así fin a las guerras). ¿Deberíamos eliminar también a los animales que atacan al ser humano o se alimentan de otros animales? ¿Y qué haríamos con las fuerzas violentas de la naturaleza como los terremotos, las erupciones volcánicas, las tormentas y los tsunamis? Una purga tan extrema de la sombra universal despojaría a la creación de su profundidad y riqueza. Por algún motivo, los manuales para escribir guiones suelen comenzar con la siguiente advertencia: «Si quieres crear un fracaso garantizado de taquilla, haz una película sobre un pueblo pacífico en el que todo el mundo sea feliz y nunca pase nada malo». Como podemos ver, la existencia del mal es el reto más difícil al que se enfrenta cualquier búsqueda que aspire a abrazar y afirmar la totalidad del universo.

Cuando hablamos del problema del bien y del mal hay que tener en cuenta que, en última instancia, todos los seres sintientes son manifestaciones del mismo principio creativo, de modo que todos los papeles de la obra cósmica –tanto perpetradores como víctimas– tienen el mismo protagonista. Esto se halla perfectamente ilustrado en varios pasajes del poema de Thich Nhat Hanh titulado «Llámame por mis verdaderos nombres»:

El ritmo de mi corazón es el nacimiento
y la muerte de todo lo que vive.
Soy la libélula que se metamorfosea en la superficie del río

y el pájaro que, al llegar la primavera,
devora a esa libélula.
… Soy la niña de doce años que,
refugiada en una pequeña embarcación,
se lanza al mar después de ser violada por un pirata
y soy también el pirata cuyo corazón aún no es capaz
de ver y amar.
… Llámame, por favor, por mis verdaderos nombres,
para que pueda escuchar, al mismo tiempo,
mis carcajadas y mis lamentos
y no tarde en darme cuenta de que mi alegría y mi dolor son uno.

Pese a basarse en experiencias personales muy convincentes de estados holotrópicos, esta forma de ver las cuestiones éticas puede resultar muy perturbadora. El problema resulta evidente cuando empezamos a pensar en las consecuencias prácticas que esta visión tiene para nuestra vida y para nuestra conducta cotidiana. A primera vista, considerar el mundo material una «realidad virtual» y comparar la existencia humana a una película parece banalizar la vida y restar importancia a la profundidad de la miseria humana, porque parece que esta perspectiva niegue la importancia del sufrimiento y aliente una actitud de cínica indiferencia según la cual no hay nada que realmente importe. Y, del mismo modo, aceptar el mal como parte integrante de la creación y advertir su relatividad podría entenderse como una justificación para la búsqueda desmedida de todo objetivo egoísta, la renuncia a todo límite ético y el abandono de todo intento de combatir activamente el mal que aqueja a nuestro mundo.

Antes de considerar seriamente cuáles son las consecuencias éticas de las comprensiones trascendentales profundas en nuestra conducta deberíamos tener en cuenta algunos factores adicionales. La exploración experiencial que nos permite acceder a esos conocimientos profundos suele poner de relieve que las fuentes de la violencia y la codicia hunden sus raíces en las dimensiones biográficas, perinatales y transpersonales del inconsciente. El trabajo psicológico sobre este material reduce significativamente la agresividad al tiempo que aumenta nuestra tolerancia. También nos revela un amplio abanico de experiencias transpersonales en las que nos identificamos con diferentes aspectos de la creación, lo que alienta un respeto profundo por la vida y la empatía hacia todos los seres sintientes. El mismo proceso a través del cual descubrimos la vacuidad de las formas y la relatividad de los valores reduce considerablemente la proclividad a la conducta inmoral y antisocial y nos enseña la importancia del amor y la compasión.

De este modo podemos asumir un nuevo sistema de valores que no se base en normas, preceptos, mandatos o el miedo al castigo, sino en el conocimiento y la comprensión del orden universal. Entonces nos damos cuenta de que somos parte integrante de la creación y de que, si dañamos a los demás, también estamos dañándonos a nosotros. Este autoconocimiento profundo conduce al descubrimiento vivencial de la reencarnación y de la ley del karma, lo que nos ayuda a ser conscientes de las graves consecuencias de nuestra conducta, aun en aquellos casos en los que escapemos al reproche y el castigo social.

La experiencia también confirma que la conciencia de la vacuidad que hay detrás de todas las formas no es, en modo alguno, incompatible con el reconocimiento y el amor verdaderos hacia toda la creación. Las experiencias trascendentes que conducen a una profunda comprensión metafísicas sobre la naturaleza de la realidad alientan, muy al contrario, el respeto y la compasión hacia todos los seres sintientes y el compromiso responsable con el proceso de la vida. La compasión no precisa de objetos que tengan una existencia substancial, sino que debe dirigirse hacia cualquier ser sintiente que sea una unidad de conciencia.

Jugar el juego cósmico

La estrategia empleada por muchas religiones para enfrentarse a las dificultades de la vida consiste en restar importancia al plano terrenal y centrarse en la atención a los planos trascendentes. Los sistemas religiosos que se atienen a esta orientación consideran el mundo material como un dominio inferior imperfecto, impuro y expuesto al sufrimiento y la miseria. En este sentido, recomiendan no centrar nuestra atención en él y dirigirla, por el contrario, hacia otras realidades. Esta perspectiva nos presenta la realidad física como un valle de lágrimas y la existencia encarnada como una maldición o un cenagal de muerte y renacimiento.

Estos credos y sus representantes ofrecen a sus abnegados seguidores la promesa de un lugar más deseable o de un estado de conciencia más gratificante en un más allá representado, en sus formas más rudimentarias, por los distintos cielos y paraísos a los que supuestamente tendrán acceso los bienaventurados que cumplan los mandamientos establecidos por sus respectivas teologías. En los sistemas más sofisticados y refinados, estos cielos y paraísos son estadios de un viaje espiritual cuyo destino final consiste en la disolución de los límites personales y la fusión con lo divino, la extinción del fuego de la vida y la desaparición en la Nada, o el logro del estado de mónada prístina no contaminada por la biología.

Otras orientaciones espirituales consideran, sin embargo, que la naturaleza y el mundo material contienen y encarnan lo divino. Las comprensiones proporcionadas por los estados holotrópicos llevan a los buscadores a preguntarse qué es lo que pueden ganar alejándose de la vida y del plano material y refugiándose en las realidades trascendentes y cuál es, por el contrario, el valor de abrazar completamente el mundo de la realidad cotidiana. Muchos sistemas espirituales aseguran que la meta del viaje espiritual consiste en la disolución de los límites personales y la unificación con lo divino. Sin embargo, las personas que, en sus exploraciones interiores, han experimentado una identificación con la Conciencia Absoluta se dan cuenta de que definir el objetivo último del viaje espiritual como la experiencia de unión con el principio supremo de la existencia supone un serio problema.

Son conscientes de que la Conciencia Absoluta/Vacío indiferenciado no solo representa el final del viaje espiritual, sino la fuente y el origen también de la creación. Así pues, la Divinidad no solo es el principio que permite unificar lo que estaba separado, sino el agente responsable también de la fragmentación y separación de la unidad original. Si este principio fuese completo y pleno en su forma prístina, no habría razón alguna para que creara y diese a luz otros reinos experienciales, pero, como sí lo hace, la tendencia creativa de la Conciencia Absoluta expresa claramente alguna «necesidad» fundamental. Los mundos de la pluralidad representan, pues, un importante complemento al estado indiferenciado de la Divinidad o, en la terminología de la Cábala, «el pueblo necesita a Dios tanto como Dios necesita al pueblo».

El esquema general de este drama cósmico implica la interacción dinámica entre dos fuerzas fundamentales relacionadas con el principio creativo, una de las cuales es centrífuga (*hilotrópica*, es decir, orientada hacia la materia) y la otra, centrípeta (es decir, *holotrópica*, que apunta a la totalidad). La Conciencia Cósmica indiferenciada muestra la tendencia elemental a crear mundos plurales que contienen innumerables seres separados. Ya hemos hablado de algunas de las posibles razones o motivos de esta tendencia a generar realidades virtuales. Por su parte, las unidades individuales de la conciencia experimentan su separación y alienación como algo doloroso y manifiestan la fuerte necesidad de regresar a la fuente y reunirse con ella. La identificación con el yo encarnado conlleva, entre otros, los problemas del sufrimiento emocional y físico, las limitaciones espaciales y temporales, la impermanencia y la muerte.

Hombre gnóstico. Frontispicio del primer volumen de *Utriusque Cosmi* de Roberto Fludd escrito en 1617.

¿Existe algún enfoque, si nuestra psique se halla gobernada por estas dos poderosas fuerzas cósmicas (hilotrópica y holotrópica) que se hallan en conflicto fundamental entre sí, que pueda resolver adecuadamente este problema? ¿Cuál es, pues, si la existencia separada o la unidad indiferenciada no son, en sí mismas, plenamente satisfactorias, la posible alternativa? Obviamente, la solución no consiste en rechazar la existencia encarnada como algo inferior y despojado de valor y tratar de escapar de ella. Ya hemos visto que los mundos fenoménicos, incluido el mundo de la materia, no se limitan a ser un complemento importante y valioso, sino algo absolutamente necesario para el estado indiferenciado del principio creador. Al mismo tiempo, todo esfuerzo por alcanzar la plenitud y la paz mental fracasará inevitablemente –y probablemente sea incluso contraproducente– si se limita a la búsqueda de objetos y metas del reino material. Cualquier solución satisfactoria deberá, por tanto, incluir ambas dimensiones, la terrenal y la trascendental, es decir, el mundo de las formas y el mundo de lo que carece de forma.

Tal y como lo conocemos, el universo material nos ofrece innumerables oportunidades de vivir aventuras extraordinarias. En tanto seres encarnados, podemos atestiguar las maravillas naturales de la Tierra y el espectáculo del firmamento con sus miles de millones de galaxias. Solo en el mundo físico y en el plano material podemos enamorarnos, disfrutar del éxtasis sexual, tener hijos, admirar las pinturas de Rembrandt o escuchar la música de Beethoven. Las posibilidades de exploración del micromundo y del macromundo son prácticamente infinitas. Y, además de las experiencias del presente, también podemos sondear el misterioso pasado, desde las antiguas civilizaciones perdidas y el mundo antediluviano hasta los acontecimientos de los primeros microsegundos del Big Bang.

Participar en el mundo fenoménico y poder vivir ese rico abanico de experiencias exige la aceptación del mundo de la materia y cierto grado de identificación con el yo encarnado. Pero, cuando nuestra identificación con el cuerpo-ego es absoluta y nuestra creencia de que el mundo material es la única realidad, resulta imposible disfrutar plenamente de nuestra participación en la creación. En tal caso, los fantasmas de la insignificancia personal, la impermanencia y la muerte llegan a ensombrecer el lado luminoso de la vida y nos despojan de todo entusiasmo. También debemos incluir la frustración derivada del intento de realizar todo nuestro potencial divino mientras nos hallamos sometidos a las limitaciones del cuerpo y el mundo material.

Si queremos encontrar la solución a este dilema, debemos dirigirnos hacia dentro y emprender una búsqueda interior sistemática. A medida que vamos descubriendo y explorando diferentes dimensiones ocultas de nosotros mismos y de la realidad, nuestra identificación con el cuerpo-ego va debilitándose y tornándose menos apremiante. Seguiremos identificándonos con el «ego encapsulado en la piel» para cuestiones prácticas, pero esa orientación será cada vez más lúdica y creativa. El conocimiento experiencial de las dimensiones transpersonales de la existencia, incluidos nuestro estatus cósmico y nuestra verdadera identidad, hace más sencilla y gratificante la vida cotidiana.

En la medida en que nuestra búsqueda interior prosigue acabamos descubriendo, más pronto o más tarde, la Vacuidad esencial que subyace a todas las formas. Como sugieren las enseñanzas budistas, el conocimiento de la naturaleza virtual del mundo fenoménico y de su vacuidad nos ayuda a liberarnos del sufrimiento. Esto incluye el reconocimiento de que la creencia en cualquier yo separado, incluido el nuestro, es, en última instancia, una ilusión. En los textos budistas, la conciencia de la vacuidad esencial de todas las formas y la comprensión de la inexistencia de un yo separado se denomina *anatta* (o *anatman*, que literalmente significa «no-yo»).

La conciencia de nuestra naturaleza divina y de la vacuidad esencial de todas las cosas puesta de relieve por las experiencias transpersonales establece los cimientos de un metamarco que puede ayudarnos a afrontar la complejidad de la existencia cotidiana. Pero, por más que abracemos plenamente la experiencia del mundo material y disfrutemos de todo lo que nos ofrece, lo cierto es que, hagamos lo que hagamos, la vida siempre nos trae problemas, retos, experiencias dolorosas y pérdidas. Y, cuando las cosas resultan demasiado difíciles y complicadas, siempre podemos apelar a la visión cósmica más amplia que nos ha revelado la búsqueda interior.

La conexión con las realidades superiores y el conocimiento liberador de *anatta* y del vacío que subyace a toda forma nos permiten tolerar lo que, de otro modo, resultaría intolerable. Gracias a esta conciencia trascendental podemos experimentar plenamente el amplio espectro de la vida, o lo que Zorba el griego llamaba «la catástrofe total». La capacidad de reconciliar e integrar con éxito las dimensiones materiales y espirituales de la existencia, o los aspectos hilotrópicos y holotrópicos de la vida, es una de las aspiraciones más elevadas de las tradiciones místicas.

A la persona cuya existencia se limita al nivel de conciencia ordinario y que no ha tenido acceso experiencial a las dimensiones trascendentales y numinosas de la realidad le resultará muy difícil superar el arraigado miedo a la muerte y encontrar un sentido más profundo a la existencia. En estas circunstancias, la mayor parte de la conducta cotidiana se limita a ser reactiva e inauténtica y está motivada por las necesidades del falso ego.

Por ello es esencial complementar nuestras actividades cotidianas con alguna forma de práctica espiritual sistemática que nos permita acceder vivencialmente a las dimensiones trascendentes de la existencia. Esta es una oportunidad que, en las sociedades preindustriales, existía en forma de distintas «tecnologías de lo sagrado», como los rituales chamánicos, los ritos de paso, las ceremonias de sanación, los antiguos misterios de muerte y renacimiento, las escuelas místicas y las prácticas de meditación de las grandes religiones del mundo. Lamentablemente, las revoluciones industrial y científica, la filosofía materialista y la orientación pragmática han acabado destruyendo casi por completo esta importante dimensión de la existencia.

En las últimas décadas, el mundo occidental ha asistido a un importante resurgimiento del interés por las antiguas prácticas espirituales y los procedimientos aborígenes de expansión de la conciencia. Además, la moderna psicología profunda y la psicoterapia experiencial han puesto a punto herramientas que pueden facilitar el despertar y la apertura espiritual a las personas interesadas en la transformación psicoespiritual y la evolución de la conciencia.

En sus escritos, C.G. Jung, el precursor de la psicología transpersonal, describió una estrategia vital que tiene en cuenta las dimensiones secular y cósmica del ser humano y de la existencia. Según él, todo lo que hagamos en nuestra vida cotidiana debe complementarse con una autoexploración sistemática y una búsqueda interior que llegue a los rincones más profundos de nuestra psique. Así podríamos conectar con ese aspecto superior de nosotros mismos que Jung llamó Sí mismo y recibir su guía en el camino que conduce a la «individuación».

Si seguimos el consejo de Jung, las decisiones importantes de nuestra vida se basarán en una síntesis creativa que integre el conocimiento pragmático del mundo material con la sabiduría procedente del inconsciente colectivo. Esta idea del gran psiquiatra suizo concuerda con las observaciones y comprensiones de los estados holotrópicos de las que suelen hablar las personas con las que he tenido el privilegio de trabajar durante las últimas seis décadas.

Creo que esta estrategia no solo enriquecería extraordinariamente la calidad de nuestra vida, sino que, practicada a escala suficientemente grande, aumentaría de manera significativa la probabilidad de que la humanidad superase con éxito la crisis global que hoy amenaza la supervivencia de la vida en este planeta. De ese modo, la civilización industrial podría acceder a una espiritualidad basada en una experiencia personal profunda que reconociese la importancia de la existencia y el sentido de la vida humana. A lo largo de los años, he sido testigo de esa transformación en muchos miles de personas. Por el momento, sin embargo, resulta dudoso si podrá lograrse a una escala suficientemente grande y si todavía contamos con tiempo suficiente para ello.

Espero que el actual renacimiento del interés en la investigación psiquedélica y los estados holotrópicos de conciencia prosiga y permita que las personas que viven en la civilización industrial se unan al resto de la humanidad e integren en su tejido social una psiconáutica responsable. De ese modo se cumpliría el sueño que Albert Hofmann tuvo, hace más de setenta años, de una Nueva Eleusis. Si algunos de quienes ya practican la psiconáutica o de quienes están a punto de embarcarse en esta apasionante aventura encuentran, en esta enciclopedia, un compañero útil para sus viajes interiores, no se habrá escrito en vano. ¡Les deseo un viaje seguro, emocionante y productivo!

STANISLAV GROF
Corfú (Grecia)
Julio 2018

Bibliografía

Aurobindo, Sri. 1977. *The Life Divine*. New York: India Library Society.
Bohm, D. 1980. *Wholeness and the Implicate Order*. London: Routledge & Kegan Paul.
Corbin, H. 2000. «Mundus Imaginalis, Or the Imaginary and the Imaginal». En: *Working With Images* (B. Sells, ed.). Woodstock, CT: Spring Publications.
Grof, S, 1972. LSD and the Cosmic Game: Outline of Psychedelic Cosmology and Ontology. *Journal for the Study of Consciousness* 5:165, 1972-3.
Grof, S. 1998. *The Cosmic Game: Explorations of the Frontiers of Human Consciousness*. Albany, NY: State University of New York (SUNY) Press.
Jung, C.G. 1959. The Archetypes and the Collective Unconscious. *Collected Works*, vol. 9,1. Bollingen Series XX, Princeton, NJ: Princeton University Press.

Huxley, A. 1945. *Perennial Philosophy*. London and New York: Harper and Brothers.

Laszlo, E. 2003. *The Connectivity Hypothesis: Foundations of An Integral Science of Quantum, Cosmos, Life, and Consciousness*. Albany, NY: State University of New York (SUNY) Press.

Laszlo, E. 2016. *What Is Reality: The New Map of Cosmos, Consciousness, and Existence*. New York: Select Books.

Maslow, A. 1962. *Toward A Psychology of Being*. Princeton, NJ: Van Nostrand.

Maslow, A. 1964. *Religions, Values, and Peak Experiences*. Cleveland, OH: Ohio State University.

Plotinus, 1991. *The Enneads*. London: Penguin Books.

Watts, A. 1973. *The Book on the Taboo Against Knowing Who You Are*. London: Sphere Books.

Wilber, K. 1980. *The Atman Project: A Transpersonal View of Human Development*. Wheaton, IL: Theosophical Publishing House.

Wilber, K. 1995. *Sex, Ecology, and Spirituality: The Spirit of Evolution*. Boston, MA: Shambhala Publicactions.

Epílogo: psique y cosmos

Richard Tarnas

A petición de Stanislav Grof he resumido brevemente, en las siguientes páginas, los resultados de la investigación que iniciamos juntos hace ya cuatro décadas. Aunque, durante todo este tiempo, hemos impartido muchos cursos de postgrado y seminarios públicos en los que presentábamos los hallazgos que iban profundizando nuestra comprensión de la psique y sus procesos de transformación, aún no habíamos publicado una visión general básica de esta investigación. Con el actual resurgimiento de la legalización de la psicoterapia y la investigación psiquedélica conviene esbozar un breve resumen de la evidencia recopilada hasta este momento y de su posible relevancia para la psicoterapia y la autoexploración del trabajo con psiquedélicos y otros métodos de transformación que permiten el acceso a estados no ordinarios de conciencia.

Antecedentes de nuestra investigación

Después de sus años de práctica de la psicoterapia con LSD y otras substancias psiquedélicas, primero en Praga y luego en Maryland, Stan se mudó, en otoño de 1973, al Instituto Esalen en Big Sur (California) para trabajar en una serie de libros destinados a resumir sus descubrimientos clínicos. Pocos meses después de su llegada me uní a él para preparar, bajo su tutela, mi tesis doctoral sobre la psicoterapia con LSD, un cambio que resultó fundamental y duradero para ambos. Durante gran parte de los años 70 y 80, Stan desempeñó en Esalen la función de profesor invitado dirigiendo muchos seminarios de un mes de duración, mientras que yo, primero como miembro del personal y luego como encargado de la programación y director docente de Esalen, colaboré con él en la investigación que a continuación paso a relatar. En 1993-1994, ambos nos incorporamos al cuerpo de profesores del Instituto de Estudios Integrales de California [CIIS] de San Francisco, donde pasamos los veinte años siguientes dedicados a la enseñanza.

Al comienzo de nuestro trabajo en Esalen estábamos muy interesados en la gran variabilidad de las experiencias psiquedélicas, un fenómeno tan ampliamente observado como poco comprendido. Dos personas con un estado clínico similar podían tomar la misma dosis de la misma substancia, en el mismo entorno clínico y tener, pese a ello, experiencias completamente diferentes. Una persona podía tener una experiencia de profunda unidad espiritual y trascendencia mística eufórica y otra –que había recibido la misma dosis de la misma substancia– podía acabar sumiéndose en una desesperación o en un estado de pánico metafísico aparentemente insondable. También era posible que una misma persona tuviera, tomando la misma dosis de la misma substancia en momentos diferentes, experiencias psiquedélicas completamente diferentes. Y esa variabilidad asumía también otra forma según la cual las personas parecían ser constitucionalmente proclives a encontrarse con determinadas constelaciones de experiencias (complejos, recuerdos biográficos emocionalmente cargados, matrices perinatales o encuentros transpersonales) que se desplegaban evolutivamente a largo de diferentes sesiones reproduciendo, en distintos momentos de su periplo vital, los mismos temas. Cada persona parecía dotada de un determinado conjunto de temas que, con el tiempo, iban adoptando formas diferentes con repercusiones positivas o negativas en distintos niveles de conciencia, a menudo dentro incluso de la misma sesión.

Stan y sus colegas de Praga y Baltimore llevaban mucho tiempo tratando de descubrir una forma fiable de predecir la naturaleza y el resultado de las sesiones psiquedélicas con la esperanza de descubrir herramientas que les ayudasen a identificar a las personas que podrían beneficiarse de la terapia psiquedélica y el modo en que reaccionarían. De poco sirvieron, sin embargo, años de investigación al respecto porque ninguna de las pruebas psicológicas estándar utilizadas –el MMPI (Inventario Multifásico de Personalidad de Minnesota), el POI (Inventario de Orientación Personal), el TAT (Test de Apercepción Temática), el Test de Rorschach y la Escala de Inteligencia para Adultos de Wechsler, entre otros– demostraron tener, al respecto, el menor valor predictivo. Este resultado era, en cierto modo, comprensible (al menos para la segunda forma de variabilidad que implicaba a la misma persona tomando la misma substancia en momentos diferentes), porque el postest no evidenciaba la presencia de efecto substancial alguno. Si uno pasa hoy un determinado test y vuelve a pasarlo dentro de un mes, los resultados no cambiarán gran cosa, pero, si uno toma LSD hoy y el mes que viene toma la misma dosis, los efectos pueden ser completamente diferentes. Dada, sin embargo, la intensidad de las experiencias psiquedélicas, la posibilidad de prever el modo en que responderían a la terapia los diferentes individuos, y quizás incluso el modo en que un individuo podía responder en diferentes momentos, abrió la puerta a la expectativa de que algún día pudiese encontrarse algún método útil.

Aunque entonces no éramos plenamente conscientes de ello, C.G. Jung ya había sondeado, varias décadas antes, un posible abordaje para aclarar esta variabilidad de la experiencia psicológica. Su prolongado estudio de distintos sistemas esotéricos le llevó a considerar la posibilidad de que la astrología le ayudase a entender la dimensión cualitativa del tiempo y, más en concreto, la dinámica arquetípica presente en un determinado momento, incluido el momento del nacimiento. En este sentido postuló que el tiempo no es una dimensión estrictamente cuantitativa –es decir, un continuo neutro y homogéneo–, sino una dimensión básicamente cualitativa. Y lo que todavía es más importante, llegó a la conclusión de que esa dimensión cualitativa está asociada, de un modo aún inexplicable, a las posiciones mantenidas por el Sol, la Luna y los planetas con respecto a la Tierra. Como escribió en *Recuerdos, sueños, pensamientos*, «la configuración de nuestra psique reproduce la estructura del universo y lo que sucede en el macrocosmos acontece también en el microcosmos y en lo más subjetivo de la psique».[1] En sus últimos años, Jung llegó a emplear la carta natal como una variable que hay que tener en cuenta en el trabajo analítico con sus pacientes. No resulta extraña, sin embargo, dado el clima intelectual de su tiempo –y también, por cierto, del nuestro–, su reticencia a hacer público su empleo de la astrología, porque su pensamiento había forzado ya bastante las costuras del discurso intelectual dominante del siglo XX.

En los años en los que permanecimos ahí, el Instituto Esalen era un centro educativo abierto a visiones y prácticas transformadoras orientales y occidentales, antiguas y contemporáneas, psicológicas, somáticas, filosóficas, científicas, chamánicas, místicas y esotéricas, pero la astrología quizás era, de todas esas visiones y prácticas, la última que cualquiera de nosotros hubiese imaginado investigar seriamente. Para la cultura intelectual contemporánea, la astrología se había convertido en una especie de paradigma de la superstición, aquello a lo que suele asimilarse algo que consideramos ridículo y

---

1. Jung, C.G. *Memories, Dreams, Reflections*. Nueva York: Pantheon, 1963; Vintage, 1989, p. 335.

ajeno a toda discusión seria. A comienzos de 1976, sin embargo, impulsados por la sugerencia de un asistente a uno de los seminarios de Esalen que había estudiado en serio la astrología, decidimos investigar cuidadosamente la existencia de posibles correlaciones. El participante en cuestión, un artista llamado Arne Trettevik, centraba en especial su atención en el estudio de los «tránsitos» planetarios, es decir, del movimiento de los planetas día tras día y año tras año mientras van estableciendo diferentes relaciones geométricas [es decir, *alineamientos* o *aspectos*] con la posición ocupada por los planetas en la carta natal de un individuo. Trettevik estudiaba la correspondencia entre los tránsitos y los distintos tipos de experiencia que tienen las personas en el curso de su vida (períodos especialmente marcados por la felicidad o el fracaso, el enamoramiento, la entrada en una nueva fase vital, etcétera). Después de asistir a las clases de Stan, Trettevik le comentó la posibilidad de estudiar los tránsitos planetarios para tratar de entender el tipo de experiencia que tendrían las personas durante los poderosos estados de conciencia catalizados por las substancias psiquedélicas.

Luego Stan me sugirió la idea y Trettevik nos enseñó a calcular las cartas natales y los tránsitos utilizando, para ello, los recursos necesarios (como una tabla de efemérides planetarias, un atlas mundial con referencia de las zonas horarias y las tablas matemáticas necesarias). Y, como eso ocurría antes de la entrada en escena del ordenador personal, la elaboración de las cartas natales y de los tránsitos debían realizarse a mano. También nos agenciamos varios manuales interpretativos que establecían el significado de las distintas combinaciones planetarias y sus relaciones medidas en longitud celestial a lo largo de la eclíptica (como, por ejemplo, Saturno en oposición al Sol o Júpiter en conjunción con la Luna).[2] Y, como Stan y yo conservábamos un registro de nuestras propias sesiones con LSD a lo largo de los años, no tuvimos problema alguno en determinar retrospectivamente el grado de correlación entre nuestra experiencia y las descripciones proporcionadas por los textos astrológicos sobre el tipo de sucesos que más probablemente acompañaran a los diferentes tránsitos.

---

2. Comenzamos nuestra investigación utilizando los *Transits* de Reinhold Ebertin y los cuadernos de tránsitos de los planetas individuales de Frances Sakoian y Louis Acker a los que, al cabo de unos pocos meses, siguieron el recién publicado *Planets in Transit* de Robert Hand, *The Combinations of Stellar Influences* de Ebertin, los *Principles of Astrology* de Charles Carter, el *Handbook of Astrology* de Sakoian y Acker y varios trabajos pioneros de Dane Rudhyar.

Correlaciones iniciales

Para nuestra sorpresa, nos quedamos muy impresionados por la intensidad y coherencia de esas correlaciones. Lo que nosotros habíamos experimentado en nuestras sesiones durante esos tránsitos parecía una versión arquetípicamente intensificada de las experiencias vitales más habituales descritas en los textos astrológicos. El manual, por ejemplo, podía indicar que el lapso de un determinado tránsito planetario para un determinado planeta y aspecto era un momento propicio para ampliar el horizonte intelectual, aprender nuevas perspectivas o viajar a un país distante y descubrir una nueva cultura. Podía subrayar un período de mayor comprensión espiritual, un aumento de las tensiones y frustraciones profesionales o la aparición de problemas familiares. Un tránsito puede coincidir con una mayor proclividad a los accidentes y la asunción de riesgos y otro caracterizarse por una mayor tendencia a la ira, agresividad, depresión o ansiedad generalizada. La descripción con la que los textos astrológicos se refieren a las circunstancias y emociones más habituales nos ayudaron a hacernos una idea de las energías arquetípicas subyacentes que podrían estar operando en cada caso. De hecho, me llamó mucho la atención el modo en que la naturaleza arquetípica del paradigma astrológico resultaba evidente aun en textos astrológicos que no empleaban el vocabulario junguiano ni reflejaban una relación consciente con la tradición platónica ni con sus propias raíces esotéricas más profundas que giraban en torno a alguna forma de visión arquetípica. Cada planeta se presentaba como el portador de una asociación cósmica subyacente con un determinado principio arquetípico que, aunque asumiera expresiones muy distintas en inflexiones y dimensiones diferentes de la vida (psicológicamente, circunstancialmente, interpersonalmente, físicamente, etcétera), siempre mantenía una clara conexión con la naturaleza esencial de ese complejo arquetípico. Tengamos en cuenta que las correlaciones de las que estamos hablando no eran concretamente predictivas sino arquetípicamente predictivas.

El registro de nuestra experiencia durante esos tránsitos puso de manifiesto que las sesiones de LSD catalizaban versiones perinatales o transpersonales más intensas de los estados y temas más comunes, es decir, de los altibajos normales de la vida de los que hablan los textos astrológicos estándar. Durante una sesión psiquedélica, por ejemplo, era posible experimentar una apertura súbita de la conciencia a una visión mucho más amplia de la realidad, una comprensión más profunda de la religión o la mitología de otra cultura, un despertar místico, un renacimiento espiritual, o, por el contrario, estados muy poderosos de soledad cósmica, de confrontación repentina con la terrible inexorabilidad de la muerte o la irrupción de un miedo y una agresividad colectivos como los que, en tiempos de guerra, movilizan a toda una nación. Un factor que facilitó el reconocimiento de esas correlaciones fue el hecho de que la relativa intensidad de las cualidades arquetípicas consteladas durante los estados psiquedélicos las hace inconfundibles. Uno no se limita, por ejemplo, a sentirse oprimido por las circunstancias concretas de la vida, sino que experimenta una profunda identificación experiencial con todas las personas que, alguna que otra vez, se han visto encarceladas o esclavizadas. Y lo más sorprendente es la gran correlación que existe entre esas cualidades, la carta natal del individuo y los tránsitos del momento. A veces, la intensidad experiencial de la sesión psiquedélica asume la forma de una experiencia directa de la dimensión arquetípica que subyace tanto a las situaciones más ordinarias como a experiencias transpersonales colectivas en donde las figuras míticas o los poderes arquetípicos resultan equiparables a los principios arquetípicos concretos que la tradición astrológica suele asociar a los planetas natales y en tránsito relevantes.

Después de esta revisión general de nuestras propias sesiones, dirigimos nuestra atención hacia un abanico más amplio de individuos y a sus experiencias, empezando por los cincuenta o sesenta miembros fijos de la comunidad de Esalen, una fase de nuestra investigación que nos obligó a calcular e interpretar sus tránsitos y que luego ampliamos a los numerosos participantes en los seminarios que, semana tras semana, acudían a Esalen. Esalen era, de hecho, un laboratorio ideal para este tipo de investigación, porque eran miles las personas que cada año llegaban con la intención explícita de llevar a cabo una profunda autoexploración de efectos potencialmente transformadores. Esalen era, en ese tiempo, un epicentro de investigación de la conciencia y de experimentación psicoespiritual, razón por la cual contábamos con una base de datos importante y en continuo crecimiento con la que trabajar. Además de todos esos casos, también teníamos acceso al amplio historial de casos, fecha de las sesiones y fechas de nacimiento de los pacientes tratados anteriormente por Stan.

Debo decir que, además de nuestra impresión inicial de la existencia de importantes correlaciones, el aumento de nuestra comprensión de la naturaleza de esas correlaciones llegaba en oleadas que nos obligaban a revisar nuestras conclusiones provisionales. Así fue como, con el paso del tiempo, nuestra comprensión experimentó un avance considerable. Al comienzo advertimos una división muy clara entre los tránsitos en los que intervenían determinados planetas y aspectos que parecían coincidir con sesiones más sencillas y que se desplegaban sin problemas y otros que parecían coincidir con sesiones más difíciles y no acababan de resolverse. Luego nos dimos cuenta de que algunas sesiones iban acompañadas de grandes avances psicológicos y espirituales mientras que otras, por su parte, permanecían atascadas en agonizantes callejones sin salida. Finalmente y a través de un largo proceso de ensayo y error resultó evidente que, tras esas simples pautas binarias, se ocultaba una amplia diversidad de experiencias psiquedélicas fruto de una interacción mucho más compleja entre factores natales y de tránsito.

Correlación con las experiencias perinatales

Un hallazgo especialmente sorprendente del primer estadio de nuestra investigación se refería a la clara correlación que existe entre las cuatro matrices perinatales básicas (MPB) y los arquetipos de los cuatro planetas exteriores descritos por los textos astrológicos. Por una parte, contábamos con la compleja fenomenología de las distintas MPB extraída de los informes de las sesiones psiquedélicas dirigidas por Stan a mediados de los años 60 que le llevaron a identificar la relación que hay entre las cuatro constelaciones dinámicas de la experiencia y los estadios sucesivos del nacimiento biológico. Por otra parte –y trabajando en una tradición de investigación e interpretación completamente diferente que se remontaba muchos siglos atrás–, los astrólogos habían ido esbozando un amplio consenso acerca de los significados asociados a Saturno (el planeta más exterior conocido por los antiguos) y, en los dos últimos siglos, Urano, Neptuno y Plutón (descubiertos por telescopio durante la era moderna). Al comienzo de la investigación advertí la existencia de una posible correspondencia biunívoca entre las experiencias asociadas a las cuatro matrices perinatales y los tránsitos que coincidían con los cuatro planetas exteriores de movimiento más lento.[3] Para nuestra sorpresa, una lectura más detenida de los textos astrológicos puso de relieve la estrecha re-

---

3. En aras de la simplicidad y brevedad incluiré aquí a Plutón como «planeta». Las correlaciones que observamos sistemáticamente con Plutón no parecen reflejar ninguna diferencia tangible en cuanto a su importancia arquetípica comparadas con las que implican a Neptuno, Urano, Saturno y el resto de planetas tradicionales.

lación existente entre los rasgos distintivos de las cuatro MPB y el significado astrológico atribuido a los cuatro planetas exteriores. Y, como la categoría de correlaciones perinatales es típica de las correspondencias arquetípicas que luego descubrimos en el amplio abanico de experiencias psiquedélicas investigadas, señalaremos ahora las correspondencias que existen entre la fenomenología de las matrices descubiertas por el trabajo de Stan y el significado planetario esbozado por la literatura astrológica. Comenzaremos para ello con la MPB-IV, la primera de las matrices perinatales en la que advertí la existencia de esta pauta.

Esta matriz perinatal está biológica y arquetípicamente asociada a la salida del canal de parto y el momento del nacimiento. Se refleja en experiencias de avances repentinos, liberaciones inesperadas, superación de limitaciones, salidas de algún enclaustramiento, claridad de visión y comprensión, despertar a un sentido y un propósito más profundos de la vida, verse inundado por una luz muy intensa, una súbita iluminación intelectual y espiritual, la sensación de renacer después de una larga agonía, etcétera. Cuando, en su aspecto negativo, la MPB-IV se ve activada pero no acaba de completarse, puede asumir la forma de una inflación maníaca, una impaciencia continua y una ideación excéntrica acompañadas de una sensación de lucidez personal sin precedentes, una hiperactividad compulsiva y un deseo insaciable de excitación.

Después de haber advertido la correlación entre las experiencias de la MPB-IV y los principales tránsitos de Urano, me llamó mucho la atención la extraordinaria coincidencia entre la fenomenología de la MPB-IV y el conjunto de significados simbólicos que los astrólogos contemporáneos atribuyen a Urano. El Urano astrológico suele describirse como el principio del cambio repentino, de las aperturas y despertares inesperados, de los descubrimientos e invenciones creativas, de las inspiraciones y logros brillantes, de la iluminación repentina y de los destellos de comprensión. También se asocia al impulso hacia la libertad, la rebelión contra las limitaciones y el *statu quo*, la tendencia a la conducta excéntrica o errática, la inestabilidad, la imprevisibilidad y el impulso hacia lo novedoso, lo inesperado, lo emocionante y lo liberador.

La MPB-II, por su parte, está asociada al complicado estadio perinatal en el que, estando cerrado aún el cuello del útero, empiezan las contracciones. Esta matriz suele expresarse en experiencias de opresión claustrofóbica, imágenes de encarcelamiento e infierno, dolor físico y emocional, sufrimiento y victimización impotentes, miedo a la muerte, estados de intensa vergüenza y culpa, depresión y desesperación, sensación de «no salida» en su acepción sartriana, alienación existencial y falta de sentido de la vida, sensación de estar atrapado en un mundo en el que la única perspectiva es una vida abocada a la muerte en un mundo material desencantado y despojado de todo significado. En este caso advertí la frecuencia con la que Saturno estaba implicado en tránsitos que coincidían con estados asociados a la MPB-II. De nuevo me di cuenta del estrecho paralelismo que hay entre el conjunto de significados simbólicos que, desde hace tiempo, la tradición astrológica atribuye a Saturno y la fenomenología que suele acompañar a la MPB-II, es decir, sensaciones de restricción, limitación, contracción, necesidad, materialidad dura, opresión temporal, peso del pasado, autoridad estricta u opresiva, envejecimiento, muerte, el fin de las cosas; juicios, culpa, procesos y pruebas; castigos, tendencia a oprimir, reprimir, cargar, separar, negar y oponerse; experimentar dificultades, problemas, decadencia, privación, derrota y pérdida; esfuerzos, la acción del destino, el karma, las consecuencias de las acciones pasadas, pesimismo, melancolía y lo oscuro, lo frío, lo pesado, lo denso, lo seco, lo viejo y lo lento.

Pero mientras que, en los otros tres casos, el amplio abanico de experiencias relacionadas con las distintas matrices perinatales incluyen tanto las facetas positivas del principio astrológico implicado como las negativas, en el caso de la MPB-II solo lo hacen los rasgos negativos y problemáticos del arquetipo de Saturno. Pues los sujetos sometidos a la segunda matriz perinatal parecen experimentarlo todo a través de un filtro negativo que no reconoce ninguna dimensión positiva o redentora en la vida. Solo es posible contemplar bajo una luz diferente la experiencia de la MPB-II de forma retrospectiva y después de que el proceso perinatal se haya desplegado, resuelto e integrado, al menos hasta cierto punto. Solo entonces es posible reconocer algún valor positivo en la contracción, la separación, la pérdida, el sufrimiento, el encuentro con la muerte, etcétera, en la manifestación concreta del nacimiento biológico o del renacimiento espiritual y en la experiencia de haber entrado en el dominio de la «muerte agradecida» porque ahora se ha acabado renaciendo. Parece como si el colapso de la antigua identidad y estructura de la realidad posibilitara el acceso a una sabiduría duradera que reconoce ambas facetas de la vida y se halla en condiciones de aceptar el dolor y la pérdida como paso necesario para acceder a una modalidad de ser más profunda. Entonces es cuando pueden contemplarse las realidades del envejecimiento y la muerte desde una nueva perspectiva que advierte la emergencia de las cualidades positivas tradicionalmente asociadas al arquetipo de Saturno.

A Stan y a mí nos llamó poderosamente la atención los conjuntos de significados asombrosamente paralelos –de hecho, prácticamente idénticos– que vinculan la MPB-III al Plutón astrológico. La fenomenología de la tercera matriz perinatal es inusualmente diversa y aglutina una constelación única de experiencias extraordinariamente intensas. En cuanto a los estadios del parto biológico, está asociada a la propulsión del bebé a través del canal del nacimiento cuando el cuello uterino se ha dilatado por completo. Desde el punto de vista experiencial, existe una poderosa convergencia de experiencias que implican una energía elemental titánica de proporciones volcánicas, una intensificación de la libido y la agresividad, una enorme descarga de energías reprimidas, experiencias que implican lucha violenta, situaciones que ponen en peligro la vida, cuestiones biológicas relacionadas con la sangre, guerras, escenas de gran destrucción, descenso al inframundo, episodios de maldad demoníaca, sadomasoquismo, sexualidad pornográfica, degradación y corrupción, escatología, cloacas y descomposición, fuego purificador (o pirocatarsis), transformación elemental, sacrificios rituales, bacanales orgiásticas y una paradójica fusión entre la agonía y el éxtasis. En términos generales, la MPB-III refleja la fusión, en un crisol catártico y transformador, de energías elementales abrumadoras que culminan en una experiencia de muerte y renacimiento.

Habida cuenta de los temas que convergen en una matriz perinatal, nos pareció especialmente extraordinaria la convergencia de temas que existe entre las experiencias de la MPB-III y los tránsitos de Plutón, algo a lo que apuntan las descripciones del principio multifacético de Plutón proporcionadas por los astrólogos contemporáneos: la intensidad, la profundidad y el poder elementales; lo que moviliza, potencia e intensifica todo lo que toca llegando incluso, en ocasiones, a extremos desbordantes y catastróficos; la preocupación continua por la supervivencia, la sexualidad o el poder; los chakras inferiores, los instintos primordiales libidinales y agresivos, destructivos y regenerativos; lo volcánico, catártico, eliminador, transformador y que se halla en continua evolución; los procesos biológicos de nacimiento, sexo y muerte, los ciclos de muerte y renacimiento; la descomposición, la podredumbre y la fertilización; la descarga violenta de energías reprimidas; las situaciones extremas de vida y muerte, las luchas por el poder, todo lo que es titánico, intenso y masivo, las fuerzas poderosas de la naturaleza que emergen de las profundidades ctónicas internas y externas; el intenso y ardiente inframundo y el mundo subterráneo en muchos sentidos (tanto a nivel geológico como psicológico, sexual, urbano, político, criminal, demoníaco y mitológico); el id primordial de Freud, «el caldero bullente de los instintos», la naturaleza en constante evolución de Darwin y la lucha biológica por la existencia.

Como sucede con todas las matrices perinatales, los sujetos suelen tener, cuando alcanzan las dimensiones más profundas de esta matriz, una experiencia directa de ciertas deidades míticas. Las figuras míticas encontradas en el caso de la MPB-III suelen ser las mencionadas en los textos astrológicos que describen la naturaleza del arquetipo de Plutón, es decir, deidades asociadas a la destrucción y la regeneración, el descenso y la transformación y la muerte y el renacimiento, como Dionisio, Hades y Perséfone, Pan, Príapo, Medusa, Lilith, Inanna, la diosa del volcán Pele, Quetzalcóatl, la activación del poder serpentino de Kundalini y Shiva, Shakti y Kali.

Un conjunto de paralelismos completamente diferente se puso de relieve al advertir la extraordinaria coincidencia existente entre las experiencias asociadas a la MPB-I y los tránsitos de Neptuno. La primera matriz perinatal está asociada a la situación prenatal inmediatamente anterior al proceso de nacimiento: experiencias del universo amniótico, sensación de flotar en el océano, dilución de fronteras, relación permeable con el entorno, falta de diferenciación entre lo interno y lo externo, experiencias embrionarias combinadas multidimensionalmente con experiencias acuáticas, interestelares, galácticas y cósmicas. También aquí hay experiencias de unidad mística, trascendencia espiritual, disolución de la realidad material y de la sensación de identidad separada, sensación de fusión con el vientre materno, con la madre, con otras personas, con otros seres, con la totalidad de la vida y con lo divino, acceso a dimensiones ontológicas que se encuentran más allá de la realidad consensuada y trascendencia del tiempo y del espacio. Las experiencias de una naturaleza idílica como las islas tropicales o los juegos de la infancia en hermosas praderas o a la orilla del mar pueden convertirse en experiencias de unidad cósmica, éxtasis oceánico e imágenes del paraíso. En su aspecto negativo, la MPB-I está asociada a experiencias de desorientación debidas a la ausencia de los límites, dilución de una sensación de identidad o de una estructura de realidad estables, tendencia al pensamiento delirante, sentirse envuelto por un entorno amenazador lleno de peligros invisibles, influencias nocivas sutiles y experiencias de un útero tóxico que se convierten en sensación de envenenamiento por drogas, contaminación psíquica o polución oceánica.

También hay que señalar la asociación simbólica que los astrólogos atribuyen al planeta Neptuno asociándolo a experiencias de carácter espiritual, trascendente o místico; a lo sutil e intangible, lo unitivo, lo atemporal, lo inmaterial y lo infinito; todo lo que trasciende el mundo limitado de la materia, el tiempo y la realidad empírica concreta. Neptuno está asociado a estados de fusión psicológica, permeabilidad física y psicológica y anhelo del más allá y también está simbólicamente asociado al agua, el mar, los arroyos y los ríos, la niebla y la bruma, lo líquido, a cualquier tipo de disolución y a lo que Freud denominó «sentimiento oceánico».

En su aspecto negativo se advierte en las tendencias a la ilusión y la desilusión, *maya*, el engaño y el autoengaño, la desorganización, las huidas, la intoxicación, la adicción, las distorsiones perceptuales y cognitivas, la proyección, la incapacidad para diferenciar el mundo interno del externo y la vulnerabilidad a las reacciones tóxicas provocadas por las drogas, las infecciones y la contaminación.

Lo que más nos llamó la atención de las cuatro matrices perinatales fue la doble naturaleza de las correlaciones. En el plano del estudio comparativo de diferentes sistemas simbólicos, nos sorprendió mucho el hecho de que dos tradiciones interpretativas tan distintas como la psicología y la astrología pudiesen haber formulado independientemente cuatro conjuntos fundamentales de cualidades y significados que mantienen una correspondencia tan estrecha entre matriz y arquetipo. Dejando, sin embargo, a un lado estos evidentes paralelismos de significado, también nos pareció asombrosa la sincronización que existe entre el momento temporal de la sesión psiquedélica en que los sujetos experimentaban cada matriz perinatal y la descripción caracterial astrológica asociada a los tránsitos de cada planeta.

Estas correspondencias perinatales advertidas al comienzo de nuestra investigación fueron haciéndose cada vez más complejas a medida que, con el paso del tiempo, aumentaba nuestra comprensión del modo en que las cartas natales y los tránsitos se veían afectados por las principales relaciones geométricas que implicaban a dos o más planetas (los llamados *aspectos* planetarios como la conjunción, la oposición o la cuadratura, por ejemplo). Aunque, en ambos casos aparezcan rasgos «neptunianos», por ejemplo, la materialización del tránsito de Neptuno por el Sol natal de una persona parecía ser muy diferente al tránsito por la Luna. Y algo parecido sucedía también en el caso del tránsito de Neptuno a Saturno que, aunque mostrase rasgos subyacentes comunes a los del tránsito de Neptuno a Júpiter, reflejaba de manera diferente –a veces incluso completamente opuesto– el arquetipo asociado a Neptuno. En cada uno de estos casos, las diferencias estaban directamente relacionadas con las cualidades arquetípicas asociadas al segundo planeta implicado en el tránsito.

Cada combinación planetaria parecía implicar la activación mutua de los dos principios arquetípicos implicados de un modo tal que el arquetipo de cada uno de ellos infundía en el otro su naturaleza y modelaba su expresión generando una especie de amalgama viva entre ambos. Además, individuos diferentes parecían experimentar el mismo tránsito de un planeta a otro planeta natal de manera diferente, dependiendo del modo en que este se hallase aspectado por el resto de los planetas de la carta y de los demás tránsitos que ocurrían al mismo tiempo. No olvidemos que nada sucede aisladamente, sino que se halla siempre inmerso en un determinado contexto (ya sea biográfico, circunstancial, cultural, histórico o arquetípico).

Otro ejemplo de estas complejidades nos la proporciona el hecho de que, durante las sesiones psiquedélicas relacionadas con una experiencia completa de la MPB-II, un nivel de contenido específicamente perinatal solía ir acompañado por la presencia de Saturno aspectado por uno de los tres planetas exteriores (Plutón, Neptuno o Urano). Un tránsito de Saturno aspectado por el Sol, la Luna o uno de los planetas interiores, por ejemplo, tendía a coincidir con experiencias vitales más comunes que reflejaban los distintos temas asociados al arquetipo de Saturno. Por su parte, las experiencias de la MPB-II eran más probables durante los tránsitos de Saturno que implicaban a Plutón o Neptuno, cada uno de los cuales aportaba inflexiones propias de la segunda matriz que reflejaban el arquetipo relevante. En este sentido, por ejemplo, era más probable que Saturno-Plutón fuese acompañado de experiencias de sufrimiento impotente ante una crueldad extrema o contracciones muy intensas sin posibilidad de liberación, mientras que Saturno-Neptuno, por su parte, solía ir acompañado de experiencias de sinsentido de la vida, noche oscura del alma, pérdida de sentido espiritual, desesperación suicida o miedo a la locura. Por su parte, los tránsitos que implican a Saturno y Urano están más asociados a experiencias que implican un enfrentamiento súbito con la muerte, la caída inesperada en desgracia o el colapso repentino de estructuras anteriormente seguras (ligadas a la identidad o a la realidad). Urano, Neptuno y Plutón parecen tener un carácter más enfáticamente transpersonal, mientras que Saturno refleja un umbral simbólico entre lo personal y lo transpersonal y entre la vida y la muerte.

Además, las combinaciones de tránsitos planetarios que hemos mencionado podían desplegarse de un modo que atravesara las dimensiones perinatales aportando matices curativos muy distintos de los mismos principios arquetípicos. La máxima de Stan, según la cual la experiencia afectiva y somática completa de una emoción difícil es «la pira funeraria de esa emoción»,[4] resultó básica para entender que un determinado complejo arquetípico puede evolucionar desde sus modalidades más problemáticas hasta expresiones más positivas. Así pues, después de la integración de material inconsciente traumático o problemático, incluidas las experiencias de tormento infernal propias de la MPB-II, advertimos tránsitos Saturno-Plutón asociados a una nueva capacidad para enfrentarse a situaciones que entrañan muerte o peligro, una nueva predisposición a enfrentarse a las realidades más importantes de la vida, a soportar grandes cargas, a movilizar una gran energía con una determinación sostenida durante largos períodos de tiempo, como sucede, dicho sea de paso, durante el esfuerzo titánico que implica el nacimiento. De manera parecida, las experiencias que se producían durante los tránsitos de Saturno-Neptuno podían ir acompañadas de una mayor compasión por el sufrimiento ajeno y el esfuerzo sostenido necesario para aliviarlo, una nueva capacidad de sacrificio y de renuncia personal a los apegos personales al servicio de aspiraciones espirituales que permitieran concretar de manera práctica, concentrada y disciplinada los ideales espirituales.

Todas estas complejidades reflejaban la polivalencia intrínseca de los arquetipos que llevan consigo un abanico de significados interconectados mucho más amplio que el que podría proporcionarnos una simple tabla de correspondencias. Cada vez estaba también más claro que los arquetipos observados durante las experiencias perinatales y que se corresponden con los planetas natales y en tránsito parecían ocupar un nivel supraordenado con respecto a la dimensión perinatal de la psique. Este estatus supraordenado resultó evidente cuando advertimos la existencia de una nueva categoría de correlaciones que implicaban a los sistemas COEX que no solo dan forma al dominio biográfico del inconsciente, sino que llegan a afectar también al dominio transpersonal y en donde el estrato perinatal parece desempeñar el papel de puerta de acceso experiencial entre ambos reinos.

---

4. Comunicación personal, Instituto Esalen, marzo de 1974.

Correlación con los sistemas COEX

Durante las primeras investigaciones realizadas con la terapia psicolítica que tuvieron lugar durante la década de 1960, Stan advirtió –antes de descubrir las matrices perinatales– la existencia de ciertas constelaciones dinámicas de recuerdos emocionalmente cargados que compartían cualidades afectivas y somáticas a las que llamó sistemas COEX (o sistemas de experiencia condensada). Estos sistemas iban aflorando gradualmente a la superficie a lo largo de una serie de sesiones con dosis bajas o medias de LSD en forma de recuerdos temáticamente relacionados procedentes de diferentes estadios de la vida que acababan convergiendo y condensándose en una poderosa experiencia multidimensional. Los primeros en aparecer eran los ligados a acontecimientos y experiencias más recientes que iban seguidos de otros procedentes de regiones más profundas del inconsciente y que se remontaban a experiencias temáticamente relacionadas procedentes de la niñez y la temprana infancia.

Cada individuo parece llevar consigo su propio conjunto de sistemas COEX tanto negativos (experiencias de abandono, vergüenza o contracción claustrofóbica) como positivos (experiencias de amor nutritivo, triunfo gozoso o despertar expansivo). El análisis detallado de las cartas natales de los individuos y de los tránsitos atravesados a lo largo de la vida evidenciaba la gran correspondencia que existe entre estos sistemas COEX y las principales relaciones planetarias de la carta natal cuyo significado arquetípico estaba directamente ligado al contenido temático del COEX emergente. Más sorprendente resultó todavía el hecho de que el momento en que sucedieron los principales acontecimientos que configuraban un determinado sistema COEX (como la muerte de un padre, una experiencia numinosa de la infancia o un enamoramiento, por ejemplo) coincidiera con los tránsitos que atravesaban determinadas configuraciones planetarias de la carta natal relacionados con ese COEX. Y también resultaba muy curioso que la emergencia e integración en la conciencia de dicho COEX durante una sesión psiquedélica tendían a ocurrir en el momento en que la configuración natal relevante volvía a atravesar un tránsito importante. La evidencia parecía sugerir que los tránsitos de una determinada configuración natal relacionada con el COEX activan el sistema COEX inconsciente, con la correspondiente intensificación de su poder psicológico y la posibilidad de llevarlo a la conciencia y liberar, en el caso de los COEX negativos, las energías y emociones dolorosas en él atrapadas asociadas al trauma original.

Como Stan ha señalado en este libro y en otros lugares, los sistemas COEX asociados a diferentes experiencias biográficas resultaron estar más profundamente arraigados en el inconsciente en una de las cuatro matrices perinatales, cuya rica y compleja fenomenología contenía en forma prototípica los temas elementales de casi todos los sistemas COEX. Las experiencias biográficas de abandono, como la pérdida trágica de uno de los padres durante la infancia, un devastador rechazo romántico o un divorcio difícil, no solo se hallaban temáticamente asociadas, sino que hundían también sus raíces en la experiencia perinatal de la pérdida primordial del útero materno. Por su parte, las experiencias posteriores de un triunfo personal inesperado en los ámbitos escolar o deportivo durante la juventud, un éxito profesional importante durante la edad adulta o, más generalmente, la súbita alegría que acompaña a la superación de un obstáculo importante, hunden sus raíces más profundas en la experiencia de la salida final y exitosa del canal de parto.

En estadios más avanzados de la terapia y la autoexploración, los sistemas COEX demostraron estar arraigados en niveles del inconsciente aún más profundos que el perinatal, como las experiencias ancestrales, históricas, colectivas, kármicas y filogenéticas. Lo que, en sesiones anteriores, parecía un problema psicológico personal o un tema biográfico concreto del individuo acababa revelándose derivado de pautas familiares subyacentes que se remontaban a generaciones anteriores conectadas con otra época histórica, otra cultura o incluso otras especies. En el caso de los sistemas COEX negativos, la curación y liberación profunda del síndrome traumático requerían la integración de esos niveles transpersonales más profundos. En el caso de los sistemas COEX positivos, por su parte, la conexión con las fuentes transpersonales más profundas, como la unidad mística con la Divinidad o el abrazo nutritivo de la Gran Diosa Madre, podía proporcionar una experiencia profundamente curativa. En el núcleo de cada uno de estos sistemas COEX descubrimos la presencia sistemática de un principio o complejo arquetípico concreto cuyo carácter informa y conecta sus dimensiones biográfica, perinatal y transpersonal.

Este hallazgo se asemeja mucho a la idea de Jung de que el arquetipo constituye el núcleo de todo complejo psicológico, pero el sistema COEX añade una dimensión dinámica temporal en la que los principales acontecimientos y experiencias de diferentes períodos de la vida, de los estadios del nacimiento y de distintos niveles prenatales, históricos y otros dominios transpersonales de la psique parecen acumularse y constelarse en un sistema integrado al que es posible acceder vivencialmente desde un estado no ordinario de conciencia. El concepto de complejo arquetípico desarrollado por las psicologías junguiana y arquetípica nos ofrece una comprensión más matizada de los diferentes principios arquetípicos y de su rico abanico de significados e interrelaciones mitológicas y esotéricas.[5] A su vez, el concepto de Stan de sistema COEX nos proporciona también una visión más precisa y detallada de las constelaciones dinámicas multiestratificadas de recuerdos y acontecimientos acumulados en la psique profunda y arraigados en los niveles biográficos, perinatales, fetales y transpersonales (ancestrales, kármicos, históricos, filogenéticos y otros). Con el paso del tiempo, los sistemas COEX parecen ir acumulando mayor carga psíquica y somática, como la bola de nieve que, al rodar cuesta abajo, va acumulando cada vez más experiencias y acontecimientos que fortalecen las estructuras e impulsos psicosomáticos heredados hasta que se tornan conscientes y se integran. En la página siguiente presentamos un esquema que resume de manera general lo que acabamos de decir.

Cabe señalar aquí dos importantes implicaciones de los resultados de nuestra investigación recogidas en el diagrama. La primera de ellas es el papel supraordenado de los arquetipos con respecto a los tres niveles de conciencia (biográfico, perinatal y transpersonal) dando forma a las constelaciones dinámicas y las matrices de experiencia diferenciadas propias de cada nivel y unificándolas temáticamente en complejos multivalentes de significado transmitidos por cada arquetipo o combinación de arquetipos. En este sentido, las formas arquetípicas parecen cumplir con la función de principio organizador general de la psique profunda tal y como las describen las psicologías junguiana y arquetípica, pero dentro de la arquitectura psicodinámica más diferenciada descubierta por la investigación llevada a cabo por la conciencia transpersonal, la terapia psiquedélica y otras experiencias holotrópicas.

La segunda implicación que queremos destacar es la inesperada correspondencia entre el hallazgo de Stan de la importancia psicológica crucial del nacimiento y el foco de la astrología en las posiciones planetarias en el momento del nacimiento. Bien podríamos decir, en este sentido, que el naci-

---

5. Además de *Collected Works of Carl Jung* (trad. por R.F.C. Hull y ed. por H. Read, M. Fordham, G. Adler, W. McGuire, Bollingen Series XX [Princeton, N.J.: Princeton University Press, 1953-79]), han sido especialmente valiosos los escritos y conferencias de James Hillman, incluyendo su manifiesto de la psicología arquetípica titulado *Re-Visioning Psychology* (Nueva York: Harper, 1975) y su notable ensayo temprano «On Senex Consciousness» (publicado por primera vez en la primavera de 1970 y accesible ahora en *Puer and Senex, Uniform Edition of the Writings of James Hillman*, vol. 3 [Thompson, Conn: primavera de 2015]).

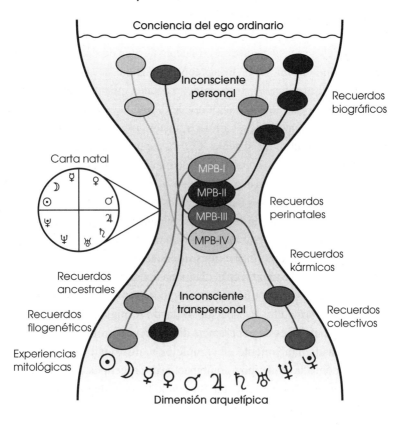

miento y la carta natal sirven de puente de acceso a las dimensiones arquetípicas y transpersonales. Más concretamente, el estudio detallado de la carta natal y el hecho de revivir el nacimiento durante las experiencias perinatales de muerte y renacimiento parece facilitar el acceso directo y consciente a las dimensiones arquetípicas y transpersonales más profundas que informan la vida e influyen en el estado de conciencia actual. O, dicho en otras palabras, tanto el nivel perinatal de la psique como la carta natal parecen representar una puerta de entrada, una *via regia* para acceder conscientemente a las profundidades del inconsciente.

De hecho, es posible leer el diagrama anterior en los dos sentidos, de arriba abajo y de abajo arriba. Una secuencia habitual seguida por las sesiones seriadas de psicoterapia y autoexploración experiencial a largo plazo es la del individuo que, partiendo de experiencias recientes que comparten ciertas cualidades subyacentes, pasa a experiencias de carácter emocional o somático similares cada vez más antiguas de la juventud, la infancia, los estadios preedípico e infantil, se sumerge luego en un nivel perinatal y el complejo de experiencias asociadas a la muerte y el renacimiento y acaba conectando y abriéndose al amplio abanico de experiencias transpersonales del inconsciente colectivo. Más allá y, en cierto sentido, envolviendo e informando todo lo anterior, se encuentra el dominio arquetípico asociado, de algún modo, al cielo estrellado y el inmenso cosmos. La revelación de este dominio, plasmada en el mito de la caverna de Platón, se vio elocuentemente anticipada en el siguiente pasaje del escritor polaco de principios del siglo XX Bruno Schulz:

> Así sucede que, cuando proseguimos una investigación más allá de cierta profundidad, trascendemos el campo de las categorías psicológicas y nos adentramos en la esfera de los misterios últimos de la existencia. Entones es cuando el fundamento del alma en el que tratamos de penetrar se abre como un abanico revelando el firmamento estrellado.[6]

Leyendo el diagrama en el otro sentido podemos decir que, después de experimentar el amplio espectro de experiencias a través de estos muchos niveles, el individuo logra una visión del modo en que distintos factores del dominio transpersonal (ancestral, kármico, histórico, etcétera) parecen haberse traducido en aspectos concretos de la experiencia del nacimiento. En este caso, el vector del diagrama puede verse como un movimiento ascendente que va de lo transpersonal a lo personal. En este caso, por ejemplo, una experiencia de muerte por ahorcamiento en una vida anterior puede convertirse en un nacimiento en esta vida con el cordón umbilical enredado en torno al cuello provocando una situación de casi asfixia que, a su vez, puede experimentarse en la vida postnatal de formas muy distintas, como dificultades respiratorias durante un episodio de difteria infantil o tosferina, o verse asfixiado de niño por un hermano mayor o por un acosador durante una pelea. Independientemente del sentido que sigamos, el dominio perinatal constituye el punto de convergencia entre lo transpersonal y lo personal.

6. *Letters and Drawings of Bruno Schulz, with Selected Prose*, ed. J. Ficowski y trad. por W. Arndt y V. Nelson. Nueva York: Harper & Row, 1988; citado en John Updike, «The Visionary of Brohobycz», *The New York Times Book Review*, 30 de octubre de 1988.

Los años de investigación y posterior acopio y análisis de datos obtenidos durante las décadas de los 80, los 90 y los 2000 nos proporcionaron una comprensión algo diferente del papel desempeñado, durante el trabajo terapéutico y transformacional, por la dimensión perinatal y sus relaciones con el resto del inconsciente. En lugar de ser un umbral que, en su viaje a la psique profunda, debe atravesar inevitablemente todo el mundo, descubrimos que la persona puede tener una poderosa experiencia transpersonal (como, por ejemplo, una profunda identificación con Gaia, con toda la comunidad de la Tierra, con lo que parece un acontecimiento de otro período histórico o el recuerdo de una vida pasada) sin necesidad de pasar por la secuencia biográfico-perinatal-transpersonal observada por Stan en muchos pacientes y sujetos durante la década de los 60 y comienzos de los 70.

Parece, pues, que el individuo puede acceder a cualquier nivel en cualquier momento dependiendo del método empleado (sesión psiquedélica, trabajo respiratorio, *kundalini yoga*, terapia guestalt, emergencia espiritual, etcétera), el entorno, el estadio de la terapia o autoexploración en que se halle, la substancia psiquedélica utilizada y dosis empleada y quizás otros factores menos conocidos, como el despliegue espontáneo de la inteligencia curativa del individuo, el *telos* de la individuación en el sentido junguiano, el movimiento holotrópico hacia la totalidad en el sentido grofiano, o quizás incluso el karma o la gracia. Pero lo que, en todos estos casos, resultó clave fue el carácter arquetípico de la experiencia que tendía a correlacionarse con determinadas relaciones planetarias natales y de tránsito y podía expresarse en cualquier nivel (ya fuese biográfico, perinatal o transpersonal). Las cualidades dominantes de cualquier sesión psiquedélica, experiencia holotrópica, emergencia espiritual o punto de inflexión terapéutico podían resumirse en términos arquetípicos y correlacionarse con la carta natal y los tránsitos.

Tránsitos mundiales

Hasta ahora hemos hablado de la correlación que existe entre la carta natal del individuo y los tránsitos personales. Después de los primeros años de investigación, durante los cuales me centré en la vida y experiencias de personas implicadas en la autoexploración profunda, la psicoterapia, la experimentación psiquedélica y otras prácticas transformadoras, mi atención fue derivando progresivamente hacia el estudio de las grandes figuras históricas y culturales. Tenía curiosidad, por ejemplo, por conocer los tránsitos que tenía Freud cuando, el 24 de julio de 1895, «se me reveló [según dijo él mismo] el secreto de los sueños» y comprendió cómo se expresaba simbólicamente el inconsciente a través del sueño, o qué convergencia de tránsitos tenía Jung durante ese período crucial de su vida entre 1913 y 1918 en el que experimentó un poderoso descenso a su propio inconsciente que posibilitó la emergencia de las principales imágenes e ideas con las que trabajaría el resto de su carrera. Quería saber qué tránsitos había en juego cuando, en 1609-1610, Galileo dirigió por primera vez su telescopio hacia los cielos y vislumbró el universo copernicano que contribuyó a abrirnos al mundo moderno. Estaba interesado por los tránsitos de Rosa Parks cuando, en diciembre de 1955, se negó a levantarse de su asiento en el autobús segregado de Montgomery (Alabama) poniendo en marcha el movimiento por los derechos civiles en los Estados Unidos; los tránsitos de la carta natal de Beethoven cuando escribió la sinfonía *Heroica* revolucionando la música clásica europea, o qué era lo que pasaba cuando se dio cuenta de que estaba quedándose sordo y era incapaz de escuchar su propia música. Y, en cada uno de esos importantes puntos de inflexión biográficos y culturales y en centenares de otros, advertí la misma coherencia y precisión arquetípica de correlaciones planetarias que habíamos descubierto en las investigaciones psicoterapéutica y psiquedélica.

Poco a poco, sin embargo, fue abriéndose paso otro nivel de comprensión que recontextualizó los hallazgos que habíamos realizado hasta entonces. En la medida en que los cinco planetas exteriores de movimiento más lento (desde Júpiter hasta Plutón) orbitan en torno al Sol, van entrando y saliendo, en ciclos continuos, de diferentes relaciones con la Tierra (conjunción, oposición, etcétera). Dependiendo del planeta y de las velocidades orbitales relativas implicadas, algunos de estos períodos duran más tiempo y ocurren más raramente (como sucede, por ejemplo, con la conjunción Urano-Plutón que duró desde los años 60 hasta comienzos de los 70), mientras que otros son más cortos y ocurren con más frecuencia (como el ciclo Júpiter-Urano, cuyas conjunciones y oposiciones ocurren aproximadamente cada siete años y duran unos catorce meses). También descubrí que los lapsos abarcados por esos tránsitos mundiales van sistemáticamente acompañados de importantes acontecimientos históricos, movimientos culturales y figuras públicas en muchos países y ámbitos de la actividad humana configurando un *zeitgeist* compartido cuyo carácter arquetípico se corresponde con los planetas que, durante ese tiempo, aspectaban a la Tierra. Estas pautas históricas eran de naturaleza tanto sincrónica como diacrónica, una forma dual de pauta arquetípica sorprendentemente coherente con el amplio cuerpo de evidencias históricas de las que disponemos. Las pautas *sincrónicas* se ponían de relieve en forma de acontecimientos arquetípicos similares presentes al mismo tiempo en diferentes culturas y vidas individuales coincidentes con una determinada relación planetaria (como la simultaneidad entre movimientos revolucionarios, o las grandes olas de creatividad artística que aparecieron de manera independiente en países y continentes diferentes, o los avances científicos logrados al mismo tiempo por científicos que trabajaban de un manera completamente independiente). Por su parte, las pautas *diacrónicas* reflejaban el hecho de que los acontecimientos que acompañaban a una determinada relación planetaria tenían una estrecha asociación arquetípica y a menudo históricamente causal con los acontecimientos que habían tenido o tendrían lugar durante alineamientos previos o posteriores de los mismos dos planetas, sugiriendo así el despliegue de un ciclo distinto del desarrollo. Así pues, los períodos relevantes no solo estaban relacionados por el hecho de compartir el mismo rasgo arquetípico, sino también por su continuidad secuencial y por las conexiones históricas y causales entre un ciclo y el siguiente. Las tendencias históricas y los movimientos culturales asociados parecían experimentar una fuerte intensificación o aceleración durante cada período sucesivo en lo que parecía una evolución espiral que se desplegaba continuamente, pero se veía «cíclicamente puntuada».

Como ya he publicado un amplio listado de estas correlaciones históricas entre los ciclos planetarios y las pautas arquetípicas en mi libro *Cosmos y psique*[7] no seguiré hablando aquí de ellas y solo diré que han demostrado ser útiles para ayudarnos a entender la experiencia individual en entornos terapéuticos, psiquedélicos y holotrópicos. En la medida en que, a lo largo de las décadas, iba profundizando mi análisis de las experiencias individuales de transformación, fui dándome cuenta de que la dinámica arquetípica global desplegada en los tránsitos mundiales parecía servir de metacontexto que englobaba y daba forma a la dinámica arquetípica reflejada en los tránsitos personales del individuo. La intensificación de la energía elemental y de

---

7. *Cosmos and Psyche: Intimations of a New World View*. Nueva York: Random House, 2006.

transformación revolucionaria propia de la conjunción Urano-Plutón que tuvo lugar durante los años 60 y comienzos de los 70 parece haber proporcionado el contexto arquetípico para la emergencia de las experiencias perinatales observadas y formuladas por Stan en esa época. Todo el campo colectivo tenía una intensidad perinatal que se expresaba en las sesiones de LSD de un modo que parecía proceder directamente de una fuente arquetípica mayor.

Por su parte, la larga conjunción entre Urano y Neptuno que tuvo lugar desde mediados de la década de los 80 hasta el final del milenio proporcionó un contexto arquetípico diferente que se reflejó en fenómenos arquetípicamente relevantes, como el uso generalizado del MDMA (o éxtasis) con su característica estimulación de las experiencias de fusión numinosa en un entorno grupal, como ilustran las innumerables raves que se extendieron por todo el mundo a partir de finales de los años 80; la creciente participación en rituales de ayahuasca no solo en entornos indígenas sudamericanos, sino también en las sociedades norteamericanas y europeas, un movimiento que formaba parte de un compromiso más generalizado con el empleo ritual sagrado de las plantas de visión y la rápida propagación de las técnicas holotrópicas y otras formas de trabajo respiratorio y de las técnicas de meditación profunda. Los informes de muchas experiencias psiquedélicas y holotrópicas procedentes de esa época mostraron que los individuos accedían a dimensiones transpersonales diferentes sin necesidad de pasar por las convulsiones características del dominio perinatal. En términos arquetípicos, la creciente globalización y conectividad a internet propia de esa época ilustraba asimismo la dilución creciente de las fronteras que anteriormente aislaban a las distintas tradiciones culturales y religiosas. Y esta desaparición de las fronteras no solo tuvo lugar en el nivel colectivo de la interacción multicultural y el correspondiente sincretismo religioso creativo, sino también en un nivel individual interior que llevaba a sujetos que se hallaban en estados no ordinarios de conciencia a informar de experiencias religiosas y mitológicas espontáneas y de comprensiones de tradiciones culturales completamente ajenas, sugiriendo que el proceso externo de globalización que estaba desarrollándose en el mundo exterior también afectaba, de algún modo, a la psique colectiva.

Además, otros tránsitos mundiales importantes de menor duración que tuvieron lugar durante estas décadas, como las distintas relaciones entre Saturno y Neptuno o entre Júpiter y Urano, coincidieron con otras tendencias arquetípicas importantes en las experiencias y estados no ordinarios de conciencia individuales. Y también quedó claro que, tanto en la esfera mundial como en la personal, el tránsito de los planetas interiores de movimiento más rápido parecía «desencadenar» o catalizar de forma sincrónica el momento concreto de aparición de acontecimientos y experiencias asociadas a los tránsitos más largos y poderosos de los planetas exteriores de movimiento más lento. Por último, también debemos mencionar la importante cuestión de los múltiples tránsitos producidos al mismo tiempo que no solo solían ser de cualidad arquetípica muy distinta, sino hasta de naturaleza, en ocasiones, completamente opuesta. Así fue como llegamos a entender poco a poco el modo de sintetizar y ponderar la importancia relativa de los múltiples factores natales y de tránsito implicados tanto en las sesiones psiquedélicas y holotrópicas como en la vida del individuo.

La cuestión de la causalidad

Desde nuestro primer encuentro con pruebas de las posibles correlaciones planetarias, Stan y yo nos enfrentamos a la dificultad teórica de explicar el modo en que los planetas, a distancias tan diferentes de la Tierra, podían influir no solo en los acontecimientos externos de la historia y la biografía humanas, sino también en la realidad interior de la experiencia individual. Resulta difícil imaginar un factor físico –al menos tal como convencionalmente se entiende– que pueda servir de mediador de las correlaciones observadas. Desde el comienzo mismo de nuestra investigación, Stan sugirió la posibilidad de que lo que estábamos viendo se derivase de una conexión significativa entre el macrocosmos y el microcosmos inserta en el tejido mismo del universo. En lugar de apelar a un tipo de causalidad lineal cartesiano-newtoniana que implique algún tipo de emanación física (como, por ejemplo, la radiación electromagnética), la naturaleza de las correspondencias sugería la existencia de una especie de orquestación sincrónica entre los movimientos planetarios y las pautas arquetípicas de la experiencia humana. Como más tarde nos enteramos, Jung había invocado ya en varias ocasiones –pese a las creencias modernas que apuntan en sentido contrario– el concepto de sincronicidad como posible explicación del funcionamiento de la astrología.[8]

---

8. He comentado con mayor profundidad el concepto de sincronicidad de Jung y su relación con las correlaciones astrológicas en *Cosmos and Psyche*, pp. 50-79.

Después de varias décadas de investigación creo que la magnitud de las correspondencias que existen entre las posiciones planetarias y la experiencia humana es demasiado amplia y multidimensional –que no parece depender tanto de fuerzas físicas mensurables como de estructuras de significado que sugieren la presencia de algún tipo de inteligencia creativa, que está muy cargada de pautas estéticas, que son simbólicamente demasiado polivalentes, demasiado complejas y matizadas experiencialmente y, por último, pero no por ello, menos importante, demasiado dependientes del efecto de la participación humana– como para tratar de explicarlas apelando exclusivamente a factores materiales directos. Una explicación más plausible y exhaustiva de las evidencias con que contamos sugiere una visión del universo como una totalidad fundamentalmente interconectada, informada por una inteligencia creativa e impregnada por pautas de significado y orden que afectan a todos los niveles. Esto supondría, como sugirió Jung, una expresión cósmica del principio de sincronicidad e ilustraría también el axioma hermético según el cual «como arriba es abajo». Desde esta perspectiva, los planetas no «provocan» acontecimientos concretos, del mismo modo que las manecillas del reloj tampoco «provocan» una hora concreta. Muy al contrario, las posiciones planetarias parecen *indicar* la dinámica arquetípica cósmica propia de ese instante concreto. Esta es una visión del mundo que el filósofo neoplatónico Plotino expresó, en las *Enéadas*, con las siguientes palabras:

> Las estrellas son como letras que se inscriben a cada momento en el cielo [...]. Todo en el mundo está lleno de signos.... Todos los acontecimientos están coordinados [...]. Todas las cosas dependen unas de otras y, como se ha dicho, «todo respira conjuntamente».[9]

Pero hay un sentido en el que la causalidad parece, en este contexto, relevante y es en el sentido de la *causalidad* arquetípica, comparable a los conceptos de causa formal y causa final de Aristóteles. Pues, mientras que el movimiento de los planetas físicos puede tener una conexión sincrónica, más que mecánicamente causal, con una determinada experiencia humana, también podríamos decir que la experiencia se halla, en cierto modo, constelada –es decir, afectada, impelida, atraída o modelada– por los arquetipos

---

[9]. Plotino, *Eneadas*, II, 3, 7, «Are the Stars Causes?» (*c*. 268), citado en Eugenio Garin, *Astrology in the Renaissance*, trad. C. Jackson y J. Allen, rev. C. Robertson (Londres: Arkana, 1983), p. 117.

relevantes. Bien podríamos concluir, desde esta perspectiva, que Saturno (en tanto arquetipo) «influye» de un modo concreto o «gobierna» cierto tipo de experiencias, etcétera. Pero, aunque el arquetipo pueda ser *una* causa, yo no lo consideraría *la* causa, porque los factores arquetípicos siempre actúan en compleja relación recursiva con el individuo, el nivel de conciencia, el contexto cultural, la circunstancia concreta, el campo interpersonal, la herencia genética, las acciones pasadas y muchos otros factores.

La naturaleza de los arquetipos

La evidencia de una correlación entre los movimientos planetarios y la experiencia humana se centra en el principio multidimensional de los arquetipos. Cuando Jung, influido tanto por la filosofía crítica de Kant como por la teoría del instinto de Freud, introdujo, en su reconocimiento de ciertas constantes universales que estructuran los niveles profundos de la psique humana, la idea de arquetipo en el discurso contemporáneo estaba rescatando términos y conceptos procedentes de la tradición filosófica platónica. En el trasfondo de la visión junguiana y de la platónica se halla la antigua experiencia mitológica de dioses y diosas como expresión esencialmente personificada y numinosa tanto de las formas platónicas como de los arquetipos junguianos. Por simplificar un complejo desarrollo histórico en el curso del cual el foco cultural evolucionó desde el mito hasta la filosofía y la psicología, podríamos decir que la tradición platónica articuló filosóficamente la visión mítica primordial de esencias o seres poderosos que informan y trascienden la vida humana. Y, a su vez, mientras Platón entendía que las formas o ideas trascendentes eran los principios estructuradores fundamentales del cosmos encarnado, Jung consideraba los arquetipos como los principios estructuradores fundamentales de la psique humana. Estas importantes distinciones reflejaban la larga evolución epistemológica y cosmológica experimentada por el pensamiento occidental durante los últimos 2.500 años, diferenciando gradualmente la psique del cosmos y desembocando en el moderno desencanto del mundo del que, hace más de un siglo, surgió la psicología profunda.

Basándose, sin embargo, en su amplio estudio de las sincronicidades, Jung llegó a la conclusión de que no estaba justificado ubicar los arquetipos dentro de la subjetividad humana, sino que parecían servir de principio unitivo subyacente que informaba tanto a la psique como al mundo. En este sentido, el desarrollo posterior de la teoría arquetípica de Jung se aproximó más a la visión platónica, aunque con un mayor énfasis psicológico y un reconocimiento más pleno tanto de la polivalencia de los arquetipos como de su dimensión sombría. El pensamiento posterior de Jung también es coherente con las numerosas experiencias arquetípicas recogidas por la literatura psiquedélica que sugieren que los arquetipos pueden expresarse fluidamente como formas psicológicas, principios cósmicos o seres míticos.

Contrariamente a lo que afirma la visión moderna y desencantada del mundo, la evidencia de una correlación sistemática entre las posiciones de los planetas y las pautas arquetípicas de la experiencia humana sugieren que el cosmos es una matriz viva y en constante evolución de ser y de significado en la que se halla inserta, como participante cocreadora, la psique humana. En términos junguianos podríamos decir que la investigación apunta a la posibilidad de que el inconsciente colectivo se halle, de algún modo, integrado en el universo y que los movimientos planetarios reflejen, a nivel macrocósmico, la dinámica arquetípica de la experiencia humana. En términos platónicos, la evidencia parece reflejar la existencia de un *anima mundi* que informa al cosmos, un alma mundial en la que participa, a modo de microcosmos de la totalidad, la psique humana. En términos míticos homéricos, la evidencia parece reflejar una continuidad con las visiones del mundo de las grandes civilizaciones arcaicas, como la antigua Mesopotamia y Egipto, con su conciencia de una conexión íntima entre los dioses y los cielos que inspiraba y estructuraba su vida religiosa y social, sus observaciones astronómicas y su arquitectura monumental.

Mirando atrás, la larga evolución de la conciencia y de las visiones del mundo de la humanidad parece haber ido acompañada de una evolución en el modo de percibir y teorizar el dominio arquetípico, así como en la forma en que se vio luego negada y redescubierta bajo un nuevo ropaje. A lo largo de esa evolución, especialmente durante el estadio moderno del desencantamiento, tuvo lugar la diferenciación decisiva de un yo autónomo y el fortalecimiento de la individualidad humana. En un posterior despliegue dialéctico, los desarrollos más recientes de la teoría y la experiencia arquetípicas han puesto de relieve la naturaleza participativa y polivalente de los arquetipos. Esta perspectiva emergente reconoce el poder subyacente de los arquetipos al tiempo que otorga al ser humano un papel más cocreativo y corresponsable en su expresión. Esto ha abierto la puerta a un nuevo tipo de relación humana con el *anima mundi* que no solo posibilita, sino que también se nutre, de la existencia simultánea de la autonomía y la inmersión. Paradójicamente, sin embargo, el desencantamiento del universo y la diferenciación y alejamiento de la conciencia humana de la totalidad pueden haber sido las condiciones previas tanto de la alienación (que precipitó la crisis de la conciencia moderna) como de la forja de una identidad moderna (capaz de volver a comprometerse de un modo nuevo y participativo con el *anima mundi*). El viaje realizado por la psicología profunda desde la década de 1880 hasta el presente (desde Freud hasta Grof, por así decirlo) no habría sido posible ni necesario sin la larga evolución cosmológica y existencial que le precedió.[10]

Volviendo a la correlación entre los movimientos planetarios y las experiencias psiquedélicas debo decir que solo cuando pude reconocer plenamente la naturaleza multidimensional y polivalente de los arquetipos –es decir, su coherencia y consistencia formal que podían dar lugar a una pluralidad de significados y expresiones– estuve en condiciones de advertir la extraordinaria elegancia de las correlaciones planetarias. Cualquier manifestación concreta de un determinado arquetipo puede ser «positiva» o «negativa», creativa o destructiva, admirable o vil y profunda o trivial. Los arquetipos asociados a determinadas relaciones planetarias son igualmente aptos para expresarse tanto en la vida interior de la psique como en el mundo externo de los acontecimientos concretos y, a menudo, en ambos a la vez. Las polaridades estrechamente vinculadas aunque diametralmente opuestas contenidas en el mismo complejo arquetípico pueden expresarse en coincidencia con la misma configuración planetaria. La persona que experimenta un determinado tránsito puede hallarse en el extremo actor o en el extremo receptor de una guestalt arquetípica relevante con resultados muy diferentes. La forma en que, de todas las posibilidades, acaba expresándose no parece poder advertirse en la carta natal ni en las relaciones planetarias. Muy al contrario, los principios arquetípicos que operan en estas correlaciones parecen ser dinámicos pero de una polivalencia fundamentalmente indeterminada. Aunque representan formas o

---

10. *The Passion of the Western Mind* (Nueva York: Ballantine, 1991, 1993) presenta una narración de la visión occidental del mundo en la que ocupa un papel fundamental la evolución de la perspectiva arquetípica desde Platón y los antiguos griegos hasta Jung y los postmodernos. *Cosmos and Psyche* nos ofrece una visión general resumida de la perspectiva arquetípica y de la naturaleza ontológicamente fluida y polivalente de los arquetipos planetarios antes de pasar a examinar las pruebas de la correlación planetaria y los ciclos y pautas arquetípicas de la historia. Por último, mis «Notes on the Archetypal Dinamics and Complex Causality», escritos originalmente en 2002 y publicados en tres partes en *Archai: The Journal of Archetypal Cosmology*, números 4, 5 y 6 (2012, 2016 y 2017), representan un esfuerzo más sistemático para entender y articular los rasgos únicos de la dinámica arquetípica observada en las correlaciones planetarias y en la experiencia humana en general.

esencias duraderas de significados complejos y subyacen claramente al flujo y la diversidad de los fenómenos observados, también se ven fundamentalmente conformados por factores circunstanciales relevantes muy diversos y modulados y dictados de manera cocreativa por la voluntad e inteligencia humanas.

Esta combinación entre polivalencia dinámica y sensibilidad a determinadas condiciones y a la participación humana me lleva a la conclusión de que –al contrario de lo que suele afirmarse y a su uso tradicional– este tipo de astrología no es, como ya hemos dicho, concretamente predictiva, sino arquetípicamente predictiva. Comparada con otras formas de adivinación intuitiva con las que, en épocas pasadas, solía estar asociada, el foco de la astrología arquetípica reflejada por la evidencia que hemos estudiado no se centra tanto en la predicción de determinados resultados como en el discernimiento preciso de las dinámicas arquetípicas y de su complejo despliegue en el tiempo. Creo que esta comprensión arroja cierta luz sobre numerosas cuestiones que, desde hace mucho, giran en torno a la astrología, como las del destino frente al libre albedrío, el problema de las configuraciones planetarias idénticas coincidentes con fenómenos concretos diferentes aunque arquetípicamente paralelos y la inadecuación fundamental del empleo de técnicas estadísticas que ayuden a detectar la mayoría de las correlaciones astrológicas.

Las correlaciones planetarias pueden proporcionarnos una forma muy valiosa de entender la actividad dinámica de los arquetipos en la experiencia humana, subrayando cuáles son los más presentes en un determinado caso, en qué combinación, durante cuánto tiempo y como parte de qué pautas mayores. Desde esta perspectiva podemos entender la astrología arquetípica como la continuación y profundización del proyecto de la psicología profunda: hacer consciente el inconsciente, permitir que el yo consciente deje de ser una marioneta de fuerzas inconscientes (como sucede en los casos del *acting out*, la identificación hasta el punto de la inflación, la proyección, el autosabotaje, atraer en forma de «destino» lo que permanece reprimido o inconsciente, etcétera). Su estudio puede mejorar la calidad de la comunicación y coordinación entre la conciencia y el inconsciente, con lo que «el inconsciente» revela dimensiones mucho más amplias, menos exclusivamente personales, menos subjetivas y más inmersas en el cosmos de las que anteriormente le atribuíamos. Pero esta mediación no determina de manera literal y concretamente predictiva las cosas, sino que pone de relieve pautas inteligibles de significado cuya naturaleza y complejidad (polivalencia, indeterminación, sensibilidad al contexto y a la participación y una creatividad en apariencia abierta a la improvisación) favorecen el papel dinámicamente cocreativo de la individualidad humana en interacción participativa con las fuerzas y principios arquetípicos implicados.

Notas finales

Una consecuencia inesperada de la investigación astrológica en el ámbito de la exploración psiquedélica fue el descubrimiento de que esta suele ir acompañada de encuentros con la psique profunda que a menudo incluyen distintas formas de experiencia directa de los arquetipos. Estos encuentros nos proporcionaron un fundamento experiencial más claro para entender los factores astrológicos y nos ayudaron a entender mejor el carácter polivalente de los principios arquetípicos. Las experiencias psiquedélicas y holotrópicas también tienden a provocar un profundo cambio de perspectiva epistemológica a la que bien podríamos considerar como una dilución del doble vínculo cartesiano-kantiano de la conciencia moderna que suele experimentarse como derivada y enmarcada en un universo inconsciente, despojado de sentido y, en última instancia, incognoscible. Este cambio de perspectiva puede llevarnos a reconocer el universo animado que alienta el necesario despertar moral y espiritual (es decir, un cambio que no se limita a la mente, sino que también afecta al corazón) para poder asumir la perspectiva astrológica, consolidando una hermenéutica madura de la confianza que contrarreste y se integre con la hermenéutica postmoderna de la sospecha. Estas experiencias pueden abrirnos, en fin, a conectar con una inteligencia cósmica coherente y que responda a nuestra propia inteligencia.

El empleo del análisis astrológico arquetípico para un examen más detallado de las experiencias psiquedélicas propias y ajenas también nos permitió evaluar con mayor precisión cuáles eran los factores astrológicos que tendían a ser más significativos y cuáles los orbes (es decir, los rangos de tolerancia anterior y posterior) dentro de los cuales parecía operar arquetípicamente una determinada relación. Este estudio nos permitió concluir que los factores más importantes para entender estas experiencias eran los arquetipos planetarios y las grandes relaciones entre los planetas de la carta natal, los tránsitos personales y los tránsitos mundiales. Y lo mismo ocurre con las posiciones planetarias relativas a los ejes horizontal y vertical (es decir, el Ascendente-Descendente y el Medio Cielo-Fondo del Cielo). El enfoque que más útil nos pareció en este sentido fue el del astrónomo Johannes Kepler, con su énfasis pitagórico en las relaciones planetarias como indicadores astrológicos dominantes, dentro del despliegue de una geometría cósmica de significado arquetípico centrada en el movimiento de la Tierra.[11]

Las pruebas recopiladas también señalaban la importancia de reconocer orbes más amplios a los habitualmente empleados por la astrología tradicional. En este punto, llegamos a la conclusión de que las relaciones no operan como interruptores cuya activación y desactivación se mueve dentro de una franja muy estrecha, sino como una especie de ondas arquetípicas que entran en el campo psíquico individual o colectivo e interactúan con el complejo de la dinámica arquetípica acumulada más amplia que opera en el campo. Esta se ve luego configurada y afectada por las circunstancias concretas y las respuestas creativas de los individuos y comunidades implicados y se expresa en forma de acontecimientos y experiencias concretas.

Soy muy consciente de las cuestiones importantes que, por falta de espacio, no podemos abordar aquí. Una de ellas gira indudablemente en torno al uso indebido y a los peligros del empleo de la astrología en este ámbito. En términos generales, hay que ser muy conscientes y mantener una disciplina epistemológica continua para evitar la proyección de miedos y deseos, la extracción de conclusiones definitivas a partir de datos parciales y el empeño en controlar la vida en lugar de participar en ella. En su aspecto práctico, el establecimiento de estrategias destinadas a programar las sesiones psiquedélicas requerirá una publicación separada. Y lo mismo podríamos decir con respecto a los orbes operativos de los distintos tipos de correspondencia (cartas natales, tránsitos personales y tránsitos mundiales), la diferencia entre los aspectos duros o desafiantes (conjunción, oposición y cuadratura), los aspectos blandos, armoniosos o confluyentes (trígono y sextil) y la importancia que hay que atribuir a los planetas implicados en los tránsitos de cada momento.

---

11. Aunque los factores más importantes de esta investigación se han centrado en las principales relaciones entre los planetas, otros factores, como los puntos medios planetarios, las relaciones menores, las progresiones y las lunaciones, también fueron, a menudo, útiles. De menor importancia en este contexto han sido muchos de los factores en los que suele centrarse la astrología tradicional, como los signos, las casas, los regentes y cuestiones relacionadas. Era mucho más importante saber que Plutón estaba transitando en conjunción con la Luna natal que saber si tal cosa ocurría en Virgo o Libra. Las correlaciones más importantes que descubrimos no tenían que ver con cuestiones y controversias relativas a la precesión de los equinoccios que afecta a la ubicación de los signos zodiacales, los dos zodíacos (tropical o sideral) o la multiplicidad de sistemas de casas y de regentes.

A lo largo de las décadas, Stan y yo hemos estudiado la correspondencia que existe entre las experiencias psiquedélicas y holotrópicas de un gran número de personas con las que hemos trabajado, sus cartas natales y los tránsitos pertinentes. Y, en todos los casos en los que contábamos con datos adecuados, las correlaciones resultaron sistemáticamente tan interesantes como instructivas y evidenciaban, aun después de muchos años, una sorprendente combinación entre una correlación arquetípica muy precisa y una diversidad creativa aparentemente infinita. Aunque su simplicidad es extraordinariamente elegante, la perspectiva astrológica arquetípica reveló una orquestación compleja y magistral de movimientos cósmicos y pautas psicológicas cuya inteligencia y creatividad nos dejaron, en ocasiones, tan admirados como sorprendidos.

Como Stan ha comentado con frecuencia, la ironía de nuestro intento de comprender la variabilidad de la experiencia psiquedélica fue que, cuando finalmente encontramos un método que explicaba la naturaleza y el momento de las experiencias psiquedélicas, resultó tan controvertido como el mismo empleo de substancias psiquedélicas. Pareciera como si los tesoros más importantes estuvieran ocultos en los rincones más humildes y desdeñados. Jung solía decir que la piedra rechazada por los constructores resulta ser la piedra angular y bien podríamos concluir, como dice Stan, que la astrología arquetípica es una especie de piedra Rosetta que nos permite conectar el lenguaje simbólico de la psique con el lenguaje simbólico del cosmos. Del mismo modo que la cartografía ampliada de la psique derivada de la investigación psiquedélica ha sido sumamente clarificadora y hasta liberadora al proporcionarnos un mapa exhaustivo de los distintos reinos de la conciencia, las correlaciones arquetípicas con los movimientos planetarios nos han proporcionado una brújula orientadora y un informe psicológica y cósmicamente detallado que puede resultar de inestimable ayuda para el explorador de los reinos profundos.

Más allá, sin embargo, de su utilidad para el individuo, lo más sugerente y oportuno de este conjunto de evidencias es que, precisamente en el momento en que la humanidad en su conjunto se enfrenta a una gran crisis perinatal, descubrimos que el simbolismo arquetípico de los planetas exteriores del sistema solar –a los que Dane Rudhyar denominó «embajadores de la galaxia»– apunta con precisión al umbral perinatal y al misterio de la muerte y el renacimiento.

Agradezco a Stanislav Grof, así como a Renn Butler, Max DeArmon, Lilly Falconer, Chad Harris, William Keepin, Becca Tarnas e Yvonne Smith Tarnas sus útiles comentarios.

RICHARD TARNAS
mayo de 2019
Copyright 2019 de Richard Tarnas

Colofón

Brigitte Grof

La idea de esta enciclopedia se originó en una serie de seminarios *online* llevados a cabo por Stan para Shift Network en 2017 centrados en una serie de conferencias vía Zoom sobre muchos aspectos de la psicología transpersonal, la investigación de la conciencia, las experiencias psiquedélicas y la antigua sabiduría espiritual del mundo. El profundo conocimiento adquirido por Stan durante sus propios viajes interiores y acompañando en el viaje de miles de personas por los estados holotrópicos de conciencia es un tesoro que debe ser compartido con el mundo.

Son muchas las veces que, en los últimos treinta años, he leído, en tanto apasionada psiconauta, los libros y escuchado las conferencias de Stan. Para mí, representan un profundo y auténtico tesoro de sabiduría perenne. Stan y yo nos conocemos y trabajamos juntos desde hace más de tres décadas. Sin embargo, desde que nos casamos y empezamos a compartir nuestros viajes interiores y exteriores y a trabajar codo con codo accedí a un nivel de comprensión nuevo y más profundo y le estoy muy agradecida por su inmenso y profundo conocimiento sobre la psique y el universo que me ha transmitido.

Me siento bendecida por ser amada por este hombre extraordinario que, además de sabiduría, posee muchas otras cualidades, como un espíritu libre, un humor muy divertido y un corazón grande, cálido, amoroso y compasivo por todos los seres y por la totalidad de la existencia. Con una curiosidad y valentía ilimitadas, Stan comenzó hace unos sesenta años su investigación de los mundos ocultos de la psique, muchos de los cuales aún no habían sido cartografiados por la psicología de ese momento. Añadió los dominios perinatal y transpersonal al modelo del inconsciente y completó sus hallazgos descubriendo profundas comprensiones espirituales conocidas desde hace miles de años por místicos de todas las tradiciones espirituales.

La sabiduría de los místicos procede de su experiencia profunda y personal de los estados holotrópicos. No se trata de un conocimiento exclusivamente teórico, sino de un camino de conocimiento experiencial directo, un tipo de información muy importante para quienes están dispuestos a emprender su propio viaje interior. Esta enciclopedia proporciona información detallada sobre muchos temas de interés para los psiconautas, como la emergencia espiritual, la sincronicidad, los arquetipos, el juego cósmico, la creatividad superior y los misterios de la muerte y el renacimiento, entre otros muchos. Es una suerte que quien esté dispuesto a emprender este viaje cuente con la guía de un viajero tan experimentado como Stan sobre los territorios interiores a los que se puede acceder.

Aunque sus observaciones se han visto confirmadas y validadas por miles de personas que han llevado a cabo una exploración interior mediante psiquedélicos o la respiración holotrópica, o que han experimentado una emergencia espiritual, muchos de sus revolucionarios descubrimientos aún no han sido aceptados por la psicología y la psiquiatría convencionales. Creo que esta enciclopedia es un auténtico tesoro de conocimiento para cualquier psiconauta. La experiencia de un viaje interior es extraña y difícil de expresar con palabras, pero resulta muy útil a la vez que interesante poder decir: «¡Pero si esto es precisamente lo que decía Stan!».

¡Les deseo un viaje feliz y seguro!
Brigitte Grof
Mill Valley, California, marzo de 2018

Índice

Abraham de Santa Clara, 198
abreacción, 26
Absoluta, Conciencia, *véase* Divinidad
Abu Ghraib, abuso de prisioneros en la
    prisión de, 165
acetilcolina, descubrimiento de la, 102
acompañantes, 40
Adams, Samuel, 170
adultos, recuerdos de vidas pasadas en
    espontáneo, 211-212
    evocados, 212-218
        Karl (paciente), 214-215
        Renata (paciente), 216-218
Advaita Vedanta, 237
Afrodita, 135
agregada, terapia psiquedélica, 27-29
agresividad, *véase también* violencia
    crisis global, 163
    psicología de la supervivencia, 184
    raíces perinatales de la, 166
        campos de concentración, 177-179
        comunismo, 175-176
        implicaciones sociopolíticas, 169
        perturbaciones intrauterinas, 167
        trauma del nacimiento, 167-168
    raíces transpersonales de la, 179
    teorías evolutivas y psicosociales de
        la, 164
Ahriman, 180
Ahura Mazda, 180
akáshico, holocampo, 202, 238
Alá, 119, 183
alam al mithal, 234
alcoholismo, LSD para el tratamiento del, 21-25
Aldrin, Buzz, 187

Alexander, Franz, 193
Alighieri, Dante, 143, 183
Allan, Frances, 83
Allan, John, 83
Alpert, Richard, 33
Alpher, Ralph, 86
alquimia, 105, 245
alterna, corriente
    apoyo de Tesla, 115
    invención de la, 113
amantes, arquetipo, 145, 158, 234
amplificación, método de Jung, 89
Ana (reina), 106
anaclítica, privación, terapia de fusión
    para el tratamiento de la, 27
anatman, 259
Anatomía de la destructividad humana
    (Fromm), 164
anatta, 240, 259
Anaximandro, 136, 147
Anaxímenes, 136
Anciano Sabio, arquetipo, 89, 145, 234
Andreas-Salomé, Lou, 79
aneurisma, contraindicación para la
    terapia psiquedélica, 36
Ángel del Olvido, 207
Ánima, 89, 146, 158
anima mundi, 88, 143, 230
Animus, 89, 146
Antabuse, 26
antifaces, 33, 40
antiguas, culturas
    actitud hacia la muerte, 195-198
    pensamiento sincrónico en las, 54
Antonio, san, 119, 193
apariciones de los muertos, 218
apartheid, 167

apeiron, 136
Apocalipsis, arquetipo del, 158, 180
Apolo, 135, 142
aportes, 223
archai, 135
Archives of General Psychiatry, 21
arcoíris, arquetipo del, 65-66
Ardrey, Robert, 164
Aristóteles, 88, 138
Arjuna, 181
Armstrong, Louis, 187
Arnold, Elizabeth, 82
arpías, 88
arquetipos, *véanse también* individuales, arquetipos
   categorías de, 146, 234
   ciencia y, 144
   como experiencia trascendente de lo divino, 231
   como fuente del descubrimiento científico, 98
   como principios filosóficos, 135-140
   como principios mitológicos, 134-135
   como principios psicológicos, 140
   cualidad psicoide de los, 56-57
   definición de, 133
   en la terapia psicolítica, 33
   en psiquiatría y psicología, 141
   encuentros de Pauli con, 50-51
   espiritualidad y, 148
   inflación, 153
   matemáticas y, 137
   mitos interculturales subyacentes, 150
   observación de Jung, 88-89, 141
   peligros de los, 153
   pensamiento sincrónico sobre los, 55-56
   religión y, 148
   uso de Da Vinci de los, 80
   viaje del héroe, 143
   visión de Rank, 87-88
Ars moriendi, 134, 196
Artistry of the Mentally Ill (Prinzhorn), 89

arte, comprensión del, 75, *véase también* creatividad superior
   análisis de Bonaparte, 81
   análisis de Freud, 76
   análisis de Rank, 87-88
   contribuciones de la investigación psiquedélica, 89-90
   interpretaciones de Jung, 88-89
ascenso, 246
Asch, Sholem, 206
Asociación Americana de Parapsicología, 220
Asociación Transpersonal Internacional (ATI)
   congreso ATI de Praga, 68-69
   Fundación, 66, 70
aspecto inmanente de lo divino, 231-232
Assagioli, Roberto, 28, 121
astrología, 245
ataque de gran mal, diagnóstico de Dostoievsky, 81
Atman, proyecto, 184
Aurobindo, Sri, 241, 246, 249
australianos, aborígenes
   arte de los, 89-90
   historias arquetípicas de los, 135
autoexploración, *véanse también* ontología
   apreciación de la existencia encarnada, 255
   contraindicaciones, 36-37
   directrices para las sesiones productivas, 36-42
   entrevistas previas a la sesión, 38
   historia de la
      abreacción, 26
      adición de la terapia psiquedélica, 27-28
      artículo de Stoll, 19
      estudios con antidepresivos, 19
      LSD adjunto a la psicoterapia, 25
      rituales psiquedélicos, 30
      terapia de choque, 20

terapia de fusión, 27
terapia hipnodélica, 25
terapia psicolítica, 21, 30-32
terapia psiquedélica, 21-24, 33
tratamiento del alcoholismo, 21-25
microdosis, 34-35
psiquedélicos adjuntos a la psicoterapia, 36-42
autoproyección, 182-183
autorrealización, 248
Avatamsaka, budismo, 245
avidyā, 240
ayahuasca
   espíritu de la, 143
   garantizar la calidad de la, 39
   uso de los indios conibo, 60
   uso ritual de los psiquedélicos, 29-30
ayahuasqueros, rituales psiquedélicos, 29

Bache, Christopher, 179, 206
Baco (Da Vinci), 79
bailarín, arquetipo del, 134
Bailey, Alice, 121
Balzac, Honorato de, 36
Banisteriopsis caapi, 60
bardo, 134, 196, 218, 240
Bardo Thödol, 134, 152, 196, 205
Barker, Elliot, 20
«Barril de amontillado, El» (Poe), 84-85
Basílides, 124
Bastiaans, Jan, 177
Bateson, Catherine, 154
Bateson, Gregory, 147
Baudelaire, Charles, 36
Baumann-Jung, Gret, 55
Bauman, Peter, 30
Bayless, Raymond, 223
Becker, Ernest, 93, 191, 225
Bell, John, 81-82
Bell, teorema de, 81
belleza, 136
Benarés, 195
benceno, 99

Bender, Hans, 52
Bergson, Henri, 88
Berlioz, Hector, 126
Berne, Eric 27
Bernstein, Leonard, 126
Bhagavad Gita, 181
bhaktas, 237
bíblicos, visionarios, 119
bien y el mal, problema del, 252
Bifrost (Islandia), 65
Big Bang, teoría del, 86
bin Laden, Osama, 171, 180
bindi, 211
Bingen, Hildegard von, 119
biológicas, teorías
   de la agresividad, 164
   de la codicia, 180
Blake, William, 241
Blewett, Duncan, 33
Bohm, David, 232
Bohr, Niels, 51, 102-103
Bojaxhiu, Maria Teresa (Madre Teresa), 253
bolchevique, revolución, 176
bomba atómica, imaginería del nacimiento empleada para describir la, 171-173
Bonaparte, Marie, 81
Brahman, 183, 232
Brahms, Johannes, 126
brasileño, movimiento espiritista, 223
Breuer, Joseph, 26
Brugmansia, 61
Buchenwald, 178, *véanse también* campos de concentración, raíces perinatales
Buckman, John, 30
Buda, 138, 183, 192, 232, 245, 251
budismo, *véase también* reencarnación; *véase también* Buda
   anatta, 240, 259
   iconografía arquetípica en el Avatamsaka (Hwa Yen), 245

interpenetración mutua, 245
tibetano, 196
«Buddhist Training as Artificial Catatonia» (Alexander), 193
Bufo alvarius, 39
buitres, simbolismo de los, 78
Burkhardt, Jacob, 141
Bush, George W., 180
«*bypass* espiritual», 34

Cábala, 196, 245, 256
«Caída de la casa Usher, La» (Poe), 85
Camino del chamán, El (Harner), 61
Campbell, Joseph
  arquetipos y, 146-147, 153
  búsqueda de objetivos insatisfactorios, 183
  búsqueda de un nuevo mito planetario, 150-151
  encuentros de Eranos, 46
  experiencia con la sincronicidad, 56-59
  recreación de un ritual vikingo, 65
  sobre las deidades, 231
  viaje del héroe, 143
cáncer, pacientes de, terapia psiquedélica, 33, 37, 204, 220
canoa del espíritu, 62
Capra, Fritjof, 103
cardíaca, arritmia, contraindicación para la terapia psiquedélica, 36
Cardinal, Roger, 89
cartesiana, visión de mundo
  evidencias soslayadas por la, 198
  influencia en Jung, 55
  investigación psiquedélica como reto para la, 201, 230
  muerte y proceso del morir en la, 223-226
  paradoja de la, 103
  teorema de Bell, 52
causalidad, alternativas a la, 54, *véase también* sincronicidad

cavernas, pinturas de las, arquetipo del chamán en las, 134
cawa, planta, 60
centauro, 135
cerámico, *Libro maya de los muertos*, 134
cercanas a la muerte, experiencias (ECM), 203-206
cerebrovascular, accidente, contraindicación para la terapia psiquedélica, 36
Cetonia aurata, 55
chakras, 134
chamán, arquetipo del, 134
chamanismo
  actitud occidental hacia el, 193
  arquetipo del chamán, 134
  crisis de iniciación, 134
  experiencias sincrónicas del, 60-63
Chi, energía, 240
Chicago, Feria Mundial de (1893), 113
Children Who Remember Previous Lives (Stevenson), 207
China, pensamiento sincrónico en, 53, 70-71
choque, terapia de, 20
chumash, pinturas de las cavernas, 90
Churchill House, Saharanpur, 211
CISCO Systems, 128
civilización global, el mito en la, 150-151
Club des Hashischins, 36
Coatlicue, 146
Codex Atlanticus (Da Vinci), 77
Codex Borgia, 134, 196
codicia, *véanse también* agresividad
  determinantes biológicos de la, 181
  psicología de la supervivencia, 184-188
  raíces perinatales de la, 181-183
  raíces transpersonales de la, 183-184
COEX, sistemas, 32
  arquetipos y, 142
  experiencia de Sartre con los, 93
Cohn, Carol, 172, 180

coincidencias significativas, *véase* sincronicidad
colectivo, inconsciente, 88, 140, 198, 233
Coleridge, Samuel Taylor, 126
communitas, 200
«communitas», sensación de, 30
compartidos, mitos, 150-151
comunicación con los muertos, 219-223
comunismo, raíces perinatales del, 166, 175-176
concentración, campo de, síndrome, 177
concentración, campos de, raíces perinatales, 177-179
conceptualistas, 139
Conciencia Absoluta, *véanse* Divinidad
Condrau, Gian, 19
conexión acausal, principio de, *véase* sincronicidad
congreso de la ATI de Praga, 69
congreso transpersonal, primer, 65
conibo, indios, 60
Consciousness Beyond Life (Lommel), 197
contraindicaciones para la terapia psiquedélica, 36-37
Convento de Santa Maria delle Grazie, 78
«convivencias», 28
Copérnico, Nicolás, 98, 147
Corán, 119
Corbin, Henri, 234
corriente continua, Edison y, 115
Cósmica, Conciencia, 232
Cósmico, Abismo, 237-239
cósmico, Cristo, 183
cósmico, juego, 255
Cósmico, Vacío, 237-239
cosmología, 229
   aspecto inmanente de lo divino, 231-232
   aspecto trascendente de lo divino, 232-236
   creación, proceso de la, 241-246
   experiencias unitivas, 246-248

   identificación experiencial con lo divino, 239
   inadecuación del lenguaje, 240-241
   principio cósmico supremo, 236-237
   problema del bien y del mal, 252-255
   reconocimiento de la existencia encarnada, 255
   tabú contra el conocimiento de uno mismo, 248-251
   Vacío Supracósmico y Metacósmico, 237-239
Cosmos y psique (Tarnas), 133, 174
creación masculina, motivo, 172
Creatividad, 241-246
   análisis de Bonaparte, 81-87
   análisis de Freud, 75-81
   análisis de Jung, 88-89
   análisis de Rank, 87-88
   comprensión del arte, 75
   contribuciones de la investigación psiquedélica, 89-94
creatividad superior, 97
   Assagioli, Roberto, 121-122
   Bohr, Niels, 102-103
   Descartes, René, 106-108
   efecto de las substancias químicas sobre la, 125-126
   Einstein, Albert, 108-112
   en la música, 125-126
   Gautama Buda, 118-119
   Howe, Elias, 125
   Jung, Carl Gustav, 122-124
   Kekulé von Stradonitz, Freidrich August, 99-100
   Loewi, Otto, 102
   Mahoma (profeta), 119
   Mendeleev, Dmitri Ivanovich, 100-101
   psiquedélicos y, 127-130
   Ramanujan, Srinivasi, 116-118
   Rilke, Ranier Maria, 124
   Schucman, Helen, 120-121
   Tesla, Nikola, 112-116
   visionarios bíblicos, 119

crepúsculo de los dioses, el, 179, 234
Crick, Francis, 128
criminalidad, correlación con nacimiento difícil, 178-179
crisis cubana de los misiles, 170
cuadratura del círculo, 50
cuántico-relativista, física, sincronicidad en la, 51
cuatro jinetes del apocalipsis, los, 156
Cuentos de la madre (Bonaparte), 82
Cuentos del padre (Bonaparte), 82
culturas preindustriales, actitud hacia la muerte en las, 195-197
cumbre, experiencias, 248
Curso de Milagros, Un (Shucman), 121
Cymatic Soundscapes (Jenny), 138

Da Vinci, Leonardo, 77-80
Dahmer, Geoffrey, 165
Daibutsu, 251
Dalái Lama, 69, 219
«dar vueltas al sol en el espacio-tiempo», (experimento del pensamiento), 110
Darwin, Charles, 164
datura, 61
Datura ceratocaulum, 28
Dawkins, Richard, 164
de Beauvoir, Simone, 91
Delacour, Jean-Baptiste, 194
Delacroix, Eugène, 36
delirios de referencia, 45
delirium tremens, 21
Demócrito, 98, 147
depresión, terapia LSD para el tratamiento de la, 19-20
Descartes, René, 97, 103, 106-108
descenso, 246
«Descenso al Maelstrom» (Poe), 83
Deschamps, Émile, 49
destructividad, *véase* violencia
Deus sive Natura (Spinoza), 231
Dios creador, arquetipo, 58

Diosa Madre terrible, arquetipo de la, 89, 145, 234
Discurso del método (Descartes), 103, 106
Ditman, K.S., 21
divina, inspiración, *véase* superior, creatividad
Divina comedia, La (Dante), 143
divinidad, *véase también* arquetipos
   aspecto inmanente de lo divino, 231-232
   aspecto trascendente de lo divino, 232-236
   experiencias unitivas, 246
   identificación experiencial con la, 239
   inadecuación el lenguaje, 240-241
   principio cósmico supremo, 236-237
   problema del bien y del mal, 252-255
   proceso de la creación, 241-246
   tabú del conocimiento de uno mismo, 248-251
Divino, Anhelo, 242
divino, juego, *véase* lila
Dollard, J., 165
dominantes del inconsciente colectivo, *véase* arquetipos
dominio más allá de los cielos, arquetipos, 136
Doomsday Machine, The (Ellsberg), 171
dosis, microdosificación, 34-35, 127
Dostál, Tomáš, 67
Dostoievsky, Fyodor Mikhailovich, 80
«Dostoievsky y el parricidio» (Freud), 80
Driesch, Hans, 56, 139
Duelo y melancolía (Freud), 166
Duino, Elegias de (Rilke), 124
Dumas, Alejandro, 36
Dún an Óir, 215
Durckheim, Karlfried Graf, 153

Ecce Homo (Nietzsche), 99
Edipo, complejo de, representaciones en el arte
   Da Vinci, 77-80

Dostoievsky, 80-81
Edipo Rey, 76, 140
Edipo rey (Sófocles), 76, 140
Poe, 82-83
Shakespeare, 76-77
Edison, Thomas A., 115
EEC, *véanse* extracorporales, experiencias (ECM)
ego, 258
encapsulado en la piel, 259
eidos, 136
Einstein, Albert, 51, 53, 85, 97, 108
Einstein-Podolsky-Rosen (EPR), experimento, 51
El arte y el inconsciente creativo (Neumann), 79
«el bebé de Oppenheimer» (bomba atómica), 172
«el bebé de Teller» (bomba atómica), 173
El Código del alma (Hillman), 80
«El hombre en el campo de concentración y el campo de concentración en el hombre» (Bastiaans), 177
«El trino del diablo» (Tartini), 125
El viaje definitivo (Grof), 147
élan vital, 88
electrochoque, terapia, 20
electrones, Einstein-Podolsky-Rosen (EPR), experimento, 51-52
Eliade, Mircea, 46
Elíseos, campos, 135
Ellsberg, Daniel, 171
embarazo, contraindicación para la terapia psiquedélica, 37
Embaucador, arquetipo del, 59, 89, 145, 158, 234
emergente, paradigma, 230
endógenas, psicosis, 143
endorfinas, 185
Engelbart, Douglas, 128
Enola Gay, 171
entelequia, 88
enterrado vivo, motivo, 84
entheos, 106
«Entierro prematuro, El» (Poe), 84
entorno de las sesiones, 40
entrevista, previa a la sesión, 38
epilepsia, Dostoievsky diagnosticado de, 81
Eranos, encuentros, 46
Erdman, Jean, 58
Eremita, arquetipo, 158
Eros, 140
Esalen Institute, 57, 60-63, 75, 143
escatológica, conducta en los campos de concentración, 178
esfinge, 88
Esmeralda, tabla (Trismegisto), 245
espiritual, emergencia, 143, 197, 199, 225, 230
espiritual, revelación
 Assagioli, Roberto, 121-122
 Gautama Buda, 118-119
 Jung, Carl Gustav, 122-124
 Mahoma (profeta), 119
 Ramanujan, Srinivasi, 116-118
 Schucman, Helen, 120-121
 visionarios bíblicos, 119
espiritualidad
 arquetipos y, 148-150
 aspecto inmanente de lo divino, 231-232
 aspecto trascendente de lo divino, 232-236
 versus religión, 234-235
 visión occidental del mundo de la, 192
Estructura de las revoluciones científicas, La (Kuhn), 97
estudios antidepresivos, historia de los, 20
esvástica, 180
Eureka (Poe), 75-87
evolución de la conciencia, 246
evolutivas, teorías de la violencia, 164-166

existencia encarnada, aceptación de la, 255
existencialistas, 182
extracorporales, experiencias (EEC), 204-206
 verticales, experiencias (EEC), 204-206
Ezequiel (profeta), 119

Faces of the Enemy, The (Keen), 173
facilitadores, 40
Fadiman, James, 33, 34, 127
fallecidas, personas, *véase también* reencarnación
 apariciones de, 219-223
 comunicación con, 219-223
Fat man «El gordo» (bomba atómica), 171
Fatsang (maestro zen), 245
Feynman, Richard, 172
Fibonacci, serie de, 138
fijación fálica, codicia y, 181
Filemón (espíritu guía), 122
filosofía de la ciencia (Frank), 97
física, mediumnidad, 222-223
física, sincronicidad en la, 51
Flammarion, Camille, 49
Flournoy, Theodore, 89
Fludd, Robert, 118
flujo, 246
Flynn, Charles, 197
fobias, misofobia, 113
Foerster, Heinz von, 202
Fontgibu, Monsieur de, 49
Fordham, Michael, 73
Forest Lawn Memorial Park y Mortuaries, 195
formas, *véase* arquetipos
Foundation for Shamanic Studies, 61
fractales, 138
francesa, Revolución, 176
Frank, Philipp, 98, 147
Franz, Marie-Louise von, 53, 73, 137

Freud, Sigmund, 21, 26
 comprensión del arte, 75-77
 Duelo y melancolía, 166
 escape de la Alemania nazi, 81
 inconsciente individual, 233
 rivalidad entre hermanos, 81
 superego, 174
 teoría de la codicia, 181
 y represión de la agresividad, 166
Friedman, Alexander, 86
Fromm, Erich, 164
Fuller, Buckminster, 187
fusión, terapia de, 26-27

Gabriel (árcangel), 119, 193
gaddi, 210
Gamow, George, 52, 86
Gardner, Howard, 108
Garrett, Eileen, 220-221
Gasser, Peter, 30
Gautama Buda, 118
Gautier, Teófilo, 36
Gedankenexperiment, 108
gen egoísta, 164
generador eléctrico, invención del, 113
Genghis Khan, 126
genio, fenómeno del, *véase* creatividad superior
genocidio, 166
geometría como dominio arquetípico, 137
Gibran, Kahlil, 241
Giger, Hans Ruedi, 94
glasnost, 66
Glimpses of the Beyond (Delacour), 194
gobernante, arquetipo, 158
Goethe, Johann Wolfgang von, 77, 81, 147
Gorbachev, Mikhail, 66
Gorgona, 88
Gounod, Charles François, 126
Gradiva (Jensen), 81
Gran Madre, arquetipo de la, 80, 143, 145, 234

Grecia
   historias arquetípicas de, 135
   pensamiento sincrónico en, 54
Grey, Alex, 136
Greyson, Bruce, 197, 204
Grof, Christina
   experiencias sincrónicas de, 60-64
   fundación de la ATI, 70
   invitación a Rusia, 66
   seminarios junto a Campbell, 143
Groves, Leslie, 172
grupo, terapia de, rituales psicodélicos
   en la, 30
guerra, *véase* violencia
guías, espíritus
   Filemón, 122-123
   Tibetano, el, 121
Guillermo II, 170
Gulag, Archipiélago, 166, 167
Gyps fulvus (buitre), imaginería del, 79

Hadamard, Jacques, 108
Hades, 135
Halifax, Joan, 65, 154
Halley, Edmund, 104
Hamlet (Shakespeare), 76
Hanh, Thich Nhat, 253
Hardy, G.C., 116
Harman, Willis, 24, 33, 86, 97
Harner, Michael, 59-64, 152
Harner, Sandra, 61, 152
Harrington, Alan, 225
Hausner, Milan, 30
Havel, Ivan, 67
Havel, Václav, 67, 68
Heading Toward Omega (Ring), 197
Hécate, 88, 146
Hein, Wilhelm Arendsen, 30
Hemoptysis, 83
Hera, 135, 146, 234
Heracles, 135
Heráclito de Éfeso, 54, 136
Herbert, Kevin, 128

Hermes, 135
hermetismo, 245
héroe, viaje del, 143
Héroe de las mil caras, el (Campbell),
   143
Higher Creativity (Harman), 86, 97
Hillman, James, 80, 133, 180
hilotrópicas, fuerzas, 246, 256
Hinduismo, *véanse también*
   reencarnación
   arquetipos en el, 134
   lila, 242
   pensamiento sincrónico en el, 55
hipnodélica, terapia, 25
Hipócrates, 54
Hiroshima, bombardeo de, 171
histeria, Dostoievsky y la, 81
Hitler, Adolf, 166, 167, 170, 180
Hoeller, Stephan, 56
Hoffer, Abram, 21, 22, 33
Hofmann, Albert, 24, 35, 89, 261
Hollywood Hospital, 24
holotrópicas, fuerzas, 246, 256
holotrópicos, estados
   actitud occidental hacia, 39, 200
   arte, comprensión del, 75
   análisis de Bonaparte, 81-82
   análisis freudiano, 75-81
   análisis junguiano, 88-89
   análisis de Rank, 87-88
   contribución de la investigación
      psiquedélica, 89-94
   compartir en grupos, 200
   creatividad superior, 97
   Assagioli, Roberto, 121-122
   Bohr, Niels, 102-103
   Descartes, René, 106-108
   efecto de las substancias químicas
      en los, 125-126
   Einstein, Albert, 108-112
   en la música, 125-126
   Gautama Buda, 118-119
   Howe, Elias, 125

Jung, Carl Gustav, 122-124
Kekulé von Stradonitz, Freidrich
    August, 99
Loewi, Otto, 102
Mahoma (profeta), 119
Mendeleev, Dmitri Ivanovich,
    100-101
Newton, Isaac, 103-106
psiquedélicos y, 127-130
Ramanujan, Srinivasi, 116-118
Rilke, Ranier Maria, 124
Schucman, Helen, 120-121
Tesla, Nikola, 112-116
visionarios bíblicos, 119
metafísicas, comprensiones, 229-231
    apreciación de la existencia
        encarnada, 255-261
    aspecto trascendente de lo divino,
        232-236
    dificultad para describir, 240-241
    experiencias unitivas, 246
    identificación experiencial, 239
    inadecuación del lenguaje, 240-
        241, 243-244
    Principio Supremo Cósmico,
        236-237
    problema del bien y del mal,
        252-255
    proceso de la creación, 241-246
    tabú de conocerse uno mismo,
        248-251
    Vacío Supracósmico y
        Metacósmico, 237-239
    rituales psiquedélicos y, 30
Hombre Salvaje, arquetipo del, 50
Houdini, Harry, 221
Howe, Elias, 125
Hoyle, Fred, 86
Huang, Chungliang Al, 143
Huayan, budismo, 98
Hubbard, Al, 21-24
Hubbard, transformador de energía, 21
Hugo, Victor, 36

huichol, indios, 152
    arte de los, 90
    rituales psiquedélicos de los, 29
Hull, R.F.C., 73
humana, codicia, *véanse* codicia
humana, conciencia, *véase* conciencia
    humana
humana, conciencia, *véase también*
    holotrópicos, estados
codicia
    determinantes biológicos de la,
        180
    raíces perinatales de la, 181-183
    raíces transpersonales de la, 183-
        184
    comprensiones metafísicas, 229
    aspecto inmanente de lo divino,
        231-232
    aspecto trascendente de lo divino,
        232-236
«conciencia theta», 202
materia, relación con la, 201
psicología de la supervivencia, 184-
    185
supervivencia después de la muerte
    biológica
experiencia de vidas pasadas,
    206-207
experiencias transpersonales, 201
fenómenos en el umbral de la
    muerte, 203
visión neurocientífica de la, 193,
    223-224
violencia
    crisis global de la, 163
    raíces perinatales de la, 166
    teorías evolutivas y psicosociales
        de la, 164
humana, violencia, *véase* violencia
«humor cósmico» de lo divino, 237
Humperdinck, Engelbert, 126
huperouranios topos, 136
Huxley, Aldous, 42, 86, 230

Huygens, Christiaan, 108
Hwa Yen, budismo, 245

I Ching, 53
iboga, 30
Ideas, *véase* arquetipos
idolatría, 235
Iglesia nativa americana, rituales psiquedélicos en la, 29
iluminado, intelecto, 136
imaginales, realidades, 233, *véanse también* arquetipos
«imperativo territorial», teoría del, 164
Inanna, 146, 234
individuación, 260
Indra, 245
inefable, términos para, 240-241
inflación, 153
iniciación, crisis de, 134
inmediata, experiencia religiosa, 150
inmortalidad, proyecto de, 93
Inquisición, 251
Insoportable levedad del ser, La (Kundera), 72
inspiración, *véase* creatividad superior
intelectuales de la defensa (ID), 171
interculturales, mitos, 150-153
interdimensional, transcomunicación (ITC), 223
International Foundation for Advanced Study (IFAS), 128
intrauterinas, perturbaciones, recuerdo de las, 167
involución de la conciencia, 246
iroqueses, 202
Isis, 146, 234
islámico misticismo, mundo imaginal en el, 234
ITC, *véase* transcomunicación interdimensional

Jacobson, Bertil, 179
Jainismo, arquetipos en el, 134

Jano, 57
Jason, 135
jatakas, 135
Jenny, Hans, 138
Jensen, Wilhelm, 81
Jesús, 25, 119, 120, 159, 180, 192
jíbaros, 61
Joachim, Joseph, 126
Jobs, Steve, 128
«Johnny Appleseed del LSD», *véase* Hubbard, Al
Johns Hopkins University, 67
Johnson, Katherine, 113
Jomeini, Sayyid Ruhollah Mūsavi (ayatolá), 180
Jost, F., 20
Journal of Nervous and Mental Diseases, 212
Journal of Transpersonal Psychology, 91
Jruschov, Nikita, 170
Juan, San, 119, 192
Juana de Arco, 150
judío, arquetipo, 146
Juego cósmico, El (Grof), 85
juego cósmico, jugar el, 257-261
Jung, Carl Gustav, *véanse también* arquetipos
arte, comprensión del, 88-89
concepto de Self, 260
creatividad superior, 122-123
inconsciente colectivo, 88, 141, 198, 233
individuación, 260
influencia de, 88-89
participation mystique, 88
realidades imaginales, 233
sincronicidad, 46-50, 52, 64, 72
sobre la religión, 150, 231
teoría de la libido, 88-89
Jurgensen, Friedrich, 223

Kabir, 241
Kali, 146, 237
Kama Mara, 118, 192

kamikaze, guerreros, 165
Kammerer, Paul, 46
Kant, Immanuel, 140
Karl (paciente), 214-215
Karmapa, 219
Ka-Tzetnik, 177
Keen, Sam, 143, 173
Kekulé von Stradonitz, Freidrich August, 99, 147
Kemp, Richard, 128
Kennedy, John F., 170
kenshō, 240
Kepler, Johannes, 52, 98, 147
Kerenyi, Karl, 46
ketamine, 28
Keynes, Geoffrey, 103
Keynes, John Maynard, 103-104
Khayyam, Omar, 241
ki, energía, 240
Koestler, Arthur, 46, 66
Kornfield, Jack, 71
Krippner, Stanley, 39, 223
Krishna, 181
kriyas, 63
Kublai Khan, 126
Kübler-Ross, Elizabeth, 194
Kuhn, Thomas, 97
kundalini, 134, 142, 240
kundalini, despertar de, 63
Kundera, Milan, 72
!Kung, bosquimanos, 58
Kurusu, Saburō, 170

La casa de muñecas (Ka-Tzetnik), 178
«la guerra como nacimiento», imaginería, 169-171
«La irracional efectividad de las matemáticas en las ciencias naturales» (Wigner), 137
«La pérdida del aliento» (Poe), 85
Ladislav (persona fallecida), 220
Lagache, Daniel, 92
Lakshmi, 146, 234

Lao-tzu, 240
Lascaux, pintura de las cavernas, 134
László, Ervin, 202, 239
láudano, 126
Laurence, William L., 173
Law of the Series (Kammerer), 47
Lawrence, D.H., 241
Lawrence, Ernest, 172
Le Gabillou, pintura de las cavernas, 134
Leary, Timothy, 33
Leibniz, Gottfried Wilhelm, 54, 108
Lemaitre, Georges, 86
Lemle, Mickey, 187
lenguaje, inadecuación del, 240-241, 243
Les Trois Frères, pintura de las cavernas, 134
Leucipo, 98, 147
Leuner, Hanscarl, 30
Levine, J., 25
Li, Sally, 70
libido, concepto junguiano de, 88-89
Libro de la Revelación, 157
Libro rojo (Jung), 123
Libro tibetano de la muerte, véase Bardo Thödol
libros de los muertos, 134
Life at Death (Ring), 197
ligados a la cultura, arquetipos, 145-146
Lila, 55, 157, 224, 242
lineal, causalidad, violaciones de la, *véase* sincronicidad
Ling, Thomas M., 30
Little boy «El niño pequeño» (bomba atómica), 171
loa, 142
Loewi, Otto, 102
Lommel, Pim van, 197
Lorenz, Konrad, 164
«Los Alamos desde abajo» (Feynman), 172
LSD, *véase también* usos terapéuticos de los psiquedélicos; *véanse también* estados holotrópicos
análisis de muestras callejeras, 39

contraindicaciones, 37
dosis recomendada, 39
microdosificación, 127
uso recreativo, 36
«LSD-25: A Fantasticum from the Ergot Group» (Stoll), 19
«LSD and the Cosmic Game» (Grof), 230
LSD Psychotherapy (Savage), 26
Ludwig, A.M., 25
lysis, 21

MacLean, Pat, 164
MacLean, Ross, 33
Macy, Mark, 223
Madame Butterfly (Puccini), 126
Madness and Art (Morgenthaler), 89
Madre Tierra, arquetipo, 65
Mahabindu, 85
Mahakali, 134
Maharshi, Sri Ramana, 237
Mahoma (profeta), 119, 193
maikua, 61
mal, problema del, 252
«malos viajes», 21-25, 29
mandalas, 135
Manson, Charles, 165
mantis religiosa, experiencia sincrónica de Campbell con la, 59
Mantis religiosa, sincronicidad, experiencia de Campbell, 59
Manual para el maestro (Schucman), 121
Mao Tse-tung, 166, 167
máquina de coser, invención de la, 125
Marcha al patíbulo (Berlioz), 126
Marconi, Guglielmo, 113
marginal, arte, 89-90
marihuana, 39
Markoff, John, 128
Martin, Joyce, 26-27
mártir, arquetipo del, 146
Maryland Psychiatric Research Center (MPRC), 33, 42, 204, 220
Maslow, Abraham, 248

matemáticas, como dominio arquetípico, 137
materia, conciencia y, 201
matrices perinatales básicas (MPB), 32
arte, representaciones en el, 87
Poe, 83
Sartre, 91
Mause, Lloyd de, 168-171, 173
maya, 158, 240
maya, arquetipo, 158
maya, profecía del fin del mundo, 159
mazatecas, rituales psiquedélicos de los, 29
McCririck, Pauline, 26
McKenna, Terence, 188
McKim, Robert, 127
MDA, 37
MDMA, 37, 154
Mead, Margaret, 153
meditación, actitud occidental hacia la, 193
Medusa, 146
Meek, George, 223
Mehra, Gordhan, 211
Mehra, Mohan, 209
Mehra, Parmanand, 210
Mehra, Sri Karam Chand, 210
Melton, Bill, 70
memoria
materia, relación con la, 202
recuerdos de vidas pasadas
en adultos, 212-218
en niños, 207-218
Mendeleev, Dmitri Ivanovich, 100-101
Mercader de Venecia, El (Shakespeare), 81
mescalina, experiencia de Sartre con la, 91
metafísicas, comprensiones, 229
apreciación de la existencia encarnada, 255
aspecto inmanente de lo divino, 231-232

aspecto trascendente de lo divino, 232-236
experiencias unitivas, 246
identificación experiencial con lo divino, 239
inadecuación del lenguaje, 240-241, 243
principio cósmico supremo, 236-237
problema del bien y del mal, 252
proceso de la creación, 241-246
tabú de conocerse uno mismo, 248-255
Vacío Supracósmico y Metacósmico, 237-239
Metamorfosis, La (Ovidio), 124
Metzner, Ralph, 33
Miguel (arcángel), 180
Miguel Ángel, 98
milano, imaginería de da Vinci, 78, 79
Miller, Arthur, 51
Miller, Frank, 89, 140
Miller Fantasies (Miller), 89, 140
Milvus milvus, véanse milano, imaginería de Da Vinci
Mirabai, 241
misofobia, 113
mística, 237
misticismo, 196
Mitchell, Edgar, 187
mito planetario, en busca de un, 150-151
mito universal, búsqueda del, 150-153
mitológicos, principios, arquetipos como, 133-134
MMDA, 37
Modern Consciousness Research and the Understanding of Art (Grof), 94
Mogar, Robert, 33, 127
Mohan, Hermanos, 208, 209, 210
Moisés, 119, 192
Mona Lisa (Da Vinci), 78, 79, 80
mono desnudo, teoría del, 164
monomito, 143
monotonía, como fuerza creativa, 243

Monroe, Robert, 205
Moody, Raymond, 194, 197, 204
morfogenéticos, campos, 202
Morgan, Augustus de, 104
Morgenthaler, Walter, 89
«morir antes de morir», 196, 198, 225
Morris, Desmond, 164
motor eléctrico, invención del, 113
Mozart, Wolfgang Amadeus, 97, 126
MPB, *véase* matrices perinatales básicas
muerte, arquetipo de la, 145, 234
muerte y proceso del morir, *véase también* reencarnación
 actitud occidental hacia la, 191-195
 actitudes antiguas y preindustriales hacia la, 195-198
 conciencia, supervivencia después de la muerte biológica
 experiencia de vidas pasadas, 206-207
 fenómenos en el umbral de la muerte, 203-206
 experiencias cercanas a la muerte (ECM), 203-206
 fallecidas, personas
  aparición de, 219-223
  comunicación con, 219-223
 implicaciones de la investigación, 223-226
 «morir antes de morir», 196, 198, 225
Mujer Velada, arquetipo, 50
Muktananda, 63
Mullis, Kary, 127
mundo, alma del, 88
mundo, reloj del, arquetipo, 50
mundus imaginalis, 234
música
 creatividad superior, 125-126
 durante las sesiones, 40
mutua, interpenetración, 245
My Lai, masacre de, 165
mysterium tremendum, 237

nacimiento, trauma del, *véase* matrices perinatales básicas (MPB)
nacimiento de la tragedia, El (Nietzsche), 140
Nalimov, Vasily, 68
namarupa, 239
Narración de Arthur Gordon Pym de Nantuteck, La (Poe), 85
Náusea, La (Sartre), 94
nazi, Alemania, huida de Freud, 81
nazismo, 166, 177-179
Near Death Experience, The (Greyson y Flynn), 197
Negación de la muerte, La (Becker), 191
Neitzsche, Friedrich, 97
neoplatónicos, 54, 246
Nerval, Gérard de, 36
Neumann, Erich, 46
Neumann, Max, 118
Newton, Isaac, 97, 103-106
newtoniano-cartesiano, paradigma, 103
nibbio (milano), 77, 79
Nietzsche, Friedrich, 99, 140
nirvana, 240
nirvikalpa, 240
no dual, experiencia, 236-237
no local del universo, naturaleza, 51
nominalistas, 139
nootrópico efecto, 34, 127
Nueva Eleusis, 261
nuevo paradigma, 230
Number and Time (Franz), 137
numinosidad, 231, 233

«octavo clima», 234
Odent, Michael, 185
Olatunji, Babatunde, 69
olvido, ángel del, 207
ontología, 229
    apreciación de la existencia encarnada, 255
    aspecto inmanente de lo divino, 231-232
    aspecto trascendente de lo divino, 232-236
    experiencias unitivas, 246
    identificación experiencial con lo divino, 239
    inadecuación del lenguaje, 240-241, 243
    Principio Cósmico Supremo, 236-237
    problema del bien y del mal, 252-255
    proceso de la creación, 241-246
    tabú de conocerse uno mismo, 248-251
    Vacío Supracósmico y Metacósmico, 237-239
opio, 126
Oppenheimer, Robert, 181
ordenador personal, historia del, 128
orishas, 142
Osis, Karlis, 194
Osmond, Humphry, 21, 22, 33
Other Side of the Moon, The (Lemle), 187
Otto, Rudolf, 46, 231
Outsider Art (Cardinal), 89
Ovidio, 124
oxitocina, 185

Padre cielo, 65
Pahnke, Eva, 221
Pahnke, Walter N., 220-221, 223
Palabras, Las (Sartre), 92
paleolíticas, culturas, arquetipos en las, 134
Pálsson, Einar, 65
Panchen Lama, 219
panorámica de la vida, visión, 205
participation mystique, 54, 88
parto masculino, motivo, 172
Parvati, 146, 234
Pauli, efecto, 52
Pauli, Wolfgang, 46, 50, 52, 118
Pearl Harbor, bombardeo de, 170
Pekín, Universidad de, 71
Pele, 146

pensamiento, experimentos de, Einstein, 108
Pentagon Papers, The (Ellsberg), 171
perenne, filosofía, 229
perestroika, 66
perihelio, 110
perinatales básicas, matrices, *véase* matrices perinatales básicas (MPB)
perpetuum mobile, 50
Perry, John, 143
Pert em hru, 134, 196
Pesce, Mark, 128
peyote, 28, 39, 143
Pfister, Oskar, 79
Philosophiae (Newton), 105
Pitágoras, 136, 137
Platón, 136, 138, 156, 225
platónica, academia, 136-137
platónico, año, 159
Plotino, 54, 246
Pocket Range, retiro, experiencias sincrónicas en, 64
Poe, David, 82
Poe, Edgar Allan, 82-87
Poeía y verdad (Goethe), 81
poesía, como medio de expresión de las realidades trascendentes, 241
polimerasa, reacción en cadena de la (PCR) desarrollo de la, 127
Poseidón, 135
Post, Laurens van der, 59
«Pozo y el péndulo, El» (Poe), 84
Près, Terrence des, 178
presión sanguínea elevada contraindicada para la terapia psiquedélica, 36
presocráticos, 136
previa a la sesión, entrevista, 38
primavera de Praga, 67
primordiales, imágenes, *véase* arquetipos
principio de exclusión de Pauli, segundo, 52
principios filosóficos, los arquetipos como, 133, 136

principios psicológicos, los arquetipos como, 133, 140
Prinzhorn, Hans, 89
prolactina, 185
PSI, campo, 202
psicodélicos, psicoterapia asistida por, *véase* usos terapéuticos de los psiquedélicos
psicoide, cualidad de los arquetipos, 56
psicolítica, terapia, 21
psicología profunda, 139-140
psiconáutica, historia de la
análisis del arte y, 89-94
usos terapéuticos, 19
abreacción, 26
alcoholismo, tratamiento del, 21-25
artículo de Stroll, 19
como adjunto a la psicoterapia, 25
estudios de los antidepresivos, 19
rituales psiquedélicos, 30
terapia de choque, 20
terapia de fusión, 26-27
terapia hipnodélica, 25
terapia psicolítica, 21, 30-31
terapia psiquedélica, 20-24, 33
terapia psiquedélica y, 27-29
psicosíntesis, 27-29
psicosociales de la violencia, teorías, 164-166
psicoterapia asistida por psiquedélicos, *véase* usos terapéuticos de los psiquedélicos
psilocibina, hongos, 28, 29, 39
psiquedélica, terapia, *véanse también* usos terapéuticos de los psiquedélicos
componentes de la, 33
desarrollo temprano de la, 21-24
psiquedélicos, ritos, 30
psiquedélicos, rituales, 30
«Psychedelic, Experience, The» (Stolaroff, Harman y Hubbard), 24
Puccini, Giacomo, 97, 126

Puella Aeterna, 145
Puer Aeternus, 145
puer aeternus, arquetipo del, 145, 234
Puharich, Andreija, 223

Quetzalcóatl, 243

Radium Corporation, transformador de energía vendido por Hubbard, 21
Ragnarok, 179, 234
rajas, 85
Raleigh, Walter, 215
Ramakrishna, 193, 252
Ramanujan, Srinivasi, 116-118
Rangda, 146
Rank, Otto, 87-88
Rao, Ramachandra, 116
Raudive, Konstantin, 223
Reagan, Ronald, 180
realistas, 139
Realms of the Human Unconscious (Grof), 31-32, 68, 168
Recollections of Death (Sabom), 197
recuerdos espontáneos de vidas pasadas
  en adultos, 212-213
  en niños, 207-212
reencarnación, *véanse también* muerte y el proceso del morir
  prácticas tibetanas y, 218-219
  recuerdos de vidas pasadas, 206
    en adultos, 212-218
    en niños, 207-212
    implicaciones de la, 206-207
referencia, ilusiones de, 45
reflujo, 246
Reinos del inconsciente (Nalimov), 68
relatividad, teoría de la, 52, 109
religión
  actitud occidental hacia, 192
  arquetipos y, 148-150
  creatividad superior
    Assagioli, Roberto, 121-122
    Gautama Buda, 118-119

Mahoma (profeta), 119
Schucman, Helen, 120-121
visionarios bíblicos, 119
experiencia religiosa inmediata, 150
Jung y, 150
versus espiritualidad, 234-235
Religiones del mundo, Las (Smith), 65
religiones judeocristianas, creatividad superior en las, 119
Renata (paciente), 216-218
renovación, proceso de, 143
reunión, caminos a la, 246-248
Reunions (Moody), 222
Re-Visioning Psychology (Hillman), 133
revolución cultural, 166
Revolución de los Estados Unidos, 179
revolución de terciopelo, 66
Rey Lear, El (Shakespeare), 81
Rice, Condolezza, 171
Richard (paciente), 220
Riedlinger, Tom, 91
Rilke, Rainer Maria, 97, 124, 241
Ring, Kenneth, 194, 197, 204
rito de paso, recreación, 154
rivalidad entre hermanos, 81, 181
Rogo, Scott, 223
Roll, William, 202
Roosevelt, Franklin Delano, 170
Roquet, Salvador, 28
Rosen, David, 33, 205
Royal Society of London, 103
Royal Vancouver Yacht Club, 22
Rumi, 184, 237, 241
running amok, 165

Sabom, Michael, 194, 197, 204
Sacred Mirrors (Grey), 136
sagrado, tecnologías de lo, 196, 248
Salomé, Lou Andreas, 124
saṃsāra, 240
San Juan Bautista (Da Vinci), 79
Sandison, Ronald, 20, 30
Sandoz, 24

santería, 142
Santo Daime, religión, rituales psiquedélicos, 29
Santo Grial, mito del, 151
Sartre, Jean Paul, 91
Sartre, rito de paso (Riedlinger), 91
satori, 240
sattva, 85
Saulo (apóstol), 119
Savage, Charles, 26
savikalpa samadhi, 240
Scholem, Gershom, 46
Schrödinger, Erwin, 46
Schucman, Helen, 120
Schweickart, Rusty, 187
Senkowski, Ernst, 223
serialidad, 46-47
serpiente, arquetipo, *véase* arquetipo de la serpiente
serpiente, arquetipo de la, 99, 134, 142, 147, 173
serpiente, poder de la (*kundalini*), 134, 142
«Sexo y muerte en el mundo racional de los intelectuales de la defensa» (Cohn), 171
sexual, impulso
  concepto de Jung, 88-89
  sublimación en la obra de da Vinci, 77-80
Sforza, Lodovico, 78
Shakespeare, William
  El mercader de Venecia, 81
  El rey Lear, 81
  Hamlet, 76
Sharma, Bankeybehary Lal, 208
Sharma, Parmod, 208-211
Sheldrake, Rupert, 148, 202
Shiva, 134, 234
Shivitti (Ka-Tzetnik), 177
Shulgin, Sasha, 154
Siddha Yoga, 63
«siete climas», 234

«Siete sermones alos muertos» (Jung), 124
significativas, coincidencias, *véase* sincronicidad
Símbolos de transformación (Jung), 89
Sin salida (Sartre), 93
sincronicidad
  astrología arquetípica y, 55-56, 142
  como reto a la filosofía monista materialista, 73
  concepto de, 45
  definición de, 49
  en la antigua Grecia, 54
  en la física cuántico-relativista, 51
  en la visión china del mundo, 53
  en la visión primordial del mundo, 54
  Esalen, experiencia con los talleres de, 60-63
  experiencia del retiro en el Pocket Range, 64
  experiencias de Campbell, 57-59
  experiencias del autor, 65
  observaciones de Jung sobre la, 46-50, 52, 64
  serialidad, 46-47
  y la psiquiatría tradicional, 45, 56-57
«Sincronicidad: un principio de conexión acausal» (Jung), 46
Sinfonía fantástica (Berlioz), 126
singularidad, comprensión de Poe de la, 85
sirenas, 88
Smetana Concert Hall, 68
Smith, Huston, 65
Sobre adivinación y sincronicidad (Franz), 53
Sociedad Matemática India, 116
sociopolíticas, implicaciones de las raíces perinatales de la violencia, 169
Sócrates, 136, 225
Sofía, 80
Sófocles, 76, 140
solar, águila, 180

soldado, 146
soledad, como fuerza creativa, 242
sombra, arquetipo de la, 89
Sonetos a Orfeo (Rilke), 124
Spencer, A.M., 20
Spinoza, Baruch, 231
Spofa, 24
Stalin, Joseph, 166, 167
Stanford Research Institute, 22
Stevenson, Ian, 208, 212, 214
Stimson, Henry, 172
Stolaroff, Myron, 24, 33, 127, 128
Stoll, Werner, 19
Styk, Juraj, 30
Styk, Sonia, 30
sublimación del impulso sexual, 78-81
subperceptual, dosis, 34, 127
sufismo, 150, 196
suicidio, vinculado a dificultades durante el nacimiento, 179
Sunrise Over Hell (Ka-Tzetnik), 178
sunyata, 240
superego, 82, 174
  y guerra, 174
superpsi, 224, *véase también* humana, conciencia
supervivencia, psicología de la, 184-188
Supracósmico y Metacósmico, Vacío, 237-239
Supremo, Principio Cósmico, 236-237
supremo, ser, *véase* Divinidad
Survivor, The (Près), 178
Suzuki, Daisetz Teitaro, 46

tabla periódica de los elementos, 101
tabú de conocerse uno mismo, 248-251
Tabula Smaragdina (Trismegisto), 245
Tales, 136
tamas, 85
tanatología, *véanse también* reencarnación
  actitudes antiguas y preindustriales hacia la, 195-198

conciencia, supervivencia después de la muerte biológica, 203-206
  experiencia de vidas pasadas, 206
  experiencias transpersonales, 201-202
  fenómenos en el umbral de la muerte, 203-204
  experiencias cercanas a la muerte (ECM), 203-206
  experiencias de vidas pasadas, 206-207
  implicaciones de la investigación, 223-226
  «morir antes de morir», 196, 198, 225
  personas fallecidas
    apariciones de, 219-223
    comunicación con, 219-223
  visión occidental del mundo hacia, 191-195
Tánatos, 140
Tantra, 134, 251
Tao, 183, 232, 240
Tao de la física, El (Capra), 103
Tao-Te-King (Lao-tzu), 240
Taoísmo, 196, 240
Tarnas, Richard, 75, 133, 151, 174
Tarot, 53
Tártaro, 135
Tartini, Giuseppe, 125
Tate, Sharon, 165
«tecnologías de lo sagrado», 196, 248, 260
Teller, Edward, 172
teoría de la relatividad, 51, 109
teoría estructural de la química orgánica, 99
terapéutico, uso de los psiquedélicos
  contraindicaciones, 36-37
  directrices para sesiones productivas, 36-42
  entrevistas previas a la sesión, 38
  historia de la, 19
  abreacción, 26

adición de terapia psiquedélica,
    27-29
artículo de Stoll, 19
estudios de antidepresivos, 19-20
rituales psiquedélicos, 30
terapia de choque, 20
terapia de fusión, 26-27
terapia de grupo, 27
terapia hipnodélica, 25
terapia psicolítica, 21, 30-32
terapia psiquedélica, 21-24, 33
tratamiento del alcoholismo,
    21-25
microdosis, 34-35
psiquedélicos como adjunto a la
    psicoterapia, 25, 36-42
Teresa de Ávila, santa, 119, 193, 237
Teseo, 135
Tesla, Nikola, 97, 112-116
Tezcatlipoca, 243
thangkas, 135
The Passion of the Western Mind
    (Tarnas), 151
«theta, conciencia», 202
Tibetano, budismo
    muerte, actitud hacia, 196
    reencarnación y, 218-219
Tibetano, el (espíritu guía), 121
«Tierra, nave espacial», 187
Tillich, Paul, 46
Timeo (Platón), 136
Tinbergen, Nikolaas, 164
tirano, arquetipo del, 146
titanes, 135
Tōdai-ji, templo, 251
torazina, 20
Toynbee, Arnold, 150
trabajo corporal, 38, 41
transpersonal, raíces
    de la codicia, 183-184
    de la violencia, 179-181
trascendente, aspecto de lo divino, 232-236

«trauma por omisión», terapia de fusión,
    27
treinta años, guerra de los, 216
«tren y luz» (experimento del
    pensamiento), 109
trino, cerebro, 164
Trismegisto, Hermes, 245
Turner, Victor, 30

Ulam, Stanislaw, 172
Última cena (Da Vinci), 78
umbanda, 142
umbral de la muerte, fenómenos en el, 203
«un ascensor en el espacio vacío»
    (experimento de pensamiento), 109
Un terrible amor por la guerra, A
    (Hillman), 180
União do Vegetal, 29
unitivas, experiencias, 246
universal, mente, 230
universal, principio creativo, 232
universales, formas, *véanse* arquetipos
Universidad de Virginia, 207
universo
    expansión del
    concepción de Poe del, 85-86
    teoría del Big Bang, 86
    pulsante, 86-87
Unlearned Languages (Stevenson), 207
Unus mundus, 137
Urangst, 87
Uranium Corporación, 22
uroboros, 50, 99, 147
uso recreativo del LSD, 35-36

vacío, 237-239
Vajrayana, 135, 196
Valhalla, 234
*Veinte casos que hacen pensar en la
    reencarnación* (Stevenson), 207
Venus, 134
Vernunft, 136
Verocchio, 78

Vestibule, The (Weisse), 194
Vicari, R., 20
Victory Hotel, Moradabad, 211
Vida después de la vida (Moody), 194, 197
Vida y obra de Edgar Allan Poe (Bonaparte), 81
vidas pasadas, experiencias de, 207
  implicaciones, 206-207
  prácticas tibetanas y, 219
  recuerdos de vidas pasadas en adultos, 212-213
    espontáneas, 212
    evocadas, 212
  recuerdos de vidas pasadas en niños, 207-211
vidas pasadas, recuerdos de, 212-218
  Karl (paciente), 214-215
  Renata (paciente), 216-218
violencia, *véanse también* codicia
  crisis global de la, 163
  psicología de la supervivencia, 184-188
  raíces perinatales de la, 166-179
    implicaciones sociopolíticas, 169
    perturbaciones intrauterinas, 167
    trauma del nacimiento, 167-168
    violencia comunista, 175-176
    violencia en los campos de concentración, 176-179
  raíces transpersonales de la, 179-181
  teorías evolutivas y psicosociales de la, 164-165
violencia, raíces perinatales de la, 166-167
  implicaciones sociopolíticas, 169
  perturbaciones intrauterinas, 167
  trauma del nacimiento, 167-168
  violencia comunista, 175-176
  violencia en los campos de concentración, 177-179
Virgen María, 146, 234
Virgen y el niño con Santa Ana, La (Da Vinci), 79

visión occidental del mundo
  conciencia, 223
  espiritualidad, 192
  muerte y proceso del morir, 191-194
  religion, 192
visionarios, antropólogos, 59-60
vudú, 142

Wagner, Richard, 97, 126
Watts, Alan, 249
Way of the Animal Powers, The (Campbell), 58
Weisse, Jess E., 194
Wenner-Gren Foundation, 154
Wertheimer, Max, 109
Westinghouse Electric Corporation, 113
What Is Reality (László), 238
What the Dormouse Said (Markoff), 128
When the Impossible Happens (Grof), 27, 57, 64
Where Reincarnation and Biology Intersect (Stevenson), 212, 214
Whitelaw, J.D.A., 20
Whitman, Walt, 241
Whittlesey, J.R.B., 21
Wigner, Eugene, 137
Wilber, Ken, 183, 246
Wilhelm, Richard, 46
Wotan, 180
Wu (empresa), 245
wu wei, 187

«Xanadu» (Coleridge), 126
Xu, Mei, 70

Yantras, 135
Yeats, William Butler, 241

Zeff, Leo, 154
Zeus, 135
Zimmer, Heinrich, 46
Zorba el griego, 259

Sobre el autor

Stanislav Grof es un psiquiatra con más de sesenta años de experiencia en la investigación de los estados no ordinarios de conciencia y uno de los fundadores y principales teóricos de la psicología transpersonal. Nació en Praga (Checoslovaquia), donde también recibió su formación científica, incluido su doctorado en Filosofía en la facultad de medicina de la Universidad Charles y su doctorado en Medicina por la Academia de Ciencias de Checoslovaquia. También recibió títulos de *doctor honoris causa* de la Universidad de Vermont en Burlington (Vermont), del Instituto de Psicología Transpersonal en Palo Alto (California), del Instituto de Estudios Integrales de California (CIIS) en San Francisco y de la Universidad Budista Mundial de Bangkok (Tailandia).

Hizo sus primeras investigaciones en el Instituto de Investigación Psiquiátrica de Praga, donde fue investigador principal de un programa destinado a explorar el potencial heurístico y terapéutico del LSD y de otras substancias psiquedélicas. En 1967, recibió una beca del fondo de concesión de becas para la investigación en psiquiatría de New Haven (Connecticut) y fue invitado a trabajar como becario clínico y de investigación en la Universidad Johns Hopkins y en el departamento de investigación del Hospital Spring Grove en Baltimore (Maryland).

En 1969, se convirtió en profesor asistente de psiquiatría de la Universidad Johns Hopkins y continuó su carrera como jefe de investigación psiquiátrica en el Centro de Investigación Psiquiátrica de Maryland en Catonsville (Maryland). En 1973, fue invitado como becario residente al Instituto Esalen en Big Sur (California) donde desarrolló, con su difunta esposa Christina, la respiración holotrópica, una forma innovadora de psicoterapia experiencial que actualmente se utiliza en todo el mundo.

El doctor Grof fue el fundador de la Asociación Transpersonal Internacional (ITA) de la que, durante varias décadas, fue presidente. En 1993, recibió un premio honorífico de la Asociación de Psicología Transpersonal (ATP) por sus importantes contribuciones al campo de la psicología transpersonal y su desarrollo, otorgado con motivo de la convocatoria del 25.º aniversario celebrada en Asilomar (California). En 2007 recibió el prestigioso premio Vison 97 a la trayectoria de la Fundación de Dagmar y Václav Havel en

Praga (Checoslovaquia). En 2010, recibió el premio Thomas R. Verny de la Asociación de Psicología y Salud Pre- y Perinatal (APPPAH) por sus contribuciones fundamentales en este campo. También fue asesor de efectos especiales en la película de ciencia ficción *Brainstorm* (MGM) y el documental *Millenium* (20th Century Fox).

Entre las publicaciones del doctor Grof se encuentran más de 160 artículos en revistas profesionales y numerosos libros, entre los que cabe destacar *Realms of the Human Unconscious*, reeditado como *LSD: Gateway to the Numinous (2009); Beyond the Brain (1985); LSD Psychotherapy (1978); The Cosmic Game (1990); Psychology of the Future (2000); The Ultimate Journey (2006); When the Impossible Happens (2006); Books of the Dead (1994); Healing Our Deepest Wounds (2012); Modern Consciousness Research and the Understanding of Art (2015); The Call of the Jaguar (2002); Beyond Death (1980); The Stormy Search for the Self (1990); Spiritual emergency (1989) y Holotropic Breathwork (2010)* (los cuatro últimos escritos en colaboración con Christina Grof).

Estos libros se han traducido a veintidós idiomas, entre ellos el alemán, el francés, el italiano, el español, el portugués, el holandés, el sueco, el danés,

Stanislav Grof.

el ruso, el ucraniano, el esloveno, el rumano, el checo, el polaco, el búlgaro, el húngaro, el letón, el griego, el turco, el coreano, el japonés y el chino.

Desde abril de 2016, está felizmente casado con Brigitte Grof. Viven en Alemania y California y viajan juntos por los mundos interior y exterior dirigiendo seminarios y talleres de respiración holotrópica por todo el mundo.

En agosto de 2019 vio la luz la edición original inglesa de esta enciclopedia sobre la vida y la obra de Stan Grof titulada *The Way of the Psychonaut* y se estrenó también la película documental titulada *The Way of the Psychonaut: Stan Grof and the Journey of Consciousness*: thewayofthepsychonaut.com

En mayo de 2020, Grof lanzó, junto a su esposa Brigitte Grof, su nueva formación para trabajar con los estados holotrópicos de conciencia, el llamado Grof® Legacy Training internacional: grof-legacy-training.com

Su sitio web es **stanislavgrof.com.**

Anexo

Psychedelic
Literacy
Fund

Psychedelic Literacy Fund es una iniciativa filantrópica destinada a financiar la traducción a distintos idiomas de libros, ebooks y audiolibros sobre terapia psicodélica. El fondo está gestionado por RSF Social Finance, una institución financiera sin ánimo de lucro con sede en San Francisco (California). La creación de este fondo se debe al interés y la pasión de Jonas Di Gregorio y Kristina Soriano por los libros y terapias psiquedélicas y a su conciencia de las dificultades a las que se enfrentan principalmente quienes no hablan inglés para encontrar información fidedigna sobre estos temas. Estos libros son, para muchas personas, el único medio con que cuentan para conocer los beneficios y los riesgos que acompañan a las terapias psiquedélicas. El Psychedelic Literacy Fund aspira a eliminar las barreras lingüísticas para que personas de todo el mundo puedan acceder a este tipo de contenidos.

Desde una perspectiva global, la integración en la sociedad de información fiable sobre el potencial de los psiquedélicos como herramienta de curación es muy importante, especialmente en un momento como este en el que la psicoterapia psiquedélica está empezando a legalizarse.

Los fundadores del Psychedelic Literacy Fund están abiertos a la posibilidad de crear nuevas asociaciones con editores, autores, agentes literarios y traductores que se comprometan a difundir este precioso contenido al público en general.

¿Por qué donar?

Su donación contribuirá a que personas de todo el mundo puedan acceder a libros sobre terapias psiquedélicas en su lengua materna. Estas donaciones son deducibles de impuestos según lo permitido por la ley y pueden realizarse mediante cheque, tarjeta de crédito o transferencia bancaria. RSF Social Finance acepta donaciones en todas las monedas, incluidos Bitcoins y otras criptomonedas.

RSF Social Finance forma parte de la Rudolf Steiner Foundation y «ofrece la posibilidad de que las personas adapten sus donaciones a sus valores» y contribuyan a «crear un mundo en el que el dinero se base en una economía basada en la generosidad y la interconexión y se halle al servicio de las intenciones más elevadas del espíritu humano».

Los lectores interesados pueden encontrar más información al respecto en https://psychedelicliteracy.org

Multidisciplinary Association for Psychedelic Studies (MAPS) es una organización educativa y de investigación sin fines de lucro fundada en 1986 destinada a la creación de entornos médicos, legales y culturales para que la gente pueda beneficiarse del empleo cuidadoso de los psiquedélicos y la marihuana. Los lectores interesados en este tema pueden encontrar más detalles al respecto en maps.org.

Entre sus objetivos cabe destacar:

- El desarrollo psiquedélicos y marihuana medicinal a los que pueda accederse con prescripción médica
- La formación de terapeutas y el establecimiento de una red de centros de tratamiento
- Alentar la investigación científica de la espiritualidad, la creatividad y la neurociencia
- Educar adecuadamente al público sobre los riesgos y los beneficios de los psiquedélicos y la marihuana.

¿Por qué donar? maps.org/donate

La donación contribuye a la creación de un mundo en el que sea posible el acceso con receta a psiquedélicos y marihuana para uso médico que puedan ser empleados de forma legal y segura para el crecimiento personal, la creatividad y la espiritualidad. Las donaciones son deducibles de impuestos y pueden realizarse mediante tarjeta de crédito o un cheque personal a nombre de MAPS. También son bienvenidas las donaciones de acciones y animamos a los interesados a incluir a MAPS en su testamento o planificación patrimonial (maps.org/bequests).

MAPS se toma muy en serio la privacidad. Nuestra lista de correo electrónico es estrictamente confidencial y no se comparte con otras organizaciones. El boletín mensual de MAPS se envía en un sobre neutro.

Suscríbase a nuestro boletín por correo electrónico en maps.org.

MAPS
3141 Stevens Creek Blvd #40563
San Jose, CA 95117
Tel.: 831-429-MDMA (6362). Fax: 831-429-6370
Email: askmaps@maps.org
Web: maps.org | psychedelicscience.org

editorial **K**airós

Puede recibir información sobre
nuestros libros y colecciones inscribiéndose en:

www.editorialkairos.com
www.editorialkairos.com/newsletter.html
www.letraskairos.com

Numancia, 117-121 • 08029 Barcelona • España
tel. +34 934 949 490 • info@editorialkairos.com